Studienbücher Informatik

Reihe herausgegeben von

Walter Hower, Hochschule Albstadt-Sigmaringen, Albstadt-Ebingen, Deutschland

Die Reihe Studienbücher Informatik wird herausgegeben von Prof. Dr. Walter Hower.

Die Buchreihe behandelt anschaulich, systematisch und fachlich fundiert Themen innerhalb einer großen Bandbreite des Informatikstudiums (in Bachelor- und Masterstudiengängen an Universitäten und Hochschulen für Angewandte Wissenschaften), wie bspw. Rechner-Architektur, Betriebssysteme, Verteilte Systeme, Datenbanken, Software-Engineering, Programmierung, Interaktive Systeme, Multimedia, Internet-Technologie oder Sicherheit in Informations-Systemen, ebenso Grundlagen sowie Künstliche Intelligenz und Operations Research.

Jeder Band zeichnet sich durch eine sorgfältige und moderne didaktische Konzeption aus und ist als Begleitlektüre zu Vorlesungen sowie zur gezielten Prüfungsvorbereitung gedacht.

Bastian Küppers

Einführung in die Informatik

Theoretische und praktische Grundlagen

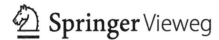

Bastian Küppers
RWTH Aachen University
Aachen, Deutschland

ISSN 2522-0640   ISSN 2522-0659 (electronic)
Studienbücher Informatik
ISBN 978-3-658-37837-0   ISBN 978-3-658-37838-7 (eBook)
https://doi.org/10.1007/978-3-658-37838-7

Die Deutsche Nationalbibliothek verzeichnet diese Publikation in der Deutschen Nationalbibliografie; detaillierte bibliografische Daten sind im Internet über http://dnb.d-nb.de abrufbar.

Planung: Leonardo Milla
Springer Vieweg ist ein Imprint der eingetragenen Gesellschaft Springer Fachmedien Wiesbaden GmbH und ist ein Teil von Springer Nature.
Die Anschrift der Gesellschaft ist: Abraham-Lincoln-Str. 46, 65189 Wiesbaden, Germany

Geleitwort

Die Informatik dringt bekanntermaßen seit Jahren immer mehr und tiefer in fast alle Lebensbereiche ein. Das vorliegende Buch mit über 200 Seiten spannt einen weiten Bogen, nicht nur den angesagten zwischen Theorie und Praxis, sondern auch themenübergreifend. So finden sich nicht nur Komplexität und Quantenrechner ein, sondern ebenso Rechnerarchitekturen und Betriebssysteme sowie Datenschutz und -sicherheit, einschließlich Kryptografie (mit *Euler*scher ϕ-Funktion und RSA-Verfahren). Auch nimmt die Notwendigkeit der Verzahnung wissenschaftlicher Durchdringung mit praktischer Umsetzung weiter zu. Hierzu gehört die Algorithmen-Komplexität. Was zunächst theoretisch daherkommt hat schnell praktische Relevanz. Ein offiziell, im ungünstigsten Fall, schweres Problem erweist sich durch den Einsatz eines wahrscheinlichkeitsgetriggerten Ansatzes auf einmal als halbwegs praktikabel; auch diese Thematik wird hier behandelt. In Zeiten des permanenten Daten- und Datei-Austauschs in allen erdenklichen Formaten kommt der Codierungs-Theorie eine immer weiter steigende Bedeutung zu – ein Themen-Spektrum, welches hier ebenso behandelt wird. Lassen Sie mich noch ein Gebiet beleuchten, aus Aktualitäts-Gründen und weil es in Überblicks-Werken selten geboten wird: der Quanten-Computer, speziell diese beiden probabilistischen Verfahren: *G*rovers Such-Algorithmus (=: G) und *S*hors Faktorisierung (=: S). Für G werden die Superposition im Quanten-Register sowie mögliche Amplituden besprochen. Bei S wird die Lösung eines Ersatz-Problems dargestellt und eine Periodizität identifiziert, die den Quanten-Anteil darstellt; letztlich lassen sich über die ggTs die Prim-Faktoren bestimmen. Am Ende runden die Lösungen der im Text platzierten Übungs-Aufgaben das Ganze ab. Dieses Reihen-Buch ist nach *Informatik-Bausteine* (`https://doi.org/10.1007/978-3-658-01280-9`) nun das nächste.

Viel Spaß jetzt mit dieser „Einführung in die Informatik"   *WHo*

Vorwort

Als sich die Möglichkeit ergab, ein Lehrbuch für den *Springer Vieweg*-Verlag zu verfassen, sagte ich (mehr oder weniger) direkt zu. Ein eigenes Lehrbuch – das war in meiner Vorstellung so ziemlich die Krönung meiner mittlerweile fast 10-jährigen Tätigkeit als Dozent. Schnell stellte sich allerdings heraus, dass es (a) gar nicht so einfach ist ein eigenes Buch zu schreiben und (b) die Grundlagen der Informatik andernorts schon vielfach diskutiert und dargelegt worden sind – vielleicht nicht in dieser Themenkonstellation, aber das half mir auch nicht wirklich weiter. Ich begann mir Gedanken um ein Konzept zu machen ...

Natürlich, ein grobes Konzept existierte schon, das wollte der Verlag immerhin vorab haben. Aber wie sollten die Details aussehen? Während ich mich mit dieser Frage beschäftigte, zog einige Zeit ins Land und – obwohl mir vom Verlag eine sehr großzügige Frist zur Fertigstellung dieses Buchs eingeräumt wurde – rückte die Deadline zur Abgabe langsam aber sicher näher. Eine Lösung musste her! Das brachte mich dazu, mir zunächst die Frage zu stellen, warum ich das Buch eigentlich ursprünglich schreiben wollte. War ich wirklich der Meinung, dass alle Welt nur darauf gewartet hatte, dass ich doch bitte endlich anfangen würde die Informatik zu erklären? Nein, sicher nicht ... aber was war es dann? In meinen Lehrveranstaltungen schätzen die Studierenden – zumindest wenn man den Evaluationen glauben schenken mag – immer meine, teilweise etwas ... unkonventionelle Art an die Dinge heran zu gehen. Vielleicht war es also das, was dieses Buch am Schluß ausmachen sollte. Kaum begann ich in diese Richtung zu denken, klappte das mit den Details auch schon deutlich besser, bis schließlich dieses Buch dabei herauskam. Vielleicht sollte ich jetzt noch schreiben, dass die Wörter nur noch so flossen und sich das Buch praktisch von alleine geschrieben hat – stimmt aber nicht, deshalb lasse ich das auch. Es war trotzdem streckenweise noch sehr schwierig, die Gedanken aus meinem Kopf auf Papier zu bringen. Allerdings glaube ich, dass das schlussendlich ganz gut funktioniert hat. Ob ich damit Recht habe, müssen allerdings andere Menschen entscheiden, allen voran Sie, liebe Leser.

Nerd-Alerts:

Im Verlauf des Buches wird es immer wieder passieren, dass der Programmierer in mir durchbricht. Das ist in etwa so wie beim Hulk, wenn Bruce Banner wütend wird. Ungefähr so habe ich manchmal den unbändigen Drang angehenden Programmierern etwas ans Herz zu legen, auch wenn das nicht der Fokus dieses Buches ist. Das passiert immer im Rahmen der **Nerd-Alerts**. Diese lassen sich überlesen, ohne das weitere Verständnis des Buchs einzuschränken. Manchmal gibt's hilfreiche Programmiertipps, manchmal einfach nur die wirren Gedanken eines Informatikers-Nerdfaktor garantiert ;-)

Aus Gründen der besseren Lesbarkeit wird in diesem Buch überwiegend das generische Maskulinum verwendet. Dies impliziert immer beide Formen, schließt also die weibliche Form mit ein.

Aachen, im März 2022   Dr. Bastian Küppers

Inhaltsverzeichnis

Teil I

Theorie

Codierung: Bits, Bytes und Bananen

Der Zusammenhang zwischen *Bits* und *Bytes* mag noch relativ offensichtlich sein, aber… *Bananen*? Nun ja, zunächst sind Bananen gesund (und lecker!) und sind allein deswegen eine Erwähnung wert. Darüber hinaus eignen sich Bananen aber auch, um eines der grundlegenden Themen der Informatik zu illustrieren: das **Binär-System**. Das sieht dann wie in Abb. 1.1 dargestellt aus.

Aber, was bedeutet diese Grafik? Und warum ist das Binär-System so wichtig für die Informatik? Um das zu verstehen, sollen zunächst die Grundlagen von Stellenwertsystemen etwas näher beleuchtet werden, bevor es dann tatsächlich um Bits und Bytes (und Bananen) und deren Codierung geht.

1.1   Stellenwertsysteme

Ein Stellenwertsystem zeichnet sich dadurch aus, dass jede Stelle das Vielfache einer Potenz der sogenannten *Basis* des Zahlensystems repräsentiert. Im alltäglichen Dezimalsystem ist die Basis 10, sodass sich die bekannten *Einer* ($=10^0$), *Zehner* ($=10^1$), *Hunderter* ($=10^2$), usw. ergeben. Allgemein lässt sich der Wert einer Zahl in einem Stellenwertsystem zur Basis B wie folgt ausdrücken:

$$n_b = \sum_{i=0}^{r} B^i * d_i \tag{1.1}$$

Dabei ist d_i der Wert der *i-ten Stelle* und r der Exponent der höchstwertigen Stelle. Mit dem Zusatz d_r ungleich 0 ergibt sich SO eine $(r + 1)$-stellige Zahl. Damit wird die Darstellung einer Zahl eindeutig bestimmt, da sich eine Zahl ansonsten mit einer beliebigen Anzahl von führenden Nullen darstellen ließe (1, 01, 001, 0001, …). Jede

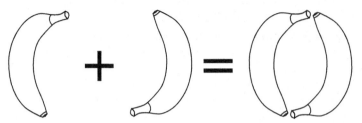

Abb. 1.1 Bits und Bananen

Stelle kann dabei eine Ziffer im Wertebereich $[0, B - 1]$ haben, beispielsweise $[0, 9]$ im Dezimalsystem. Um direkt klar zu machen, zu welcher Basis eine Zahl dargestellt ist, wird die Basis ab sofort als Index angegeben, wenn eine Zahl nicht im Dezimalsystem angegeben ist. Dazu ein kleines Beispiel:

Beispiel (Stellenwertsysteme)

Die 73_{10} ist nicht nur die beste Zahl,[1] sondern lässt sich im Dezimalsystem informell in sieben *Zehner* und drei *Einer* zerlegen. Ein wenig formeller bedeutet das:

$$73_{10} = 10^0 * 3 + 10^1 * 7$$

Daraus ergibt sich in diesem Fall, dass $r = 1$.
Im Hexadezimalsystem sieht dieselbe Zahl wie folgt aus:

$$73_{10} = 49_{16} = 16^0 * 9 + 16^1 * 4 \blacktriangleleft$$

Im Kontext der Informatik werden hauptsächlich drei verschiedene Zahlensystem verwendet: das Dezimalsystem, das Binär-System und das Hexadezimalsystem. Das Dezimalsystem wird aus dem einfachen Grund verwendet, dass es für Menschen das gebräuchlichste Zahlensystem ist. Das bedeutet, dass Informationen oft im Dezimalsystem dargestellt werden, wenn sie für Menschen aufbereitet werden. Mit Zahlen zur Basis 10 kommen Computer allerdings nicht ohne Weiteres klar. Aus technischen Gründen ist es bei Weitem einfacher für Computer das Binär-System (Basis 2) zu verwenden. Dazu sind nur die zwei Ziffern 0 und 1 nötig, und diese lassen sich im Computer sehr einfach durch Transistoren darstellen. Vereinfacht gesagt, ist der Transistor entweder ein- oder ausgeschaltet, was 1 und 0 entspricht. Zahlen im Binär-System werden allerdings recht schnell sehr unübersichtlich, sodass Menschen mit diesen Zahlen nicht besonders gut klarkommen. Abhilfe schafft hier das Hexadezimalsystem zur Basis 16, das eine sehr

---

[1] *„Die 73 ist die 21. Primzahl, ihre Spiegelzahl die 37 ist die 12., deren Spiegelzahl die 21 ist das Produkt der Multiplikation von – haltet Euch fest – 7 und 3. [...] Binär ausgedrückt ist die 73 ein Palindrom: 1001001, rückwärts 1001001, also exakt dasselbe."* (Dr. Dr. Sheldon Lee Cooper)

einfache Umrechnung aus dem Binär-System erlaubt, gleichzeitig aber zur Darstellung einer Zahl nur eine vergleichbare Menge von Ziffern benötigt wie das Dezimalsystem. Zudem ergibt sich mit den typischen Breiten von Daten- und Adress-Bus (siehe Kap. 3) in modernen Rechnerarchitekturen (16, 32 oder 64 Bit) ein weiterer Bezug zur 16, die ist nämlich der größte gemeinsame Teiler.

Ganz allgemein kann festgehalten werden, dass eine höherwertige Basis die Anzahl benötigter Ziffern tendenziell immer verringert. Wird, wie im Binär-System, nur eine kleine Basis verwendet, kann also auf jeder Position nur zwischen wenigen Ziffern gewählt werden, daher müssen mehr Stellen zur Codierung verwendet werden. Allerdings steigt mit höherwertiger Basis auch immer die Zahl der benötigten unterschiedlichen Ziffern zur Darstellung der unterschiedlichen Wertigkeiten auf jeder Position.

Um dieselbe Information, d. h. die eigentliche Zahl, in jedem dieser Systeme darstellen zu können, müssen die Zahlen jeweils umgerechnet werden. Die Umrechnung vom Dezimalsystem in das Binärystem kann dabei auf zwei Arten erfolgen. Die erste Methode bedient sich der Subtraktion. Beginnend mit der größten Zweier-Potenz, die gerade kleiner ist als die umzurechnende Zahl, werden immer kleiner werdende Zweierpotenzen subtrahiert, solange bis das Ergebnis Null ist. Kann eine Zweierpotenz subtrahiert werden, ohne dass das Ergebnis negativ wird, wird eine „1" notiert, andernfalls eine „0". Im folgenden Beispiel soll die 75 umgerechnet[2] werden:

Beispiel (Umrechnung Dezimal → Binär I)

Es soll 75_{10} in das Binär-System umgerechnet werden.

$$75 - 2^6 = 11 \qquad \rightarrow 1$$
$$11 - 2^5 < 0 \qquad \rightarrow 0$$
$$11 - 2^4 < 0 \qquad \rightarrow 0$$
$$11 - 2^3 = 3 \qquad \rightarrow 1$$
$$1 - 2^2 < 0 \qquad \rightarrow 0$$
$$3 - 2^1 = 1 \qquad \rightarrow 1$$
$$1 - 2^0 = 0 \qquad \rightarrow 1$$

◄

Die zweite Methode basiert auf Division. Hierbei wird die Zahl fortlaufend durch zwei dividiert und der Rest[3] notiert. Sobald das Ergebnis der Division die Null erreicht, werden die notierten Reste *rückwärts* zusammengefügt, um die Zahl im Binär-System zu erhalten.

---

[2] Hier wird auf die Umrechnung der 73 verzichtet, da die Reihenfolge der 0en und 1en eine große Rolle spielt und die 73 nunmal leider ein Palindrom ist ...

[3] Beim Thema *Rest* kommen die Bananen übrigens auch schon näher ...

Beispiel (Umrechnung Dezimal → Binär II)

Es soll 75_{10} in das Binär-System umgerechnet werden.

$$75 : 2 = 37 \qquad Rest\ 1$$
$$37 : 2 = 18 \qquad Rest\ 1$$
$$18 : 2 = 9 \qquad Rest\ 0$$
$$9 : 2 = 4 \qquad Rest\ 1$$
$$4 : 2 = 2 \qquad Rest\ 0$$
$$2 : 2 = 1 \qquad Rest\ 0$$
$$1 : 2 = 0 \qquad Rest\ 1$$

Die Umrechnung vom Dezimalsystem in das Hexadezimalsystem funktioniert analog. Das sieht dann beispielsweise für die Divisionsmethode wie folgt aus:

Beispiel (Umrechnung Dezimal → Hex)

Es soll 75_{10} in das Hexadezimalsystem umgerechnet werden.

$$75 : 16 = 4 \qquad Rest\ B_{16}(= 11_{10})$$
$$4 : 16 = 0 \qquad Rest\ 4$$

Wie erwähnt lassen sich Zahlen in Binär- und Hexadezimalsystem einfach ineinander umrechnen. Und es ist kein Zufall, dass 16 $(=2^4)$ eine Zweierpotenz ist. Hieraus folgt, dass jede Ziffer im Hexadezimalsystem durch vier Ziffern im Binär-System dargestellt wird. Damit lassen sich Zahlen aus dem Hexadezimalsystem einfach ziffernweise bzw. Zahlen aus dem Binär-System in Vierergruppen umrechnen. Das kann wie folgt aussehen:

Beispiel (Umrechnung Binär → Hex)

Es soll 1001011_2 in das Hexadezimalsystem umgerechnet werden.

$$(0)100 \qquad 1011$$
$$\updownarrow \qquad \updownarrow$$
$$4 \qquad B \blacktriangleleft$$

In diesem Beispiel wird die Binärzahl in zwei Gruppen zu je vier Ziffern aufgeteilt. Da die umzurechnende Zahl nur sieben Ziffern benötigt kann hier eine führende Null eingefügt werden, um tatsächlich eine Vierergruppe zu erhalten. Jede der Vierergruppen wird dann als eigene Binärzahl interpretiert und in das Hexadezimalsystem umgerechnet. Die Umrechnung vom Binär- ins Hexadezimalsystem kann theoretisch auch hier anhand einer der bereits vorgestellten Methoden erfolgen, in der Praxis schadet es aber durchaus nicht, Zahlen in diesen Größenordnungen im Kopf umrechnen zu können. Der Weg vom Hexadezimalsystem in das Binär-System funktioniert genau so, nur eben andersherum.

1.2 Zahlendarstellungen

Wörtlich genommen heißt Computer schlicht *Rechner*. Zum Rechnen braucht man im Allgemeinen Zahlen, deshalb sollte ein Computer damit gut umgehen können. Aber um irgendwie mit Zahlen umgehen zu können, müssen diese zunächst in einem Format dargestellt werden, die dem Computer zugänglich ist.

1.2.1 Ganze Zahlen

Wie bereits angesprochen lassen sich positive, ganze Zahlen im Binär-System relativ einfach in einem Computer abbilden, indem die Eigenschaften eines Transistors genutzt werden. Daher ist es vergleichsweise einfach positive, ganze Zahlen in digitaler Form zu speichern. Üblicherweise gibt es immer eine feste Anzahl von Bits, auf die bei der Speicherung zurückgegriffen wird. Üblich sind 4 Bits (*Nibble*), 8 Bits (*Byte*), 16 Bits (*Word*), 32 Bits (*Double Word*) und 64 Bits (*Long Word*). Soll zum Beispiel ein Byte gespeichert werden und die Zahl benötigt weniger Bits, wie weiter oben bei der 75 geschehen, dann wird mit führenden Nullen aufgefüllt. Rechnen lässt sich damit auch problemlos, wenn man einen potenziellen Überlauf berücksichtigen. Sollen beispielsweise die Zahlen 146 (10010010_2) und 126 (1111110_2) addiert werden, passen zwar die einzelnen Zahlen jeweils in ein Byte, das Ergebnis 272 (100010000_2) allerdings nicht mehr. Dem kann entgegen gewirkt werden, indem einfach von vornherein mehr Bits zur Speicherung einer Zahl verwendet werden, allerdings verlagert sich das Problem dadurch nur. Normalerweise werden zur Speicherung ganzer Zahlen 32 oder sogar 64 Bits verwendet. Das reicht für Zahlen in „normalen" Größenordnungen aus. Allerdings kann es auch hier zu einem Überlauf kommen, allerdings deutlich später. Mit 64 Bits können alle Zahlen von Null bis $2^{64} - 1 = 18.446.744.073.709.551.616$ dargestellt werden – für den Hausgebrauch reicht's. Für noch größere Zahlen muss man mit dem Überlauf leben oder auf spezielle Lösungen zurückgreifen, deren Beschreibung an dieser Stelle allerdings zu weit führen würde.

Hier werden im Übrigen auch die Bananen wieder relevant. Wird nämlich nur mit einem einzigen Bit gerechnet, so ergibt sich für die Addition folgender Zusammenhang:

Beispiel (Bits und Bananen ohne Übertrag)

$$0_2 + 0_2 = 0_2$$
$$0_2 + 1_2 = 1_2$$
$$1_2 + 0_2 = 1_2$$
$$1_2 + 1_2 = 0_2 \blacktriangleleft$$

Die letzte Gleichung stellt hier auch den Zusammenhang zur Banane her – zumindest optisch. Dass die Addition von zwei Einsen in diesem Fall Null ergibt, liegt daran, dass das Ergebnis zwei Bits zur Darstellung benötigen würde. Damit ergibt sich ein Überlauf bei der Addition, der mit einem einzigen Bit nicht dargestellt werden kann. Diese Art der Addition wird auch *Addition Modulo Zwei* genannt. Dieses Konzept wird später noch einmal relevant. Doch zurück zur Zahlendarstellung:

Abgesehen von der Größe der Zahl ergibt sich noch ein ganz anderes Problem: Subtraktionen. Wie soll das Ergebnis von $126 - 146$ denn aussehen? Für einen Menschen ist das nicht weiter problematisch: -20. Aber wie soll das Minuszeichen im Computer darstellt werden? Die beiden möglichen Zustände eines Transistors sind ja schon durch die Ziffern 0 und 1 belegt. Für dieses Problem gibt es mehrere mögliche Lösungen. Eine naheliegende Variante ist die Verwendung eines zusätzlichen Bits, welche das Vorzeichen anzeigt. Das könnte dann wie folgt aussehen:

Beispiel (Vorzeichen-Bit)

$$01001001_2 =\ \ \ 73_{10}$$
$$11001001_2 = -73_{10} \blacktriangleleft$$

Diese Variante den Nachteil, dass die Subtraktion sich nicht auf die Addition einer negativen Zahl zurückführen lässt. Um mit einer solchen Darstellung ganzer Zahlen rechnen zu können, müssen Addition und Subtraktion also unterschiedliche Operationen sein. Das stellt technisch grundsätzlich kein Problem dar. Allerdings sollen Prozessoren so simpel wie möglich gehalten werden, deswegen steht die Frage im Raum, ob es eine Darstellung ganzer Zahlen gibt, in der sich die Subtraktion auf die Addition zurückführen lässt. Vielleicht nicht ganz unerwartet, geht das tatsächlich. Die dafür eingesetzte Codierung nennt sich *2er-Komplement*. Wichtig ist dabei vor allen Dingen, dass nur Zahlen miteinander verrechnet werden, die mit derselben Anzahl von Bits dargestellt werden. Andernfalls ist das Ergebnis der Rechnung mit großer Wahrscheinlichkeit falsch. Die Anzahl der Bits ist deswegen so wichtig, weil es in der Zahlendarstellung mit dem *2er-Komplement* dazu kommt, dass Zahlen *führende Einsen* haben. Wird eine dieser führenden Einsen nicht berücksichtigt oder ist eine davon zuviel, geht Information verloren oder wird hinzugefügt, was zu einem falschen Ergebnis führt. Also, merken: Eine Darstellung im *2er-Komplement* bezieht sich immer auf eine feste Anzahl von Bits. Aus diesem Grund finden sich in modernen Programmiersprachen auch immer ganzzahlige Datentypen mit einer fest definierten Anzahl von Bits, selbst wenn das bedeutet, dass im Einzelfall zuviel Speicher für eine Zahl verwendet wird. Zur Darstellung einer positiven Zahl wird die Zahl wie gehabt im Binär-System dargestellt und falls notwendig mit führenden Nullen aufgefüllt. So weit, so einfach! Aber was ist jetzt mit den negativen Zahlen?

Zur Darstellung einer negativen Zahl im *2er-Komplement* wird zunächst die positive Zahl inklusive aller führenden Nullen gebildet. Anschließend werden alle Bits gekippt („*invertiert*"), d.h. aus einer 1 wird eine 0 und umgekehrt. Abschließend wird noch eine 1 addiert, um die korrekte Darstellung zu erhalten. Dabei wird ein möglicherweise auftretender Überlauf in jedem Fall ignoriert. Im folgenden Beispiel soll die Darstellung für die -73 bestimmt werden:

Beispiel (Bildung des 2er-Komplements)

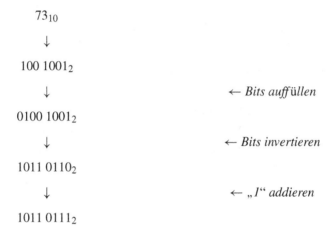

$$73_{10}$$

$$\downarrow$$

$$100\ 1001_2$$

$$\downarrow \qquad\qquad\qquad \leftarrow \textit{Bits auffüllen}$$

$$0100\ 1001_2$$

$$\downarrow \qquad\qquad\qquad \leftarrow \textit{Bits invertieren}$$

$$1011\ 0110_2$$

$$\downarrow \qquad\qquad\qquad \leftarrow \textit{„1" addieren}$$

$$1011\ 0111_2$$

◀

Wenn alles funktioniert wie gewollt, sollte $73 + (-73) = 0$ sein. Kurze Probe:

Beispiel (Bildung des 2er-Komplements – Probe)

$$0100\ 1001_2$$
$$+\quad 1011\ 0111_2$$
$$-\ -\ -\ -\ -\ -\ -$$
$$(1)\ 0000\ 0000_2$$

◀

Da hier der Überlauf ebenfalls ignoriert werden muss, ergibt die Addition eine Null. Klappt! Aber, warum?

Das Invertieren der Bits kann vereinfach gesagt als das Hinzufügen eines Minuszeichens aufgefasst werden. Das reine Invertieren der Bits wird *1er-Komplement* genannt und könnte auch schon verwendet werden. Die Idee der Rückführung der Subtraktion auf die Addition funktioniert allerdings nicht in jedem Fall ohne Weiteres. Außerdem gibt es zwei Nullen (*0 ... 0000* und *1 ... 1111*), was bedeutet, dass der Speicherplatz nicht optimal genutzt wird. Beide Probleme können durch die Bildung des *2er-Komplements*, also dem Addieren einer „1" nach dem Invertieren der Bits, gelöst werden. Die verfügbaren Bits werden beim *2er-Komplement* gleichmäßig auf positive und negative Werte verteilt, wobei die Null als positive Zahl aufgefasst wird. Der Wertebereich für n Bits ergibt sich demnach zu $[-2^{n-1}, 2^{n-1} - 1]$. Für 4 Bits also beispielsweise $[-8, 7]$. Da Überläufe bei der Verwendung des *2er-Komplements* grundsätzlich nicht beachtet werden, funktioniert die Zahlendarstellung in dieser Codierung zyklisch. Das ergibt eine Interpretation der Bit-Muster wie in Abb. 1.2 dargestellt.

In der Grafik ist gut zu sehen, dass sich die Anzahl der Bits nicht ändert und dass es eine Stelle gibt, an der ein Sprung auftritt: von $+7$ auf -8. Das bedeutet, dass nicht zu hoch

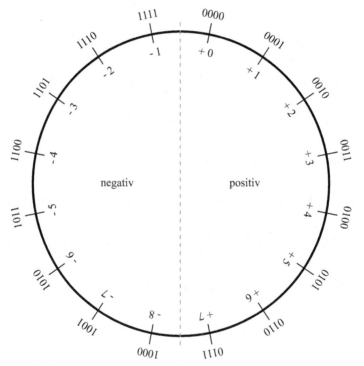

Abb. 1.2 Grafische Darstellung des *2er-Komplements*

gezählt werden darf, sonst wird die Zahl negativ.[4] Soweit die Theorie, aber funktioniert auch Alles, wenn das Ergebnis einer Subtraktion nicht Null ist? Einmal ausprobieren! Was ist also das Ergebnis von $42_{10} - 73_{10}$ im *2er-Komplement*?

Beispiel (Rechnen mit dem 2er-Komplement)

$$42_{10} - 73_{10} = 42_{10} + (-73_{10}) = 00101010_2 + (-01001001_2)$$

$$\xoverset{2er-K.}{\Longrightarrow} 00101010_2 + 10110111_2 = 11100001_2 \blacktriangleleft$$

Aber, entspricht 11100001_2 jetzt wirklich der erwarteten -31_{10}?

Beispiel (Rechnen mit dem 2er-Komplement — Probe)

$$11100001_2 \xoverset{Inv.}{\Longrightarrow} 00011110_2 \xoverset{+1}{\Longrightarrow} 00011111_2 = 31_{10} \blacktriangleleft$$

Ja, funktioniert! Wunderbar! Mit dem *2er-Komplement* ist man also nun in der Lage mit ganzen Zahlen – im Rahmen der gegebenen Anzahl von Bits-Addition und Subtraktion durchzuführen. Multiplikation ist ebenfalls ohne Weiteres möglich, da sie sich auf wiederholte Addition zurückführen lässt. In gleicher Weise lässt sich die Division auf wiederholte Subtraktion zurückführen. Allerdings gibt es bei der Division eine Einschränkung: Es ist nur die sogenannte *Integer-Division* durchführbar. Das bedeutet, dass bei einer Division nur der ganzzahlige Anteil des Ergebnisses berechnet wird. Wird also beispielsweise $10 \div 3$ berechnet, ist das Ergebnis 3 und nicht $3,\bar{3}$.

1.2.2 Komma-Zahlen

Doch auch das Problem mit der Integer-Division ist lösbar, dafür braucht es allerdings einen neuen Zahlentyp: *Komma-Zahlen*. Zunächst eine Definition der sogenannten *Festkomma-Zahlen*: Dabei wird, wie gehabt, eine feste Anzahl von Bits verwendet und per Definition an einer bestimmten Stelle ein Komma gesetzt. Da das Komma Teil des Formats ist, muss es nicht explizit gespeichert, sondern lediglich bei der Verarbeitung der Zahl berücksichtigt werden. Die Bits, welche die Zahlen vor dem Komma repräsentieren, werden wie gehabt als Stellen des Binär-Systems interpretiert. Die Stellen nach dem Komma werden in ähnlicher Weise interpretiert, allerdings mit negativen Exponenten für die Potenzen der Basis. Das sieht dann wie in Abb. 1.2.2 dargestellt aus.

---

[4] Merkhilfe: Das ist wie im richtigen Leben: Wenn es zu positiv wird, kommt sicherlich irgendwann etwas Negatives.

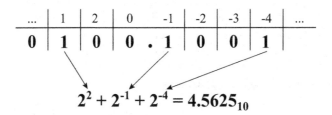

Mit dieser Darstellung für Komma-Zahlen geht leider ein drastischer Nachteil einher: Inflexibilität. Da das Komma im Format definiert wurde, muss es auch immer an derselben Stelle bleiben. Benötigt eine Zahl mehr oder weniger Nachkommastellen, muss also auf etwas anderes zurückgegriffen werden . . . Auftritt: *Gleitkommazahlen.*

Gleitkommazahlen im Computer werden auf die sogenannte *wissenschaftliche Notation* zurückgeführt, bei der eine Zahl wie folgt dargestellt wird:

$$x = s * m * 10^e \tag{1.2}$$

Das s stellt hierbei das *Vorzeichen* dar (engl. *sign*). Der Betrag der Zahl wird durch das Zusammenspiel der *Mantisse m* und des *Exponenten e* gebildet. Grundsätzlich kann eine Zahl auf diese Art und Weise in unendlich vielen verschiedenen Weisen dargestellt werden. Beispielsweise ist $-1 * 50 * 10^2 = -1 * 0, 5 * 10^4$. Abhängig vom gewählten Exponenten wird dabei das Komma der Mantisse verschoben – es gleitet abhängig vom Exponent durch die Zahl. Daher rührt im Übrigen auch das „Gleit" in *Gleitkommazahl.* Wird ein solches Format zur Darstellung von Zahlen im Computer verwendet, wird nicht mehr die Basis 10 verwendet, sondern die Basis 2. Damit das Ganze auch zufriedenstellend funktioniert, müssen das Vorzeichen, die Mantisse und der Exponent jetzt nur noch in einem geeigneten Format – *IEEE 754* [1] genannt-abgespeichert werden. Statt also s, m und e direkt zu speichern, werden stattdessen s', E und M gespeichert, die im Allgemeinen wie folgt bestimmt werden:

$$s = (-1)^{s'}$$
$$e = E - b \tag{1.3}$$
$$m = 1, M$$

Das Vorzeichen s wird hier als einzelnes Bit s' gespeichert und kann bei der Verarbeitung der Zahl dann durch die angegebene Formel berechnet werden. In ähnlicher Art und Weise werden Mantisse und Exponent nicht direkt gespeichert, sondern in einer anderen Form.

Um die Idee einer Gleitkommazahl zu verwirklichen, müssen sowohl positive als auch negative Exponenten verwendet werden können. Hier wird aus mehreren Gründen nicht das 2er-Komplement verwendet. Zum Einen soll eine „Codierung in der Codierung" vermieden werden. Zum Anderen soll ein Größenvergleich von zwei Gleitkommazahlen so einfach wie möglich sein. Da die Mantisse immer in einem bestimmten Format gespeichert wird, wie sich noch herausstellen wird, kann der Vergleich in zwei Schritten erfolgen: Erst werden die Exponenten verglichen; sind diese unterschiedlich kann hieraus schon die größere Zahl bestimmt werden. Und nur, wenn die Exponenten an dieser Stelle gleich sind, muss auch noch die Mantisse verglichen werden. Ein derartiger Größenvergleich ist aber mit einem Exponent, der im 2er-Komplement codiert ist, nicht ohne Weiteres möglich. Daher wird im Speicher für den Exponenten tatsächlich eine positive Zahl abgelegt, die bei der Verarbeitung der Zahl durch Subtraktion eines festen Wertes b (*Bias*) verschoben wird, sodass der Exponent nach der Subtraktion ebenfalls negativ sein kann. Werden also beispielsweise 8 Bits für die Speicherung des Exponenten verwendet, wird im Speicher ein Exponent E im Intervall $[0, 255]$ abgelegt, bei der Verarbeitung einer Gleitkommazahl durch Subtraktion von 127 aber in den Exponenten e im Intervall $[-127, 128]$ verschoben.

Wie bereits angesprochen wird die Mantisse m auch nicht direkt im Speicher abgelegt, sondern stattdessen eine modifizierte Version M gespeichert. Unter Anpassung des Exponenten wird m so verschoben, dass vor dem Komma immer genau eine 1 steht (*Normalisierung*). Da dies im Format so abgelegt ist, muss diese führende 1 nicht mehr explizit gespeichert werden, sodass mehr Bits für die Nachkommastellen der Mantisse zur Verfügung stehen. Diese Nachkommastellen werden dann als M im Speicher abgelegt.

Im Regelfall stehen in Programmiersprachen Gleitkommazahlen mit 32 Bits (*float*, *single*) oder 64 Bits (*double*) zur Verfügung. Dabei werden Vorzeichen, Exponent und Mantisse wie in Abb. 1.3 bzw. 1.4 dargestellt aus.

Bei einem *Float* ist der Biaswert $b = 127$ und der Exponent kann Werte im Intervall $[-126, 127]$ annehmen. Die Werte -127 und 128 sind für Spezialfälle reserviert. Für ein *Double* sind beim Exponenten die beiden Randwerte ebenfalls für Spezialfälle reserviert, sodass der Exponent bei einem Biaswert von $b = 1023$ in diesem Fall im Intervall $[-1022, 1023]$ liegt.

Wie sieht das Ganze mit konkreten Zahlen aus? Wie werden Zahlen in der Praxis dargestellt? Gute Frage! Ein Beispiel mit 32 Bits:

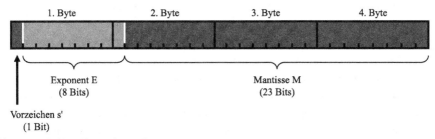

Abb. 1.3 Bitdarstellung eines *Float*

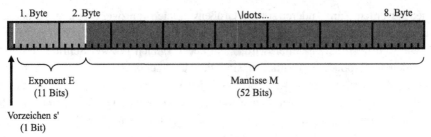

Abb. 1.4 Bitdarstellung eines *Double*

Beispiel (Umrechnung in IEEE 754)

1. Umwandeln einer Dezimalzahl (hier 73,5) in eine binäre Festkomma-Zahl ohne Vorzeichen:

$$73,5_{10} = 1001001.1_2$$

2. Normalisieren der Mantisse und Bestimmen des Exponenten

$$1001001.1_2 = 1001001.1_2 * 2^0 = 1.0010011_2 * 2^6$$

$$\Rightarrow M = 0010011000000000000000000$$

$$\Rightarrow E = 6_{10} + 127_{10} = 110_2 + 1111111_2 = 10000101_2$$

3. Bestimmen des Vorzeichen Bits aus $s = +1$ mit $s = (-1)^{s'}$:

$$s' = log_{-1}(s) = \frac{ln(s)}{ln(-1)} = 0$$

4. Zusammensetzen der Gleitkommazahl

$$0 \mid 10000101 \mid 0010011000000000000000000 \blacktriangleleft$$

Einige Spezialfälle wurden bereits angesprochen. Insgesamt gibt es vier Stück davon, welche in Tab. 1.1 aufgelistet sind.

In der ersten Zeile ist die Null als erster Spezialfall aufgeführt. Dies ist notwendig, da die Mantisse m im Speicher immer als 1, M abgelegt wird. Dadurch kann die Mantisse selbst nicht Null werden. Ebenso kann durch keinen Exponent die gebildete Potenz Null werden. Deswegen muss die Null als Spezialfall codiert werden. Dies ist im Format als der Fall definiert, in dem alle Bits im Exponenten und in der Mantisse auf Null gesetzt sind. In der zweiten Zeile ist eine sogenannte *denormale Zahl* dargestellt. Dieser Fall wird verwendet, um ein wenig mehr Präzision im Nachkomma-Teil einer Zahl zu haben. Daher wird der Exponent in diesem Fall auf den kleinstmöglichen Wert gesetzt, d. h. -126 für

Tab. 1.1 Normalfall und Spezialfälle des IEEE-754-Formats

	Exponent E	Mantisse M	Bedeutung
1.	$E = 0$	$M = 0$	$+/-0$
2.	$E = 0$	$M \neq 0$	$+/-0.M * 2^{1-b}$
3.	$0 < E < 2^r - 1$	$M \neq 0, M = 0$	$+/-1.M * 2^{E-b}$
4.	$E = 2^r - 1$	$M = 0$	$+/-\infty$
5.	$E = 2^r - 1$	$M \neq 0$	NaN

ein *Float* und -1022 für ein *Double*. Desweiteren wird die Mantisse in diesem Fall als $0, M$ interpretiert. Damit wird die kleinstmögliche Zahl in diesem Format dargestellt. Die dritte Zeile der Tabelle stellt den Normalfall des Formats dar und funktioniert wie bereits beschrieben. Die letzten beiden Zeilen stellen Spezialfälle dar, in denen der Wert der Gleitkommazahl nicht einmal mehr wirklich eine Zahl ist. Im oberen der beiden Fälle wurde eine Berechnung durchgeführt, deren Wert mathematisch betrachtet *unendlich* ergibt, beispielsweise $\frac{1}{0}$. Im unteren Fall wurde eine Berechnung durchgeführt, deren Ergebnis nichtmal mehr eine Zahl war (*Not a Number*), beispielsweise $\frac{0}{0}$.

Wie sehen nun aber Berechnungen mit diesen Gleitkommazahlen aus? Da das Format der Zahlen auf einer multiplikativen Darstellung aufbaut, sind die Punktrechnungen relativ leicht umzusetzen, indem die Mantissen multipliziert bzw. dividiert werden und die Exponenten addiert bzw. subtrahiert werden. Die resultierende Zahl muss dann noch in ein standardkonformes Format gebracht werden, aber im Endeffekt ist nichts weiteres zu tun. Im folgenden Beispiel ist das Vorgehen schematisch für Zahlen im Dezimalsystem angegeben, da dieser Ansatz universell funktioniert.

Beispiel (Rechnen in wissenschaftlicher Notation)

$$(0{,}735 * 10^2) * (-42000 * 10^{-3}) = (0{,}735 * (-42000)) * 10^{(2-3)}$$

$$= -30870 * 10^{-1} = -3087 \blacktriangleleft$$

Etwas anders verhält es sich bei der Addition bzw. Subtraktion von Gleitkommazahlen. Dazu muss zunächst der Exponent angeglichen werden. Anschließend können die Mantissen addiert oder subtrahiert werden. Wie die Exponenten angeglichen werden hängt tatsächlich von der konkreten Situation ab; es wird derart angeglichen, dass die sogenannte *denormalisierte* Zahl möglichst genau bleibt, d. h. im besten Fall keine Informationen verloren gehen. Im Beispiel sieht das wie folgt aus:

Beispiel (Rechnen mit IEEE754)

Es seien zwei Gleitkommazahlen a und b gegeben:

$$a = |0|10000001|10010000000000000000000$$

$$b = |0|01111111|10110001000100000000000$$

Es ist leicht zu sehen, dass die Angleichung von a dazu führen würde, dass Informationen verloren gehen, da der Exponent kleiner gemacht und de Mantisse demnach nach links verschoben werden müsste. Daher muss in diesem Fall b angepasst werden, wo in der Mantisse genügend anhängende Nullen vorhanden sind, sodass keine Information verloren geht. Demnach ergibt sich folgende denormalisierte Darstellung von b:

$$b = |0|10000001|0110110001000100000000$$

Damit kann $a + b$ wie folgt berechnet werden:

$$a + b = |0|10000001|1111110001000100000000$$

Eventuell muss das Ergebnis wieder normalisiert werden, in diesem Fall ist dies aber nicht notwendig. ◄

Auf den ersten Blick scheinen die Gleitkommazahlen eine gute Idee zu sein: Sie ermöglichen Flexibilität und lassen sich aufgrund des verwendeten Formats direkt in den Befehlssatz eines Prozessors integrieren, sodass Operationen auf Gleitkommazahlen sehr effizient durchgeführt werden können. Allerdings ist es wie immer im Leben: Nichts hat nur Vorteile. Das gilt auch für die Gleitkommazahlen, die auch einen entscheidenen Nachteil mit sich bringen: Ungenauigkeiten!

Zugegeben, die Nachteile ergeben sich eigentlich aus der Verwendung des Binär-Systems zur Speicherung von Daten im Computer und nicht direkt aus der Verwendung von Gleitkommazahlen. Allerdings sind Gleitkommazahlen der prominenteste Fall, in dem die Ungenauigkeiten der Speicherung zu Tage treten. Aber, wie wirken sich diese Ungenauigkeiten denn aus? Ein kleines Beispiel:

Beispiel (Ungenauigkeiten bei Gleitkommazahlen)

Was kommt bei der Addition von 0,1 und 0,2 heraus? 0,3 – simpel, oder? Leider nicht ganz, denn führt man diese Addition in einem Computer aus, sieht das Ergebnis so aus:

$$0{,}1 + 0{,}2 = 0{,}30000000000000004 ◄$$

Aber wie kann das sein? 0,1 und 0,2 sind weder besonders große oder kleine, noch besonders komplizierte Zahlen. Das stimmt, es sind aber leider Zahlen, die sich im Binär-System nicht mit endlich vielen Nachkommastellen darstellen lassen, sondern nur als Bruch oder *periodisch*. Im Dezimalsystem gibt es das auch, z. B. ist das Ergebnis von $\frac{1}{9}$ nicht mit endlich vielen Nachkommastellen darstellbar. Je mehr Nachkommastellen zur Darstellung verwendet werden, desto kleiner kann die Differenz zwischen der Darstellung der Zahl und dem tatsächlichen Wert der Zahl gemacht werden. Und hier liegt der Hase auf der Festplatte: Selbst eine Gleitkommazahl mit 64 Bits kann nur eine kleine Anzahl von

Nachkommastellen genau darstellen. Und so ist leider auch schon bei kleinen Zahlen wie
0,1 und 0,2 schnell der Punkt erreicht, an dem sich die Ungenauigkeiten der periodischen
Zahlen bemerkbar machen.

> **Nerd Alert:**
> Gleitkommazahlen wirken auf den ersten Blick eventuell etwas gewöhnungsbedürf-
> tig. Das sind sie auch![5] Aber es gibt bei endlichem Speicher und dem Wunsch nach
> einer performanten Ausführung des Programms leider keine bessere Lösung um
> mit Komma-Zahlen umzugehen. Daher: Gleitkommazahlen nur verwenden, wenn
> es unbedingt und absolut sein muss – oft gibt es Alternativen! Beispielsweise sollten
> Geldbeträge nie als Gleitkommazahl in Euro dargestellt werden, sondern immer als
> Ganzzahl in Cent – das führt sonst zu ganz seltsamen Kontoständen . . . .

1.3   Zeichendarstellungen

Bislang wurde nur die Codierung von Zahlen behandelt. Computer können ehrlich gesagt
auch nicht mehr, als Zahlen zu speichern und zu verrechnen. Trotzdem möchte – und kann!
– man ja auch noch andere Dinge mit dem Computer tun. Aber wie funktioniert das?
Vereinfacht gesagt, muss es immer irgendwie eine Beziehung zwischen *wasauchimmer*,
z. B. einem Buchstaben, und einer Zahl geben. Sonst kann der Computer damit einfach
nichts anfangen. Darauf ist man auch schon relativ früh gekommen. Deswegen wurde 1963
der sogenannten *ASCII*[6] Code [2] ersonnen. Im Endeffekt ist ASCII nicht mehr als eine
Tabelle, die auf allen Computern vorhanden sein muss, und die jedem definierten Zeichen
einen eindeutigen Code zuordnet. ASCII verwendet 7 Bits, da man seinerzeit noch darauf
angewiesen war platzsparend mit Speicher umzugehen. Demnach können 128 Zeichen
dargestellt werden. Eine Übersicht der Codes ist in Tab. 1.2 zu finden.

Was vor über 50 Jahren ausreichte, ist heutzutage lange nicht mehr ausreichend.
Deswegen gibt es seit 1991 den *Unicode* [3]. Die Idee dahinter ist prinzipiell dieselbe,
allerdings mit 32 Bits. Das reicht für mehr als 4 Milliarden Zeichen und ist auch nach
heutigem Stand zukunftssicher. Ein Unicodezeichen wird in menschenlesbarer Form mit
vorangestelltem „U+" dargestellt. Dahinter folgen mindestens vier Hex-Zeichen, z. B.
U+00E4 für *ä*. Diese Hex-Zeichen identifizieren einen von 65.536 Code-Punkten, d. h. ein
Zeichen, in der sogenannten *Basic Multilingual Plane*. Es gibt allerdings noch 16 weitere
Planes, die jeweils durch ein Voranstellen der Präfixe 1, 2, 3, . . . , 10 (Hex-Notation!)

---

[5] Und ich mag sie nicht!

[6] American Standard Code for Information Interchange.

Tab. 1.2 ASCII Code

	...0	...1	...2	...3	...4	...5	...6	...7	...8	...9	...A	...B	...C	...D	...E	...F
0...	NUL	SOH	STX	ETX	EOT	ENQ	ACK	BEL	BS	HT	LF	VT	FF	CR	SO	SI
1...	DLE	DC1	DC2	DC3	DC4	NAK	SYN	ETB	CAN	EM	SUB	ESC	FS	GS	RS	US
2...	SP	!	"	#	$	%	&	'	(	)	*	+	,	-	.	/
3...	0	1	2	3	4	5	6	7	8	9	:	;	<	=	>	?
4...	@	A	B	C	D	E	F	G	H	I	J	K	L	M	N	O
5...	P	Q	R	S	T	U	V	W	X	Y	Z	[	\	]	^	_
6...	`	a	b	c	d	e	f	g	h	i	j	k	l	m	n	o
7...	p	q	r	s	t	u	v	w	x	y	z	{	|	}	~	DEL

angegeben werden. Zeichen in diesen Planes werden demnach mit fünf bzw. sechs Hex-Zeichen codiert. Die *Basic Multilingual Plane* hat das Präfix 0, was aber meistens weggelassen wird und so zu der Codierung mit vier Zeichen führt.

Doch, wie so oft kommt mit den erweiterten Möglichkeiten von Unicode auch ein Nachteil: Texte, die nur aus den Zeichen bestehen, die auch im alten ASCII-Code vorhanden waren, werden deutlich größer. Statt 7 Bits im ASCII Code werden im Unicode mindestens 16 Bit für ein Zeichen in der *Basic Multilingual Plane* benötigt. Das entspricht einem Zuwachs von benötigtem Speicherplatz von mehr als 100 %! Aber auch für dieses Problem gibt es eine Lösung: *Unicode Transformation Formats*, kurz: UTF. Dies sind spezielle Codierungen für Unicodezeichen, um eine einheitliche Darstellung zur maschinellen Verarbeitung zu erreichen. Am bekanntesten sind **UTF-8** [4], **UTF-16** [5] und **UTF-32**. UTF-32 codiert jedes Unicodezeichen mit 4 Byte, hilft uns beim Problem des gestiegenen Speicherplatzbedarfs also nicht weiter. UTF-16 codiert jedes Zeichen entweder mit 2 oder 4 Byte, hilft also auch nur bedingt weiter. UTF-8 codiert jedes Zeichen entweder mit 1 bis 4 Bytes, ist also vor dem Hintergrund zu sparenden Speicherplatzes die sinnvollste Variante. Allerdings hat UTF-8 auch Nachteile, so geht aufgrund der variablen Code-Länge, wie bei UTF-16 auch, der wahlfreie Zugriff verloren, wie er bei UTF-32 möglich ist, da ein Zeichen nicht einfach nach einem Vielfachen von 4 Byte beginnt. Zudem sinkt die Verarbeitungsgeschwindigkeit mit zunehmender Komplexität der Codierungen, wobei dieser Faktor in der Praxis vernachlässigbar ist.

Bei der Verwendung von UTF-8 muss zunächst berücksichtigt werden, dass die Codierung mit 1 bis 4 Bytes erfolgen kann. Daher ist nicht klar, wieviele Bytes ein Zeichen darstellen. Natürlich hat jedes codierte Zeichen immer dieselbe Codierung, aber um ein Zeichen erkennen und „*Oh, ein A, das hat ein Byte*" sagen zu können, muss das Zeichen zuerst decodiert werden können. Und hier beißt sich die Katze dann in die führenden Nullen. Das bedeutet also, dass die Codierung eine Information darüber enthalten muss, mit wievielen Bytes ein Zeichen codiert wurde. Außerdem muss das erste Byte einer Codierung erkennbar sein, damit klar ist, wo ein Zeichen beginnt. Vor diesem Hintergrund sehen die möglichen UTF-8 Codierungn wie in Tab. 1.3 dargestellt aus.

Tab. 1.3 UTF-8 Codierung

Unicode-Bereich	UTF-8-Kodierung	Möglichkeiten	Platz für
0000 0000 – 0000 007F	0xxx xxxx	128	7 Bits
0000 0080 – 0000 07FF	110x xxxx 10xx xxxx	2048	11 Bits
0000 0800 – 0000 FFFF	1110 xxxx 10xx xxxx 10xx xxxx	65.536	16 Bits
0001 0000 – 0010 FFFF	1111 0xxx 10xx xxxx 10xx xxxx 10xx xxxx	2.097.152	21 Bits

In der Tabelle ist ersichtlich, dass bei den verwendeten Bytes manche Bits fest definiert sind, andere könne beliebige Daten aufnehmen (hier dargestellt durch ein x). Die vordefinierten Bytes werden auch als *Byte-Marker* bezeichnet. Wird ein Zeichen mit genau einem Byte dargestellt, fängt dieses Byte mit einer Null an, die restlichen sieben Bits können Daten aufnehmen. Damit können also praktischerweise alle Zeichen des ASCII-Codes dargestellt werden, sodass die Speicherplatzproblematik bei der Darstellung von ASCII-Inhalten in Unicode praktisch gelöst ist. Es wird zwar pro Zeichen immer noch ein Bit mehr verwendet, als beim ASCII-Code selbst, aber dieser Zuwachs von benötigtem Speicherplatz ist verkraftbar. Für jede Codierung eines Zeichens mit mehr als einem Byte beginnt das erste Byte mit einer Anzahl von Einsen, die der Anzahl von Bytes enspricht, gefolgt von einer Null. Jedes weitere Byte eines Zeichens beginnt dann mit einer Eins und einer Null. Damit sind tatsächlich alle gestellten Anforderungen erfüllt: Die Anzahl der Bytes, mit denen ein Zeichen codiert wurde, kann in der Codierung abgelesen werden und „Folge-Bytes" sind durch ihr Präfix eindeutig vom Beginn eines Zeichens zu unterscheiden.

> **Nerd Alert:**
> Alle Zeichen-Codierungen außer UTF-8 sind Teufelswerk! Ganz sicher! Ich habe schon Rechner brennen sehen,[7] weil sie ISO-8859-1 oder, noch schlimmer, cp-1252 verwenden mussten. Aber im Ernst: UTF-8 Codierung auf Basis des Unicodes ist ein universeller, effizienter Weg um Zeichen darzustellen. Es gibt keinen guten Grund eine andere Codierung zu wählen. Grundsätzlich bin ich immer ein Verfechter

---

[7] Nein, das lag sicher nicht an der dicken Staubschicht im Netzteil!

von Alternativen, aber an dieser Stelle macht es das Leben nur unnötig schwer, wenn mehrere Standards zur Zeichen-Codierung existieren und sich vor allem ältere Standards weigern auszusterben: https://xkcd.com/927/

1.4   Spezielle Codierungen

Bislang ging es um die einheitliche Codierung von elementaren Informationen. Die Motivation hinter diesen Codierungen ist hauptsächlich Austauschbarkeit, daher der Fokus auf einheitlicher Codierung. Allerdings fordert diese Einheitlichkeit ihren Tribut hinsichtlich der Effizienz und Flexibilität der Codierung. Im Allgemeinen ist das kein Problem, im Speziellen jedoch schon. Es gibt Anwendungsfälle, in denen technische Randbedingungen die Notwendigkeit für einen angepassten Code mit sich bringen, beispielsweise die physikalische Beschaffenheit eines Speicher-Mediums oder die Fehlerrate eines Übertragungs-Mediums.

Bevor einigen dieser Fälle besprochen werden, wird jedoch vorher eine Definition von *Code* benötigt, um zu verstehen wie sich einige Anforderungen dieser speziellen Codes ergeben. Also, frisch ans Werk:

▶ **Definition (Codierung)** Ein Code ist eine Formulierung von **Informationen** anhand eines vereinbarten Satzes von **Symbolen**. Dabei werden anhand einer **Abbildung** Symbole eines Quell-Alphabets Symbolen eines, potenziell verschiedenen, Ziel-Alphabets zugeordnet. Ist diese Abbildung **eindeutig**, so ist der Code **entzifferbar**.

Eine wichtige Eigenschaft eines Codes *dynamischer Länge* ist die sogenannte *Präfix-Freiheit*. Das bedeutet, dass bei einer Codierung, die Code-Wörter unterschiedlicher Länge beinhaltet, kein Codewort der Beginn eines anderen Codewortes sein darf. Ansonsten ist die Codierung nach obiger Definition nicht *entzifferbar*. Ein Beispiel für einen Code mit dynamischer Läge ist der *Morse-Code*, bei dem häufig vorkommende Buchstaben mit kurzen Code-Wörtern dargestellt werden, und seltene Buchstaben mit langen Code-Wörtern. Im Folgenden ein kleines Beispiel:

Beispiel (Präfix-Freiheit)

Anhand der folgenden Codetabelle soll die Zeichenfolge 10010 decodiert werden.

Zeichen	Codewort
A	10
B	01
C	0

Dabei ist relativ klar, dass der Beginn des Codewortes (10) ein **A** darstellt. Das Ende des Codewortes hingegen (101) kann sowohl als **BC** aber auch als **CA** decodiert werden. Das liegt daran, dass das Codewort für **C** (0) der Beginn des Codewortes für **B** (01) ist. ◄

Es gibt verschiedene Gründe spezielle Codierungen zu entwerfen, beispielsweise technische Randbedingungen oder der Versuch den Speicherverbrauch zu optimieren. Grundsätzlich liegt jeder speziellen Codierung daher ein konkreter Anwendungsfall zu Grunde, der bestimmte Anforderungen mit sich bringt. Exemplarisch sollen im Folgenden drei Anwendungsfälle diskutiert werden.

1.4.1 Technische Randbedingungen – Compact Discs

Oft sind technische Randbedingungen der Grund für eine spezielle Codierung. Das bedeutet, dass durch ein technisches System, welches Daten verarbeiten soll, Bedingungen an eine Codierung gestellt werden, die mit der internen Funktionsweise des Gerätes zu tun haben.

Einige unter uns mögen sich noch an **Compact D**iscs[8] erinnern. CDs sind seit Anfang der 80er-Jahre des letzten Jahrtausends auf dem Markt und ein optisches Speicher-Medium. Das bedeutet, dass Informationen optisch, d. h. unter Zuhilfenahme von Licht, ausgelesen werden. Die technische Realisierung einer CD ist dann tatsächlich auch der Faktor, der technische Ranbedingungen an die Codierung heranträgt.

Eine CD hat eine reflektierende Oberfläche, in welche die sogenannte Pits eingebrannt bzw. eingepresst sind. Die übrigbleibenden Erhebungen werden *Lands* genannt und gemeinsam mit den Pits zur Codierung der Daten verwendet. Dadurch entstehen die konzentrischen Ringe, die speziell auf selbstgebrannten CDs gut zu erkennen sind. Jeder dieser Ringe ist in sogenannten *Bit-Zellen* unterteilt. Die Codierung ist dann so festgelegt, dass eine Bit-Zelle mit einem Übergang zwischen Pit und Land (oder andersherum) eine *1* darstellt, eine Bit-Zelle ohne Übergang eine *0*. Das ist auch in Abb. 1.5 dargestellt.

Das sieht auf den ersten Blick nicht sonderlich kompliziert aus. Allerdings steckt der Teufel, wie so oft, im Detail. Aufgrund des optischen Auslesevorgangs dürfen Pits und Lands nicht zu lang werden und auch nicht zu kurz sein. Ansonsten akkumulieren sich Ungenauigkeiten beim Auslesen so auf, dass die genaue Zahl von Bit-Zellen nicht mehr korrekt bestimmt werden kann. Daher müssen mindestens zwei und dürfen höchstens zehn Nullen aufeinanderfolgen. Das bedeutet, dass ein „normaler" 8-Bit-Code nicht verwendet werden kann, weil nicht alle Code-Wörter die vorgenannte Bedingung erfüllen. Stattdessen

---

[8] Die CD, speziell die *Audio-CD*, ist ein optischer Massenspeicher und wurde ab 1979 von Philips und Sony entwickelt. Die Markteinführung hat die Schallplatte innerhalb kurzer Zeit effektiv verdrängt.

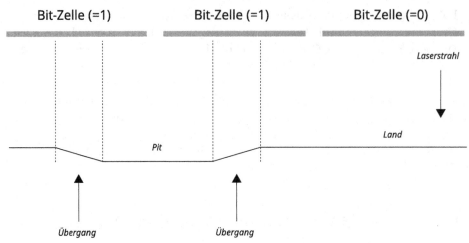

Abb. 1.5 Pits, Lands und Bit-Zellen auf einer CD

wird ein 14-Bit-Code benutzt (EFM, *Eight-To-Fourteen-Modulation* [6]). Dabei werden alle 8-Bit-Code-Wörter auf Code-Wörter eines 14-Bit-Codes abgebildet. Damit ist man in der Lage für jedes 8-Bit-Codewort einen Ersatz anzugeben, der die technischen Randbedingungen erfüllt. Hierbei ist es wichtig zu beachten, dass auch eine beliebige Aneinanderreihung von Code-Wörtern nicht zu Problemen führen darf. Die Präfix-Freiheit spielt bei der CD keine Rolle, da die Code-Wörter alle dieselbe Länge haben.

Eventuell stellt sich hier die Frage: Warum ausgerechnet 14 Bits? Ganz einfach: Die Auswahl von 256 Code-Wörtern, denn so viele 8-Bit-Code-Wörter gibt es, welche die technischen Randbedingungen einer CD erfüllen, ist erst ab einer Code-Länge von 14 Bits möglich. Mehr Bits als unbedingt notwendig wollte man dann auch nicht verwenden, sodass es bei den 14 Bits geblieben ist.

Statt 8 Bits direkt 14 Bits zu verwenden ... geht das nicht besser? Nunja, alternativ hätte man die Länge der Bit-Zellen größer machen können. Um dabei aber eine Zuverlässigkeit erreichen zu können, die ein korrektes Auslesen einer CD ermöglicht, hätten die Bit-Zellen etwa dreimal so groß sein müssen wie es aktuell der Fall ist. Demnach hätte sich die Speicherkapazität einer CD logischerweise auf ein Drittel reduziert. Der Platzverlust durch die EFM reduziert die Speicherkapazität einer CD immerhin nur auf rund 57 %.

1.4.2 Kompression – Huffman Codierung

Ein weiteres Ziel einer speziellen Codierungs-Variante ist die Kompression von Daten. Damit soll eine möglichst kompakte Darstellung erreicht werden, um so wenig Speicherplatz wie möglich zu benötigen. Im Optimalfall ist die Kompression *verlustfrei*, sodass die Originaldaten vollständig wiederhergestellt werden können. Dies ist aber nicht immer möglich – und auch nicht immer notwendig. Bei der Codierung von Audiodaten im MP3-

Format[9] werden beispielsweise akustische Frequenzen, die das menschliche Ohr nicht wahrnehmen kann, einfach ignoriert. Dies führt auch ohne explizite Kompression bereits zu einer merklichen Reduktion der Speichergröße. Im folgenden Beispiel soll es aber um die verlustfreie Codierung von Text gehen.

Die *Huffman*-Codierung wurde 1952 von David A. Huffman entwickelt [8]. Sie wird verwendet, um Zeichen effizient codieren zu können. *Effizient* bedeutet in diesem Zusammenhang, dass eine *minimale mittlere Code-Länge* erreicht wird. Das ist allerdings nicht grundsätzlich möglich, denn die theoretisch mögliche minimale Code-Länge hängt vom zu codierenden Text ab, genauer gesagt von der Häufigkeit des Vorkommens der einzelnen Buchstaben in diesem Text. Das bedeutet, dass für eine minimale Code-Länge die Liste mit Code-Wörtern für die einzelnen Buchstaben für jeden Anwendungsfall neu erzeugt werden muss. Praktischerweise ist die Huffman-Codierung immer *präfixfrei*, da zur Codierung ein Binär-Baum verwendet wird. Aber, wie funktioniert das genau?

Basierend auf der Auftrittshäufigkeit eines Buchstabens wird sukzessive ein Binär-Baum konstruiert. Im Einzelnen sind dazu die folgenden drei Schritte notwendig:

Algorithmus: Huffman-Codierung

1. Schreibe Buchstaben mit Auftrittshäufigkeiten als „Wald".
2. Fasse die beiden Bäume mit der geringsten Auftrittshäufigkeit zu einem neuen Baum zusammen, dabei werden die Auftrittshäufigkeiten addiert.
3. Wiederhole, bis nur noch ein Baum existiert.

Das mag jetzt etwas abstrakt klingen, daher folgend ein kleines Beispiel:

Beispiel (Huffman Codierung)

Gegeben sei der (unsinnige) Text „AAAAAAABBBBBBCCCDDDDDEEEEEEEEE-EEEEE". Daraus ergibt sich der „Wald" und die folgenden Schritte wie folgt:

---

[9] Der *MPEG-1 Audio Layer III* (MP3) [7] ist ein Algorithmus zur verlustbehafteten Kompression von Audiodaten und wurde ab 1982 am Fraunhofer-Institut für Integrierte Schaltungen in Erlangen entwickelt.

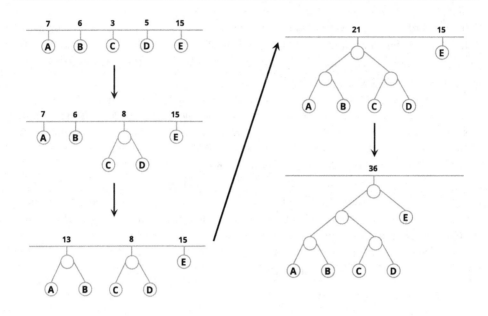

Der Baum alleine hilft allerdings noch nicht weiter, denn aus dem Baum muss noch die Codetabelle konstruiert werden. Dazu werden die Pfade zu den einzelnen Buchstaben ausgewertet. Wird auf einem Pfad der linke Teilbaum selektiert, bedeutet das eine Null, wird der rechte Teilbaum selektiert bedeutet das eine Eins. Im Beispiel sieht das dann wie folgt aus:

Beispiel (Huffman Codierung-Fortsetzung)

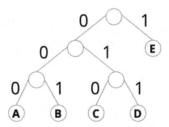

Daraus ergibt sich dann die folgende Codetabelle:

A	B	C	D	E
000	001	010	011	1

Nachfolgend kann dann die *mittlere Code-Länge* $L(C)$ berechnet werden. Dazu wird die Anzahl der zur Codierung benötigten Bits durch die Anzahl der codierten Zeichen geteilt. Im Beispiel ergibt sich $L(C)$ wie folgt:

Beispiel (Mittlere Code-Länge)

$$L(C) = \frac{\#\,Bits}{\#\,Zeichen} = \frac{7*3 + 6*3 + 3*3 + 5*3 + 15*1}{7 + 6 + 3 + 5 + 15} = \frac{78}{36} \approx 2 \blacktriangleleft$$

An dieser Stelle sei angemerkt, dass es nicht *den* Huffman-Code zu einem gegebenen Text gibt. Es kann vorkommen, dass man bei einigen Schritten des Algorithmus die Wahl hat, z. B. wenn mehrere Knoten gleich oft vorkommen. Abhängig von der dann getroffenen Entscheidung können sich unterschiedliche Bäume und damit auch unterschiedliche Codierungen ergeben. Allen unterschiedlichen Codierungen ist gemeinsam, dass sie dieselbe *minimale mittlere Code-Länge* haben.

1.4.3 Robustheit-Hamming-Code

Die Idee hinter *robuster Codierung* ist die Möglichkeit Übertragungs-Fehler erkennen und im besten Fall auch korrigieren zu können. Dies ist notwendig, da prinzipiell jedes Übertragungs-Medium Übertragungs-Fehler verursacht. Um zumindest die Fehler-Erkennung unter bestimmten Bedingungen zu gewährleisten, kann beispielsweise ein sog. *Paritäts-Bit* zu jedem Daten-Byte hinzugefügt werden. Um das Paritäts-Bit zu bestimmen, werden die „1" im Daten-Byte gezählt. Ist deren Anzahl gerade, wird das Paritäts-Bit auf „0" gesetzt, andernfalls auf „1".[10] Damit das Paritäts-Bit zur Fehler-Erkennung funktioniert, muss allerdings angenommen werden, dass maximal ein Bit während der Übertragung verfälscht wird, ansonsten heben sich die erzeugten Fehler möglicherweise gegeneinander auf.[11] Zwar kann maximal ein Bit-Fehler pro Daten-Byte anhand von Paritäts-Bits („*parity bits*") erkannt werden, eine Korrektur des Fehlers ist allerdings nicht möglich. Dazu benötigt man komplexere Codierungen, wie z. B. den *Hamming-Code* [9].

Auch beim *Hamming-Code* müssen Paritäts-Informationen zu den Daten hinzugefügt werden. Hamming-Code-Wörter haben die Länge $N = 2^k - 1, k \in \mathbb{N}_{\geq 2}$, wobei k Paritäts-Bits enthalten sind. Die Bits werden der Einfachheit halber links beginnend durchnummeriert. Die Paritäts-Bits stehen dann an den Stellen, deren Nummer eine 2er-Potenz ist. Ein Beispiel:

---

[10] In manchen Quellen findet man auch gegensätzliche Werte des Paritäts-Bits. Das ist genauso zulässig, allerdings muss innerhalb einer Anwendung Konsistenz gewährleistet sein.

[11] Theoretisch kann jede ungerade Anzahl von Bit-Fehlern erkannt werden. Allerdings ist die Annahme, dass exakt 3 oder exakt 5 Bits verändert werden in der Praxis nicht haltbar.

Beispiel (Paritäts-Bits beim Hamming-Code)

Für $k = 3$ ergibt sich die Länge des Codewortes zu $2^3 - 1 = 7$. Demnach werden 3 Paritäts-Bits (P) und 4 Datenbits (D) gespeichert. Diese werden wie folgt verteilt:

$$P \mid P \mid D \mid P \mid D \mid D \mid D$$

◄

Anhand des Beispiels sieht es zunächst so aus, als ob die benötigte Information nahezu verdoppelt wird. Da könnte man die Datenbits durch einfach direkt zweimal übertragen, oder? Nicht ganz. Die Dichte der Paritäts-Bits nimmt mit wachsendem k exponentiell ab. Für $k = 10$ sind es beispielsweise nur noch 10 Paritäts-Bits auf 1023 Bits insgesamt. Dieser Zusammenhang wird auch in Abb. 1.6 ersichtlich.

Zur Berechnung der einzelnen Paritäts-Bits werden nun unterschiedliche Zusammensetzungen der Datenbits herangezogen. Dadurch ist gewährleistet, dass Fehler erkannt und korrigiert werden können. Ändert sich also ein bestimmtes Datenbit, sind genau die Paritäts-Bits falsch, die dieses Datenbit beinhalten. Zur Bestimmung, welches Paritäts-Bit anhand welcher Datenbits berechnet wird, wird jedem Paritäts-Bit eine Bit-Maske zugewiesen, welche so viel Einträge enthält wie das gesamte Codewort. Jedes Datenbit, bei dem diese Bit-Maske eine „1" enthält, wird in die Berechnung einbezogen. Alle Einträge für Bits vor dem jeweiligen Paritäts-Bit werden auf „0" gesetzt. Beginnend beim Paritäts-Bit werden dann immer abwechseln i-mal „1" gefolgt von i-mal „0" in der Maske gesetzt. Auf Basis der Bit-Masken werden die einzelnen Paritäts-Bits dann durch Anwendung der XOR (eXklusives OdeR, siehe auch Anhang A.1) auf die einzelnen Datenbits berechnet. Klingt kompliziert? Ist es auch, daher hier ein Beispiel:

Beispiel (Hamming-Code mit $N = 2^3 - 1 = 7$)

- 3 Paritäts-Bits p_i an den Stellen 1, 2, 4 (*2er-Potenzen*)
- 4 Datenbits an den Stellen 3, 5, 6, 7

Aus der Aufstellung der Bit-Masken wird ersichtlich, dass das Paritäts-Bit p_0 auf Basis der Datenbits 3, 5 und 7 berechnet wird. Analog werden p_1 auf Basis von 3, 6 und 7

1	2	3	4	5	6	7	8	9	10	11	12	13	14	15	...	2^i	...
P_0	P_1	D	P_2	D	D	D	P_3	D	D	D	D	D	D	D	...	P_i	...

$2^2 - 1 = 3$ $2^3 - 1 = 7$ $2^4 - 1 = 15$ $2^i - 1$

Abb. 1.6 Schematische Darstellung des Hamming-Codes

Bitposition	1	2	3	4	5	6	7
Aufteilung	Parität	Parität	Daten	Parität	Daten	Daten	Daten
Daten	–	–	0	–	1	1	0
Bit-Maske p_0	1	0	1	0	1	0	1
Bit-Maske p_1	0	1	1	0	0	1	1
Bit-Maske p_2	0	0	0	1	1	1	1

sowie p_2 anhand von 5, 6 und 7 berechnet. Mit den in der Tabelle angegebenen Werte ergeben sich damit die folgenden Werte für die Paritäts-Bits:

$$p_0 = 0 \oplus 1 \oplus 0 = 1$$

$$p_1 = 0 \oplus 1 \oplus 0 = 1$$

$$p_2 = 1 \oplus 1 \oplus 0 = 0$$

Daraus ergeben sich dann folgende 7 Bits zur Übertragung:

1	1	0	0	1	1	0
P	P	D	P	D	D	D

◄

Aber, wie können damit jetzt Fehler erkannt und korrigiert werden? Dazu muss der Empfänger einer Nachricht zunächst selbst nach demselben Verfahren die Paritäts-Bits berechnen. Sofern die berechneten Werte dieselben sind, wie für die Paritäts-Bits übertragen wurden, ist alles in Ordnung.[12] Unterscheiden sich die selbst berechneten Werte für die Paritäts-Bits von den übertragenen Werten, kann ein einzelner Bit-Fehler auf Basis der veränderten Paritäts-Bits korrigiert werden. Anhand der Bit-Masken kann dabei nachvollzogen werden, welche Datenbits sich verändert haben müssten, um zu einer bestimmten Konstellation von falschen und richtigen Paritäts-Bits zu führen. Auch hierzu wieder ein Beispiel:

Beispiel (Bit-Fehler beim Hamming-Code)

Angenommen, es ist ein Bit-Fehler aufgetreten, der in Bezug auf das vorangegangene Beispiel das letzte Bit verändert hat. Damit ergibt sich folgende Situation:

---

[12] Oder richtig, richtig kaputt... Die hier besprochene Variante des Hamming-Codes kann bis zu 2 Bit-Fehler erkennen, allerdings nur 1 korrigieren.

Übertragene Daten	1	1	0	0	1	1	0
Empfangene Daten	1	1	0	0	1	1	**1**
Zuordnung	P	P	D	P	D	D	D

Daraus ergeben sich für den Empfänger folgende Paritäts-Bits:

$$p_0 = 0 \oplus 1 \oplus 1 = 0$$

$$p_1 = 0 \oplus 1 \oplus 1 = 0$$

$$p_2 = 1 \oplus 1 \oplus 1 = 1$$

Damit sind alle Paritäts-Bits unterschiedlich. Demzufolge wird ein Datenbit gesucht, das zur Berechnung aller Paritäts-Bits benutzt wurde. Jede der Bit-Masken muss demnach eine „1" an der betreffenden Stelle haben. Daraus lässt sich schlussfolgern, dass Datenbit 7 verändert wurde – was tatsächlich korrekt ist. ◄

Eine kurze Anmerkung zum Schluss: Sofern sich nur eins der berechneten Paritäts-Bits von den übertragenen Paritäts-Bits unterscheidet, dann ist ein Übertragungs-Fehler bei dem betreffenden Paritäts-Bit selbst aufgetreten, da alle Datenbits zur Berechnung von mindestens zwei Paritäts-Bits verwendet werden.

Übungsaufgaben

1.1 Stellenwertsysteme Vervollständigen Sie Tab. 1.4:

1.2 Negative Zahlen Führen Sie in Tab. 1.5 aufgeführten Berechnungen im 2er-Komplement mit der benötigten Anzahl von Bits aus:

1.3 Gleitkommazahlen Vervollständigen Sie Tab. 1.6:

1.4 Zeichen-Kodierung Geben Sie die Unicode- und UTF-8-Darstellung für die in Tab. 1.7 angegebenen Zeichen an:

Tab. 1.4 Stellenwertsysteme

Binär	Dezimal	Hexadezimal
101011		
	46	
		DC

Tab. 1.5 Negative Zahlen

Dezimal	Ergebnis im 2er-Komplement
6-5	
5-6	
17-9	

Tab. 1.6 Gleitkommazahlen

Dezimalzahl	Ergebnis im Binär-System
42,5	
72,125	
127,8125	

Tab. 1.7 Zeichen-Kodierung

Zeichen/Dezimalwert	Unicode	UTF-8
A/65		
ä/228		
ÿ/1038		

Tab. 1.8 Gleitkommazahlen

Zeichen	Codewort
A	1001
B	0110
C	100
D	110
E	10
F	00

1.5 Präfix-Freiheit Ist der Code in Tab. 1.8 präfixfrei? Falls nein, warum nicht?

1.6 Huffman-Codierung Codieren Sie KOKOSNUSSBONBONS mit dem Huffman-Code.

Literatur

1. IEEE: IEEE Standard for Floating-Point Arithmetic. In IEEE Std 754-2019 (Revision of IEEE 754-2008) (2019)
2. Cerf, V.: ASCII format for Network Interchange. https://tools.ietf.org/html/rfc20 (1969). Zugegriffen am 06.05.2022
3. The Unicode Consortium: The Unicode® Standard. http://www.unicode.org/versions/latest/ (2019). Zugegriffen am 06.05.2022
4. Yergeau, F.: UTF-8, a transformation format of ISO 10646. https://tools.ietf.org/html/rfc3629 (2003). Zugegriffen am 06.05.2022
5. Hoffman, P., Yergeau, F.: UTF-16, an encoding of ISO 10646. https://tools.ietf.org/html/rfc2781 (2000). Zugegriffen am 06.05.2022

6. ECMA: Data interchange on read-only 120 mm optical data disks (CD-ROM). http://www.ecma-international.org/publications/standards/Ecma-130.htm (1996). Zugegriffen am 06.05.2022
7. Nilsson, M.: The audio/mpeg Media Type. https://tools.ietf.org/html/rfc3003 (2000). Zugegriffen am 06.05.2022
8. Huffman, D.A.: A method for the construction of minimum-redundancy code. Proc. IRE **40**(9), 1098–1101 (1952)
9. Hamming, R.W.: Error detection and error correction codes. Bell Syst. Tech. J. **XXIX**(2), 147–160 (1950)

Formale Sprachen: Romanes Eunt Domus

Schon Brian Cohen von Nazareth musste leidvoll lernen, dass es nicht *romanes eunt domus*, sondern *romani ite domum* heißt. Er hatte seinerzeit Hilfe eines römischen Präfekten,[1] aber wer hilft dem Computer, wenn der Nutzer sich nicht deutlich ausdrückt? Leider niemand. Im ersten Kapitel ging es um Codierungen, die dazu dienen, einzelne, wohldefinierte Informationshäppchen im Computer abzuspeichern. In diesem Kapitel soll es um *formale Sprachen* gehen. Hierbei ist das Ziel die Darstellung von zusammenhängenden Informationen und deren Relationen. Also beispielsweise wer wohin gehen soll und ob es sich dabei um einen Befehl handelt. Ähnliche Zusammenhänge ergeben sich tatsächlich auch im Computer, wenn es um Programmiersprachen geht. Aber dazu später mehr . . .

Um zunächst etwas tiefer in die Materie einsteigen zu können, wird eine Definition einer formalen Sprache benötigt:

▶ **Definition (Formale Sprache)** Eine *formale Sprache* . . .

- . . . dient zur eindeutigen *Darstellung* von *zusammenhängenden Informationen*
- . . . hat eine *Grammatik*, die den Aufbau der Sprache regelt und deren *Syntax* festlegt
- . . . hat ein *Alphabet* erlaubter Zeichen
- . . . besteht aus *Worten*, die aus den Zeichen des Alphabets aufgebaut sind

Die einzelnen Zeichen des Alphabets können weiterhin Zahlen oder Buchstaben sein, die für sich codiert werden müssen, wie im letzten Kapitel besprochen. Die Worte verbinden die einzelnen Zeichen des Alphabets, und die Grammatik verbindet die einzelnen Worte. Hier ist eine Analogie zu natürlicher, d. h. menschlicher, Sprache nicht

---

[1] Frei nach dem Film „Das Leben des Brian" von Monty Python.

© Springer Fachmedien Wiesbaden GmbH, ein Teil von Springer Nature 2022
B. Küppers, *Einführung in die Informatik*, Studienbücher Informatik,
https://doi.org/10.1007/978-3-658-37838-7_2

weit. Der große Unterschied zwischen einer formalen und einer natürlichen Sprache ist die Eindeutigkeit. In einer natürlichen Sprachen können auch grammatikalisch etwas abenteuerliche Konstruktionen verstanden werden. Das liegt daran, dass Menschen in der Lage sind, Informationen kontextabhängig auch *fuzzy*, d. h. mit einer gewissen Unsicherheit, zu verarbeiten. Computer können das zwar, zumindest mittlerweile, auch ganz gut, allerdings sind die Einsatzgebiete formaler Sprachen davon abhängig, dass dargestellte Informationen *exakt* interpretierbar sind. Als Programmierer möchte man beispielsweise, dass ein Programm genau das tut, was eingegeben wurde und keine Unsicherheit bei der Interpretation des Quellcodes verbleibt.[2]

Die erwähnte Exaktheit bei der Interpretation einer formalen Sprache rührt von ihrer Grammatik her. Eine Grammatik besteht aus *terminalen* und *nicht-terminalen* Symbolen. Terminale Symbole bestehen ausschließlich aus Zeichen des Alphabets. Analog zu natürlichen Sprachen sind das also die *Worte* der Sprache. Nicht-terminale Symbole hingegen bestehen aus mindestens einem anderen Symbol und können, müssen aber nicht, auch Zeichen des Alphabets beinhalten. Da sie andere Symbole beinhalten, können nicht-terminale Symbole nicht in einer Produktion (s. u.) vorkommen. Die Parallele zur natürlichen Sprache wären grammatikalische Konstrukte, wie z. B. der klassische Satzaufbau „*Subjekt Prädikat Objekt*". Eine Grammatik wird auf Basis der nicht-terminalen Symbole rekursiv aufgebaut. Ein an die natürliche Sprache angelehntes Beispiel ist in Abb. 2.1 zu sehen. In der Abbildung ist zu sehen, wie die einzelnen terminalen Symbole durch nicht-terminale Symbole zu einem Satz verbunden werden. So ist beispielsweise das

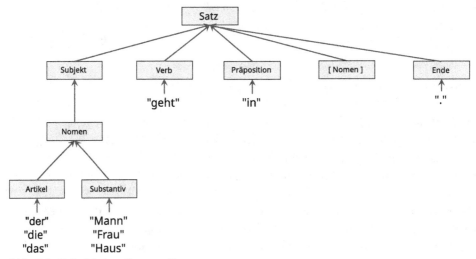

Abb. 2.1 Beispiel einer Grammatik

---

[2] Das Programm tut tatsächlich was im Quellcode steht – das muss allerdings nicht zwangsläufig dasselbe sein, wie die Intention des Programmierers.

nicht-terminale Symbol *Nomen* aus den nicht-terminalen Symbolen *Artikel* und *Substantiv* aufgebaut. Das nicht-terminale Symbol *Substantiv* hingegen kann aus den terminalen Symbolen *der*, *die* oder *das* bestehen.

Die Darstellung einer Grammatik durch einen Baum ist allerdings umständlich und unübersichtlich. Darum gibt es alternative Darstellungsformen, z. B. die *Backus-Naur-Form* (BNF) [1].

2.1 Backus-Naur-Form

In der Backus-Naur-Form werden Symbole durch eine *Zuweisung* definiert. Diese wird durch den Operator := dargestellt. Dabei gilt weiterhin, dass in der Zuweisung eines nicht-terminalen Symbols mindestens ein weiteres Symbol auftauchen muss und bei der Zuweisung eines terminalen Symbols nur Zeichen des Alphabets. Bei einer Zuweisung können mehrere Symbole oder Zeichen(ketten) des Alphabets verbunden werden. Durch ein Leerzeichen („ “, *space*) wird eine *und*-Verknüpfung definiert, durch einen senkrechten Strich („|“, *pipe*) wird eine *oder*-Zuweisung definiert. Zur logischen Gliederung der Verknüpfungen können Klammern verwendet werden. Es ist ebenfalls möglich, Kardinalitäten für Symbole zu definieren. Dies geschieht mit geschweiften und eckigen Klammern. Geschweifte Klammern ({}) definieren dabei eine beliebige Wiederholung, und eckige Klammern ([]) definieren ein einmaliges Auftreten. In beiden Fällen ist das Weglassen des Symbols ebenfalls möglich. Bezogen auf den Baum in Abb. 2.1 ergibt sich damit folgende gleichwertige BNF:

Beispiel (Backus-Naur-Form)

```
Satz         := Subjekt Verb Präposition Nomen Ende
Subjekt      := Nomen
Nomen        := Artikel Substantiv
Artikel      := "der" | "die" | "das"
Substantiv   := "Mann" | "Frau" | "Haus"
Verb         := "geht"
Präposition  := "in"
Ende         := "."
```

◀

Aus den in der Grammatik definierten Regeln lassen sich dann gültige *Produktionen* ableiten. Produktionen beginnen immer mit einem *Startsymbol*. Im vorgenannten Fall beispielsweise mit dem Startsymbol *Satz*, was zu einer Produktion wie *Die Frau geht in das Haus.* führen kann. Hier wird auch ersichtlich, dass in einer Produktion nur noch terminale Symbole enthalten sind. Allerdings gibt es, wie üblich, einen Haken: Eine solch einfache Grammatik garantiert nicht, dass eine Produktion auch *sinnvoll* ist. Aus obiger Grammatik könnten beispielsweise Produktionen wie *Der Frau geht in die Haus* abgeleitet werden, was offensichtlich nicht sinnvoll ist. Daher muss eine Grammatik auch die Semantik einer Sprache berücksichtigen und diese in entsprechende Regeln umsetzen. Das könnte dann wie folgt aussehen:

Beispiel (Backus-Naur-Form mit Semantik)

```
Satz         := Subjekt Verb Präposition Nomen Ende
Subjekt      := Nomen
Nomen        := (wArtikel wSubstantiv) |
                (mArtikel mSubstantiv) |
                (sArtikel sSubstantiv)
wArtikel     := "die"
mArtikel     := "der"
sArtikel     := "das"
wSubstantiv  := "Frau"
mSubstantiv  := "Mann"
sSubstantiv  := "Haus"
Verb         := "geht"
Präposition  := "in"
Ende         := "."
```

◄

Durch die veränderten Regeln wird nun sichergestellt, dass nur Artikel und Substantiv gleichen grammatikalischen Geschlechtes gemeinsam verwendet werden können.[3] Damit ist eine *Semantik* erzeugt worden.

Formal kann die Grammatik G einer darauf aufbauenden Sprache $L(G)$ als 4-Tupel wie folgt definiert werden:

▶ **Definition (Grammatik)**

$$G = \{N, T, S, P\}$$

- **N**: Menge der nicht-terminalen Symbole
- **T**: Menge der terminalen Symbole
- **S**: Startsymbol
- **P**: Menge aller gültigen Produktionen

---

[3] Auch aus dieser erweiterten Grammatik können noch sinnlose Produktionen abgeleitet werden, aber die Idee sollte klar werden.

Dabei sind die Mengen der terminalen und nicht-terminalen Symbole disjunkt, d. h., sie
überschneiden sich nicht. Weiterhin gibt es nur endlich viele Produktionsregeln.[4] Die
Verwendung des Startsymbols verhindert dabei ungewollte Teilproduktionen, im obigen
Beispiel garantiert $S = \{Satz\}$, dass nur ganze Sätze gebildet werden können. Man sagt,
dass eine Grammatik eine Sprache *erzeugt*, was im Endeffekt bedeutet, dass eine Sprache
nur sinnvolle Produktionen anhand der Regeln der Grammatik enthält.[5]

2.2 Programmiersprachen

Der wohl prominenteste Anwendungsbereich formaler Sprachen sind die *Programmiersprachen*. Deren Hauptzweck ist es, eine menschenlesbare bzw. menschenschreibbare
Form für Anweisungen an den Computer zur Verfügung zu stellen. Dabei ist es absolut
wichtig, dass die Sprache eindeutig interpretiert und in gleichwertige binäre Anweisungen
überführt werden kann. Das Programm, welches den menschenlesbaren *Quellcode* anhand
der Regeln der zugrundeliegenden Grammatik interpretiert und in maschinenlesbare
Anweisungen überführt, wird *Compiler* genannt. Die maschinenlesbaren Anweisungen
können dabei entweder direkt in eine maschinenspezifische Binärfolge umgewandelt
werden oder in einen sogenannten *Byte-Code*. Im ersten Fall ist die erzeugte Binärfolge
fertig, kann aber nur auf einem bestimmten Prozessortyp ausgeführt werden. Im zweiten
Fall kann der Byte-Code, auch Zwischen-Code genannt, noch an beliebige Prozessortypen
angepasst werden, muss dafür aber vor der Ausführung erneut bearbeitet werden. Welche
der beiden Varianten sinnvoller ist, hängt ganz vom Anwendungsfall ab. Wird Wert auf
Performanz gelegt, ist die Kompilierung in prozessor-spezifischen Binärcode vorzuziehen.
Wird jedoch Wert auf Flexibilität, im Speziellen auf *Plattform-Unabhängigkeit* gelegt, ist
die Kompilierung in Byte-Code die bessere Variante.

Doch auch über diese Unterscheidung hinaus lassen sich verschiedene Typen von
Compilern unterscheiden. Zum einen gibt es, als älteste Variante, den *Ahead-of-Time
Compiler*. Bei dieser Variante wird der gesamte Quellcode in einem Rutsch in Binär- oder
Byte-Code übersetzt. Das kann mitunter dazu führen, dass die Kompilierung sehr lange
dauert. Daher haben sich mit der Zeit auch sogenannte *Just-in-Time Compiler* etablieren
können, die nur einen kleinen Teil des Quellcodes direkt übersetzen und weitere Teile des
Quellcodes erst dann übersetzen, wenn sie bei der Programmausführung benötigt werden.
Auch hier hängt die Wahl wieder vom Anwendungsfall ab. Ist das Programm nur sehr
klein, oder muss die Performanz bei der Ausführung möglichst hoch sein, empfiehlt sich
ein *Ahead-of-Time Compiler*. Ist das Programm sehr groß, wird bei der Ausführung wenig

---

[4] Das kann dennoch zu unendlich vielen gültigen Produktionen führen.

[5] Auch hier wieder deutlich der Unterschied zur natürlichen Sprache, die von sinnlosen Produktionen
in der Regel nur so wimmelt.

Wert auf Performanz gelegt oder werden nur kleine Teile des Programms oft benötigt, kann sich der Einsatz eines *Just-in-Time Compilers* lohnen.

Neben diesen Arten von Compilern gibt es auch noch sogenannte *Interpreter*, die zwar ähnlich funktionieren, jedoch die Übersetzung des Quellcodes in Binär- bzw. Byte-Code bei jeder Programmausführung von Neuem vornehmen. Warum das ebenfalls sinnvoll sein kann und was Interpreter genau von Compilern unterscheidet, dazu später mehr.

2.2.1 Compiler

Bei der Kompilierung eines Programms werden zwei Phasen durchlaufen. Zuerst kommt die *Analyse-Phase*, während der der Quellcode analysiert und auf Fehler geprüft wird. Daran schließt sich die *Synthese-Phase* an, in der Binär- bzw. Byte-Code erzeugt wird. Diese beiden Phasen unterteilen sich jeweils noch in drei Teilphasen. Der genaue Ablauf sowie die benötigten Teile des Compilers sind in Abb. 2.2 dargestellt.

Die *lexikalische Analyse* wird vom *lexikalischen Scanner*, kurz *Lexer*, durchgeführt. Der Quellcode wird dabei in einzelne Teile, sogenannte *Tokens*, zerlegt. Anschließend werden die Tokens klassifiziert, beispielsweise als *Schlüsselwort* oder *Bezeichner*. Zudem werden überflüssige Whitespaces und Kommentare entfernt, um die Eingabe-Daten für die folgende Phase so kompakt wie möglich zu machen. In diesem Schritt würden Fehler, wie falsch benannte Variablen, erkannt, wenn beispielsweise ein Variablenname mit einer Zahl beginnt. Die Anweisung $y = 3 + x$ wird dabei wie folgt zerlegt und klassifiziert:

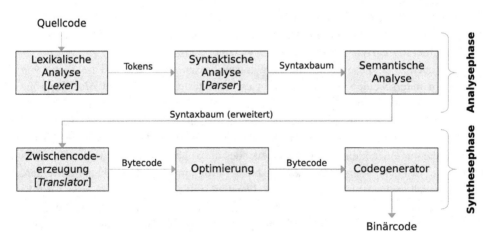

Abb. 2.2 Ablauf der Kompilierung

Beispiel (Lexer ($y = 3 + x$))

Die Anweisung $y = 3 + x$ wird anhand der Whitespaces in Tokens zerlegt, welche anschließend klassifiziert werden:

Input	Token
y	Bezeichner (LValue[8])
=	Zuweisungs-Operator
3	Integer (RValue)
+	Additionsoperator
x	Bezeichner (LValue)
;	Befehlsende

◄

Die vom *Lexer* erzeugten *Tokens* sind dann die Eingabe-Daten für die *syntaktische Analyse*, die vom *Parser* durchgeführt wird. Dabei überprüft der Parser den Source-Code auf Fehler und setzt ihn, sofern keine Fehler vorliegen, in einen Syntaxbaum (AST, *Abstract Syntax Tree*) um. Hier würden beispielsweise Fehler, wie fehlende Semikolons oder falsch verwendete Operatoren, erkannt.

Beispiel (Parser ($y = 3 + x$))

Aus den im vorherigen Schritt erzeugten *Tokens*, die praktischerweise fehlerfrei waren, erzeugt der Parser den AST:

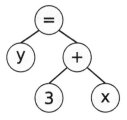

◄

Nachdem der *AST* erzeugt worden ist, werden die einzelnen Anweisungen in der *semantischen Analyse* überprüft. Hier wird zum Beispiel kontrolliert, ob eine verwendete Variable auch vorher deklariert wurde oder ob Quell- und Zieltyp einer Anweisung übereinstimmen. Dabei erzeugte Metadaten werden in den AST integriert. In diesem

---

[8] LValues dürfen auf der linken und der rechten Seite des Zuweisungsoperators stehen, RValues nur auf der rechten Seite des Zuweisungsoperators. LValues sind in der Regel Variablen, während RValues Literale sind.

Schritt würden generell semantische Fehler erkannt, d. h. Anweisungen, die auf den ersten Blick korrekt aussehen, bei näherer Betrachung aber fehlerhaft sind, beispielsweise die Zuweisung eines Stringliterals an eine Ganzzahlvariable. Wurde die *semantische Analyse* erfolgreich beendet, ist die *Analyse-Phase* abgeschlossen.

Anschließend folgt die *Synthese-Phase*, welche mit der *Zwischen-Code-Erzeugung* beginnt. Dabei wird plattformunabhängiger Byte-Code erzeugt, der als Grundlage für die darauffolgende *Optimierung* dient. Während der *Optimierung* wird versucht, die Performanz des erzeugten Programms zu steigern. Dazu gibt es eine Reihe von unterschiedlichen Techniken, die eingesetzt werden. Dazu zählen beispielsweise *Constant Folding* und *Integration von Funktionsaufrufen*.

Beispiel (Constant Folding und Integration von Funktionsaufrufen)

Constant Folding:
Als *statische Formeln* werden Formeln bezeichnet, die mindestens zwei Konstanten enthalten. Alle zur Kompilierungszeit bekannten Konstanten werden dann zusammengefasst, um Operationen zur Laufzeit einzusparen. Dabei werden eventuell auch Variablen entfernt:

Aus `pi = 3.141592653; u = 2 * pi * r;` wird dann `u = 6.28318531 * r;`.

Integration von Funktionsaufrufen:
Bei kleinen Funktionen ist der Aufwand der Adressumsetzung und des Sprungbefehls oft größer, als der Nutzen des strukturierten Codes. Daher werden kleine Funktionen oft in den aufrufenden Teil des Quellcodes integriert. Folgender Code-Ausschnitt soll als Beispiel dienen:

```
int addiere(int a, int b)
{
    return a + b;
}


int main(int argc, char** argv)
{
    [...]
    int c = addiere(3, 4);
    [...]
}
```

Durch die Integration des Funktionsaufrufs wird daraus:

```
int main(int argc, char** argv)
{
    [...]
    int c = 3 + 4;
    [...]
}
```

Eigentlich wird daraus im vorliegenden Fall sogar `int c = 7;`, da hier nach der Integration des Funktionsaufrufs noch die Konstanten zusammengefasst werden können (*Constant Folding*, s.o.). ◄

Nachdem der Zwischen-Code erzeugt und optimiert wurde, wird aus dem optimierten Zwischen-Code bei der *Code-Generierung* von einem *Ahead-of-Time Compiler* der *Binärcode* erzeugt. Für einen *Just-in-Time Compiler* wird der letzte Schritt nicht für den gesamten Quellcode ausgeführt, sondern manche Teile des Quellcodes als optimierter Zwischen-Code in das Kompilat integriert, die dann zur Laufzeit kompiliert werden.

Nachdem der Compiler den Binärcode erzeugt hat, muss der *Linker* daraus noch ein lauffähiges Programm erstellen. Das ist insbesondere der Fall, wenn es mehrere Dateien mit Quellcode gibt. Dies geschieht, indem der Binärcode zu den verschiedenen Quellcode-Dateien, der nun in sogenannten *Objektdateien* vorliegt, zusammengefügt wird. Dabei werden beispielsweise symbolische Adressen aus mehreren Quellcode-Modulen und externen Bibliotheken so angepasst, dass sie zusammenpassen. Dabei wird zwischen *statischem Linken* und *dynamischen Linken* unterschieden. Beim statischen Linken werden alle verfügbaren Objektdateien zu einer einzigen ausführbaren Programmdatei gelinkt. Das hat den Vorteil, dass keine externe Abhängigkeiten existieren und das Programm auf jedem geeigneten System ohne Weiteres lauffähig ist. Allerdings ist es damit nicht mehr möglich, einzelne Programmteile auszutauschen, ohne den Linkvorgang vollständig zu wiederholen, wie es beim dynamischen Linken möglich ist. Dabei werden nämlich Funktions- und Variablen-Adressen erst zur Laufzeit aufgelöst, sodass externe Bibliotheken einfach in Form von *Dynamically Linked Libraries* (DLLs) bzw. *Shared Objects* (SOs) angesprochen werden können. Da DLLs bzw. SOs als existierend vorausgesetzt werden, wird das fertige Programm bei dynamischem Linken kleiner. Zudem können so mehrere Programme dieselbe externe Bibliothek verwenden, ohne dass der benötigte Code mehrfach in einzelne Programme integriert werden muss.

2.2.2 Interpreter

Wie bereits erwähnt, gibt es neben den Compilern auch noch *Interpreter*. Diese zeichnen sich dadurch aus, dass der Quellcode nicht einmalig in Binärcode übersetzt wird,

Abb. 2.3 Ablauf der
Interpretierung

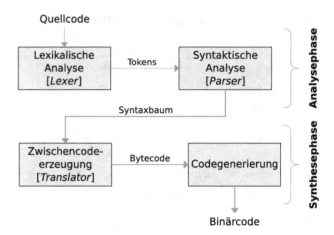

sondern stattdessen bei jeder Programmausführung schrittweise abgearbeitet wird. Dieser
Ansatz birgt den Vorteil der einfachen Portabilität sowie einer dynamischeren Quellcode-
Verwaltung, da nicht für jede kleine Änderung das gesamte Programm neu kompiliert
werden muss. Dieser Ansatz findet daher of in Web-Anwendungen Verwendung. Der ein-
hergehende Nachteil ist allerdings eine deutlich langsamere Ausführungsgeschwindigkeit,
da jede Anweisung jedesmal aufs Neue interpretiert und ausgeführt werden muss. Zudem
sind, anders als beim Compiler, keine Optimierungen der Programmstruktur möglich. Das
führt zum Ablauf einer Programmausführung wie in Abb. 2.3 dargestellt. Die einzelnen
Phasen decken sich weitestgehend mit den entsprechenden Phasen der Kompilierung.

Im Einzelnen bedeutet dieser Ablauf, dass keine semantische Analyse erfolgt. Das hat
unter anderem damit zu tun, dass interpretierte Sprachen, z. B. Skriptsprachen, oft nur
schwach typisiert sind. Zudem wird keine Optimierung vorgenommen. Die Idee dabei ist,
dass mit Hinblick auf die Einsatzgebiete von Interpretern, die Ausführung des Quellcodes
schneller geht als eine Optimierung und anschließende Ausführung während der Laufzeit.
Zudem erschwert die bereits angesprochene schwache Typisierung eine Optimierung, da
Datentypen im Quellcode nicht zwangsläufig festgelegt sind, sondern sich oftmals erst zur
Laufzeit ergeben.

Übungsaufgaben

2.1 Formale Sprachen Welche Sprache L erzeugt die Grammatik $G = \{N, T, S, P\}$ mit
folgenden Werten?

- $N = \{X\}$
- $T = \{a, b\}$
- $S = \{X\}$
- $P = \{X \rightarrow ab, X \rightarrow aXb\}$

2.2 Code-Optimierung An welchen Stellen kann ein Compiler den Code in Listing 2.1 optimieren?

Listing 2.1 Source-Code

```
1  class Optimization {

3      public static void main(String[] args) {
           final double a = 9.81; // gravitational acceleration
5          double t = 5; // five seconds
           double s = 0.5 * a * t * t;

7
           if(s < 0) {
9              double t = handleNegative(s);
               s = t;
11         }

13         System.out.println("The result is " + s);
       }
15
       public static double handleNegative(double s) {
17         return -s;
       }
19  }
```

Literatur

1. Crocker, D., Overell, P.: Augmented BNF for Syntax Specifications: ABNF. https://tools.ietf.org/html/rfc5234 (2008). Zugegriffen am 06.05.2022

Rechnerarchitekturen: 640 k ought to be enough 3

Damit ein Computer funktionieren kann, müssen elektronische Komponenten in seinem Inneren zusammenwirken. Allerdings nicht irgendwie, sondern in ganz bestimmter Weise. Diese bestimmte Weise wird in einer sogenannten *Rechnerarchitektur* festgelegt. Dies stellt sicher, dass Computer in einem gewissen Maße kompatibel zueinander sind, d. h., dass Software auf verschiedenen Computern gleicher Architektur ausgeführt werden kann. Eine prominente Rechnerarchitektur, welche die Grundlage moderner Rechner darstellt, ist die sogenannte *Von-Neumann-Architektur*.

3.1 Von-Neumann-Architektur

Die *Von-Neumann-Architektur* wurde bereits 1945 von John von Neumann in dem Artikel „*First Draft of a Report on the EDVAC*" [1] beschrieben. Im Grundsatz besteht die Architektur aus drei Komponenten: *CPU*, *Speicher* und *I/O-Einheit*. Deren Zusammenwirken ist in Abb. 3.1 dargestellt. Die einzelnen Komponenten sind über Datenleitungen, sogenannte *Busse*, verbunden.

Ein wichtiger Aspekt der Von-Neumann-Architektur ist die Tatsache, dass der Speicher sowohl Programme, d. h. binärcodierte Befehle, als auch Daten, die zur Laufzeit des Programms verarbeitet werden, speichert. Dies hat zur Folge, dass die Architektur nur einen Speicher-Controller benötigt. Andere Architekturen, die zwischen Programm- und Datenspeicher unterscheiden, benötigen zwei Speicher-Controller. Auf der anderen Seite hat das gemeinsame Speichern von Befehlen und Daten sicherheitsrelevante Nachteile, die bei der Programmierung entsprechend berücksichtigt werden müssen, da sonst beispielsweise *Buffer-Overflows* entstehen können. Dabei wird fremder Code als Daten-Segment in ein Programm eingeschleust, beispielsweise als (ungeprüfte) Eingabe, und das Programm

© Springer Fachmedien Wiesbaden GmbH, ein Teil von Springer Nature 2022
B. Küppers, *Einführung in die Informatik*, Studienbücher Informatik,
https://doi.org/10.1007/978-3-658-37838-7_3

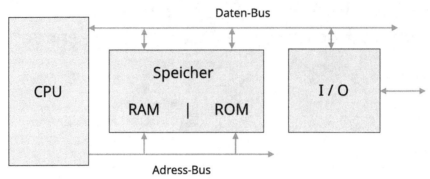

Abb. 3.1 Von-Neumann-Architektur

durch gezielte Manipulation dazu gebracht, dieses Daten-Segment als Code auszuführen. Damit lässt sich im schlimmsten Fall die komplette Kontrolle über einen Rechner erlangen.

3.1.1 CPU

Die *CPU* (*Central Processing Unit*, Prozessor) ist sozusagen das *Gehirn* des Computers. Die CPU besteht im Wesentlichen aus drei Teilen, dem *Leitwerk*, dem *Rechenwerk* und den *Registern*, welche direkt zur Abarbeitung von Befehlen benötigte Daten und berechnete Ergebnisse aufnehmen können. Das Leitwerk steuert dabei die Ausführung des Binärcodes (siehe Kap. 2), das Rechenwerk führt dabei anfallende Rechenoperationen aus. Solche Rechenoperationen und auch alle anderen Answeisungen an die CPU werden im Binärcode dabei immer zweigeteilt dargestellt. Zuerst kommt der *Operationsteil*, der den konkreten Befehl codiert. Danach folgen die *Argumente*, auch *Operanden* genannt. Diese stellen z. B. Summanden einer Operatione dar oder auch die Adresse einer Variablen im Speicher. Jeder Befehl durchläuft bei der Abarbeitung in der CPU fünf Teilschritte:

- Instruction Fetch (**IF**):   Befehl lesen
- Instruction Decode (**ID**):   Befehl decodieren
- Fetch Operands (**FO**):   Operanden laden
- Execute (**EX**):   Befehl ausführen
- Writeback (**WB**):   Ergebnis schreiben

Der Ablauf bei der Abarbeitung dieser Teilschritte ist in Abb. 3.2 dargestellt. Zum Start des Programms wird der *Befehlszähler* auf die Speicheradresse des ersten Befehls des in den Hauptspeicher geladenen Programms gesetzt. Auf Basis des Befehlszählers wird dann der erste bzw. der jeweils nachfolgende Befehl aus dem Speicher geladen (**IF**). Anschließend wird der *Operationsteil* des Befehls durch den *Decodierer* decodiert (**ID**). Parallel dazu werden anhand der angegebenen Argumente die *Operanden* in die *Operanden-Register* geladen (**FO**). Sobald der Befehl decodiert wurde und die Operanden geladen sind, kann

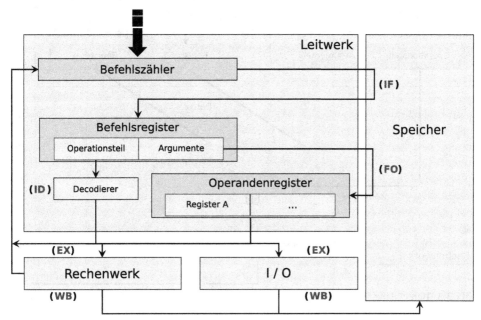

Abb. 3.2 Befehlsabarbeitung im Leitwerk

der Befehl ausgeführt werden (**EX**). Der Befehl kann entweder vom Leitwerk selbst ausgeführt, an das Rechenwerk weitergegeben oder an die I/O-Einheit delegiert werden. Sofern der Befehl vom Leitwerk selbst ausgeführt wird (**EX**), handelt es sich meist um einen Sprungbefehl, der den Befehlszähler verändert. In diesem Fall gibt es in der Regel kein Zurückschreiben in den Speicher (**WB**). Wenn der Befehl an das Rechenwerk weitergegeben wird (**EX**), handelt es sich um eine arithmentische oder logische Operation, deren Ergebnis vom Rechenwerk berechnet wird (siehe auch Abb. 3.3). Das Ergebnis wird dann entweder in den Speicher zurückgeschrieben (**WB**) oder in ein Operanden-Register übernommen. Sofern der Befehl an die I/O-Einheit delegiert wird (**EX**), werden entweder Daten aus den Operanden-Registern oder dem Speicher an den Benutzer ausgegeben oder vom Benutzer angefordert und in die Operanden-Register oder den Speicher zurückgeschrieben (**WB**). Im Regelfall, d. h., wenn kein Sprungbefehl vorliegt, wird der Befehlszähler abschließend inkrementiert, sodass im folgenden Zyklus der nächste Befehl des Programms abgearbeitet wird.

Ein Befehl, der an das Rechenwerk weitergegeben wird, wird von der *ALU* (arithmetic logic unit), dem Hauptbestandteil des Rechenwerks, ausgeführt. Dazu wird der konkrete Befehl vom Rechenwerk identifiziert und an die ALU kommuniziert. Die Operanden werden dann aus den Operanden-Registern geladen und das Ergebnis berechnet. In aller Regel wird das Ergebnis in das Operanden-Register A geschrieben, d. h., der erste Operand wird überschrieben. Das wirkt sich allerdings nur in den Registern des Prozessors aus. Variablenzuweisungen in Programmiersprachen sind davon unberührt, da wird also

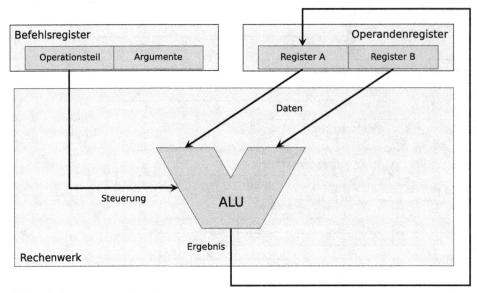

Abb. 3.3 Berechnung im Rechenwerk

nichts überschrieben, sofern nicht explizit angegeben. Damit eine ALU sinnvoll arbeiten kann, muss sie mindestens in der Lage sein, eine arithmetische Addition sowie die logischen Operationen NOT („*nicht*") und AND („*und*") auszuführen, da sich alle anderen arithmetischen und logischen Operationen auf diese Basis-Operationen zurückführen lassen. Beispielsweise kann die Subtraktion auf die Addition einer negativen Zahl reduziert werden. Typischerweise verfügen ALUs jedoch über eigene Implementierungen für Subtraktion, Multiplikation, Division und Vergleich zweier Zahlen. In der Logik werden normalerweise die Operationen OR („*oder*"), XOR („*exklusives oder*"), Shifts (Rechtsverschiebung und Linksverschiebung) sowie Möglichkeiten zur Manipulation einzelner Bits zur Verfügung gestellt. An dieser Stelle sei noch erwähnt, dass ALUs nur ganze Zahlen und Festkommazahlen verarbeiten. Für die Verarbeitung von Gleitkommazahlen im IEEE-754-Format gibt es eigene Verarbeitungseinheiten im Rechenwerk, deren Funktionsweise jedoch sehr ähnlich ist.

Grundsätzlich kann zwischen zwei verschiedenen Typen von CPUs unterschieden werden: **CISC** (*complex instruction set computer*) und **RISC** (*reduced instruction set computer*). Eine CISC-CPU zeichnet sich durch einen komplexen Befehlssatz in Form von Micro-Code und dem Vorhandensein nur weniger Register aus. Im Gegensatz dazu verfügt eine RISC-CPU nur über wenige, in Hardware realisierte Befehle und viele Prozessorregister. Wie sich an der Nomenklatur bereits erahnen lässt, gab es CISC vor RISC. Die ersten Prozessoren des Chipherstellers Intel waren als CISC-CPU konzipiert, die ersten RISC-CPUs wurden von IBM auf den Markt gebracht. Heutzutage verwischen die Unterschiede allerdings immer stärker, da die Vorteile beider Konzepte in eine Hybridform umgesetzt werden. Beispielsweise werden in modernen Intel-CPUs die aus Kompatibilitätsgründen weiterhin vorhandenen CISC-Befehle durch eine Vorverarbeitung

Befehl	Teilschritt						
1	IF	ID	FO	EX	WB		
2						IF	...
3							
4							
5							
...							

Befehl	Teilschritt						
1	IF	ID	FO	EX	WB		
2		IF	ID	FO	EX	WB	IF
3			IF	ID	FO	EX	WB
4				IF	ID	FO	EX
5					IF	ID	FO
...							

Ohne Pipelining　　　　　　　　　　Mit Pipelining

Abb. 3.4 Befehlsabarbeitung ohne und mit Pipelining

in eine Folge von RISC-Befehlen umgesetzt und dann ausgeführt. Lediglich die im Mobil- und IoT-Bereich[1] häufig verwendeten ARM-CPUs[2] sind noch „klassische" RISC-Prozessoren.

Aber warum hat RISC schlussendlich das Rennen gemacht? Warum sollte Intel den Aufwand betreiben und ihre eigenen CISC-Befehle intern nach RISC umwandeln? Der Grund hierfür ist hauptsächlich die Möglichkeit zum sogenannten *Pipelining* einer RISC-CPU. Die Idee des Pipelinings geht darauf zurück, dass bei der Abarbeitung eines Befehls im Prozessor mehrere Schritte nacheinander von unterschiedlichen Komponenten der CPU durchgeführt werden (siehe oben). Diese Schritte lassen sich „ineinanderschieben". Ist nun also der erste Befehl geladen und an den Decoder übergeben worden, kann man schon beginnen, einen zweiten Befehl zu laden. Ist der erste Befehl dann decodiert worden, kann der zweite Befehl decodiert werden und ein dritter Befehl geladen werden usw. Diese Idee ist in Abb. 3.4 grafisch dargestellt. Aus der Grafik lässt sich ablesen, dass die Geschwindigkeit der Abarbeitung um den Faktor 5 gesteigert werden kann, was an den verwendeten 5 Teilschritten liegt. Im Zusammenhang mit Pipelining auch oft genannt ist die *Superskalarität*. Dies ist eine Weiterentwicklung des Pipelinings und ermöglicht die Beschleunigung einer klassischen Pipeline durch Replikation einzelner CPU-Bestandteile, z. B. des Decoders.

In einer RISC-CPU, die nur wenige und elementare Befehle verwendet, kann dafür gesorgt werden, dass alle Teilschritte, deren parallele Verarbeitung das Pipelining ermöglicht, gleich lang dauern. Nur deswegen kann das Konzept des Pipelinings erfolgreich umgesetzt werden. Das ist bei einer CISC-CPU aufgrund der vielen und teils sehr komplexen Befehle nicht möglich. Aber klappt das mit dem Pipelining denn auf RISC-CPUs immer? Die Antwort auf diese Frage ist schwierig. Grundsätzlich spricht nichts dagegen, dass Pipelining immer funktioniert. Der einzige Grund, weshalb es nicht funktionieren kann, ist die Struktur des ausgeführten Programms. Bei genauerer Betrachtung wird bereits

---

[1] IoT = Internet of Things.

[2] ARM = Advanced RISC Machine.

begonnen den zweiten Befehl zu laden, bevor der erste Befehl decodiert wurde. Es kann also im schlimmsten Fall sein, dass der erste Befehl sich als Sprungbefehl entpuppt. Dann wäre der zweite Befehl aber nicht einfach der nächste Befehl im Programm. Der wurde aber gerade bereits in die Pipeline geladen. In diesem Fall müssen dann alle teilbearbeiteten Befehle in der Pipeline gelöscht und die Pipeline von Neuem aufgebaut werden. Solche und ähnliche Situationen führen dazu, dass Pipelining nicht immer den theoretisch möglichen Geschwindigkeitszuwachs erreichen kann. Die sogenannte *Branch Prediction* versucht den Performance-Verlust abzufedern, indem sie sobald ein bedingter Sprungbefehl decodiert wurde, versucht vorherzusagen, ob der Sprung stattfindet oder nicht. Dabei wird im Allgemeinen versucht, Informationen aus dem bisherigen Verhalten des Programms zu ziehen. Hat das Programm eine sinnvolle Struktur, dann funktioniert das relativ gut. Sonst kann auch eine Branch Prediction nur raten was passiert.

Nerd Alert:
Da die erfolgreiche Abarbeitung einer Pipeline von der Struktur des Programms abhängt, ist der Programmierer letztendlich dafür verantwortlich, dass eine Pipeline funktionieren kann. Sprungbefehle lassen sich natürlich nicht immer und grundsätzlich vermeiden, aber sie lassen sich wohldosiert und sinnvoll einsetzen. Im Ernst, wie würden Sie sich fühlen, wenn man Ihnen sagt: „Mach jetzt das! Ach ne, doch nicht. Mach was anderes. Ach ne, doch nicht! Mach jetzt wieder das erste …"? Deswegen hier der Appell: Erst Programmstruktur entwerfen, dann Code schreiben. Ihr Prozessor wird es Ihnen danken! Zugegeben, ich gehöre selbst zu den Leuten, die das nicht immmer konsequent tun, aber gerade bei größeren Projekten hat mich das auch schon mehr als einmal viel Arbeit gekostet, als das Programm dann nur wie auf Krücken lief.

Falls Sie die konkrete Auswirkung von verbaselter Programmstruktur und die daraufhin einbrechende Performance interessiert, habe ich hier ein kleines Beispiel vorbereitet:

```java
import java.util.Collections;
import java.util.List;
import java.util.Scanner;
import java.util.function.IntUnaryOperator;
import java.util.stream.Collectors;
import java.util.stream.IntStream;


public class Pipelining {


    /* size of array */
    public static final int ARR_SIZE = 50_000_000;
```

```
13    /* number of iterations */
      public static final int NUM_ITERATIONS = 50;

15
      /* value for branching */
17    public static final int BOUND = ARR_SIZE / 2;

19    public static void main(String[] args)
          throws Exception { // dirty! Don't do that!

21
          int cmd = 0;
23        do {
              System.out.print(
25                "Sort (1), Shuffle (2) or Exit (-1)?\n"
                  + "Your Choice: "
27            );

29            Scanner sc = new Scanner(System.in);
              cmd = sc.nextInt();

31
              if(cmd == -1) { break; }

33
              boolean shuffle = cmd == 2;

35
              /* initialize array */
37            int[] arr = fillArray(shuffle);

39            /* start time measurement */
              long t0 = System.nanoTime();

41
              /* iterate a particular number of times */
43            for (int i = 0; i < NUM_ITERATIONS; i++) {

45                /* iterate over the array */
                  for (int j = 0; j < ARR_SIZE; j++) {

47
                      /* if the array element is
49                        greater than the bound\... */
                      if (arr[j] > BOUND) { //
51                        arr[j]++; // ... increment it
```

```
                    }

                    /* that's the pro solution,
                        using no branch at all */
                    // int v = ((BOUND - arr[j]) >> 31);
                    // arr[j] +=  v & 1;
                }
            }

        /* stop time measurement */
        long t1 = System.nanoTime(); //

        System.out.println("Avg. Time per Loop: "
            + (t1 - t0) / (10E6 * NUM_ITERATIONS)
            + " ms\n");

    } while(true);
}

private static int[] fillArray(boolean shuffle) {
    IntUnaryOperator f; // operator for streams
    int seed = 1; // start with 1

    f = (x) -> (x + 1); // initialize operator

    /* create list with all natural numbers
        from 1 up to the size of the array */
    List<Integer> l = IntStream.iterate(seed, f)
        .limit(ARR_SIZE)
        .boxed()
        .collect(Collectors.toList());

    if (shuffle) { // if shuffle flag is set...

        /* ... shuffle. This will
            break the branch prediction! */
        Collections.shuffle(l);
    }
```

```
91          /* convert to array */
            return l.stream().mapToInt(i -> i).toArray();
93      }
}
```

In diesem Beispiel wird ein Array erzeugt, das die Zahlen von 1 bis zu einer vorgegebenen Grenze (ARR_SIZE) enthält. Dieses Array wird in einer Schleife durchlaufen, und jeder Eintrag, dessen Wert größer als eine Schranke (BOUND) ist, wird inkrementiert. Abhängig von der Eingabe des Nutzers (shuffle) bleibt das Array mit den Zahlen entweder sortiert, oder es wird zufällig durcheinander gewürfelt. So wie die Schranke in der Schleife gewählt ist, wird bei einem sortieren Array sehr oft hintereinander dasselbe gemacht – nämlich nicht inkrementiert. Dann wechselt das Verhalten einmal, und es wird sehr oft hintereinander dasselbe gemacht – nämlich inkrementiert. Das ist eine Situation, auf die sich die Branch Prediction der Pipeline wunderbar einstellen kann. Zwischendrin kurz Nachjustieren und danach geht's wieder. Bei dem durcheinander gewürfelten Array ergibt sich aber kein Muster, sodass die Branch Prediction meistens fehlschlägt, was sich drastisch auf die Laufzeit auswirkt. Auf meinem Computer ergibt sich hier ein Laufzeitunterschied von etwa einem Faktor 6. Das ist schon eine ganze Menge:

```
$ java Pipelining
Sort (1), Shuffle (2) or Exit (-1)?
Your Choice: 1
Avg. Time per Loop: 3.8564004 ms

Sort (1), Shuffle (2) or Exit (-1)?
Your Choice: 2
Avg. Time per Loop: 23.809517 ms

Sort (1), Shuffle (2) or Exit (-1)?
Your Choice: -1
```

Es gibt noch eine weitere Möglichkeit, die Funktionalität der Schleife abzubilden, ohne eine If-Abfrage zu benutzen. Diese Variante ist in obigem Source-Code auskommentiert. Da mit dieser Variante nun kein Branch mehr stattfindet, da keine Verzweigung vorhanden ist, läuft das Programm für sortierte und unsortierte Arrays in etwa gleich schnell und noch einmal schneller als mit funktionierender Branch Prediction:

```
$ java Test
Sort (1), Shuffle (2) or Exit (-1)?
```

```
Your Choice: 1
Avg. Time per Loop: 1.779361202 ms

Sort (1), Shuffle (2) or Exit (-1)?
Your Choice: 2
Avg. Time per Loop: 2.893542798 ms
```

3.1.2   Speicher

Die zweite wichtige Komponente der Von-Neumann-Architektur ist der *Speicher*. In diesem Zusammenhang ist die sogenannte *Speicherpyramide* von Interesse, die einen allgemein beobachtbaren Zusammenhang zwischen Speichergröße, Speichergeschwindigkeit und Speicherkosten beschreibt. Sie ist in Abb. 3.5 zu sehen. Anhand des dargestellten Zusammenhangs lässt sich ableiten, dass Speicher teurer wird und seine Kapazität abnimmt, je schneller er ist. Das hat hauptsächlich technische Gründe, die sich sowohl auf das Design des Speicherchips als auch auf dessen Fertigung auswirken. Konkret bedeutet dies, dass einem Programm immer nur kleine Informationspakete schnell zur Verfügung gestellt werden können und mit steigender Datengröße zwangsläufig auch die Ladezeit steigt – leider nicht nur linear, weil irgendwann zur Speicherung eines Datensatzes bestimmter Größe ein Sprung in eine tiefere Ebene der Pyramide notwendig wird.

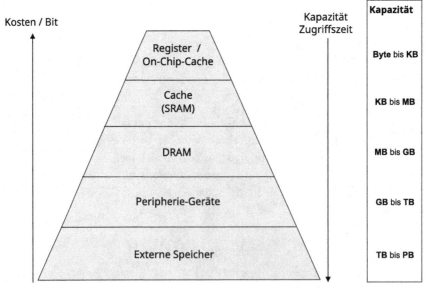

Abb. 3.5 Speicherpyramide

Der Speicher in der Von-Neumann-Architektur betrifft nur die oberen drei Ebenen der Pyramide, da die Peripheriegeräte und externen Speicher über die I/O-Einheit angebunden werden. In der Skizze in Abb. 3.1 ist der Speicher in *RAM* und *ROM* aufgeteilt. Der ROM ist ein Festwertspeicher, der – prinzipiell – nur gelesen werden kann und den die Firmware des Computers gespeichert hat. Der RAM dagegen, auch *Hauptspeicher* genannt, ist ein Speicher mit wahlfreiem Zugriff, der seinen Inhalt jedoch bei Verlust der Betriebsspannung verliert. Im RAM werden Informationen abgelegt, die ein Programm zur Laufzeit benötigt. Zunächst zum ROM: Im ROM liegt das sogenannte *BIOS* (*basic input output system*) bzw. *UEFI* (*unified extensible firmware interface*). Wie zumindest der letzte Name schon vermuten lässt, stellen die im ROM abgelegten Informationen die Firmware des Rechners dar. Diese Firmware sorgt dafür, dass der Computer nach dem Einschalten in die Lage versetzt wird, grundlegende Hardware-Komponenten zu verwalten. Im Einzelnen sind das: Maus, Tastatur, Monitor und Festplatte.[3] Wäre keine Firmware auf dem Computer vorhanden, könnte er beispielsweise nicht mit der Festplatte interagieren und somit auch kein Betriebssystem laden. Aus diesem Grund gibt es auch einen eigenen ROM, in dem die Firmware abgelegt wird, da der RAM offensichtlich ausscheidet und die Festplatte ohne die Informationen aus dem BIOS nicht ansprechbar ist – ein typisches Henne-Ei-Problem.

Nun zum RAM, in dem Programmbefehle und Daten abgelegt werden. Sollen Daten über das Ende des Programms hinaus gespeichert werden, müssen sie über die I/O-Einheit auf einen anderen Speicher geschrieben werden. Leider hat der RAM einen Haken: Er kann nur deutlich langsamer Daten liefern, als die CPU sie verarbeiten kann. Die Geschwindigkeiten unterscheiden sich etwa um einen Faktor 30! Die CPU ist also sehr lange mit dem Warten auf den Speicher beschäftigt. Das wird als *Von-Neumann-Flaschenhals* bezeichnet. Aus diesem Grund werden sogenannte *Caches* in die ursprüngliche Von-Neumann-Architektur integriert, welche dabei helfen können, den Geschwindigkeitsunterschied zwischen Speicher und CPU auszugleichen. Das sieht dann aus wie in Abb. 3.6 dargestellt.

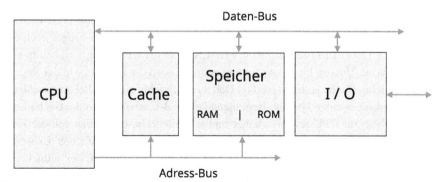

Abb. 3.6 Von-Neumann-Architektur mit Cache

---

[3] Deswegen auch *basic input output system*.

RAM ist als sogenannter DRAM-Baustein realisiert, Cache dagegen ist als SRAM-Baustein konstruiert. Auf die genauen Unterschiede soll an dieser Stelle nicht eingangen werden, anhand der Speicherpyramide ist aber klar: SRAM ist schneller, kann aber nur weniger Speicherkapazität zur Verfügung stellen. Das bedeutet, dass der Cache nur kleine Datenmengen, sogenannte *Cache-Blocks*, aus dem Hauptspeicher vorhalten kann. Diese haben eine definierte Größe und können dann schneller in die CPU geladen werden, als das aus dem RAM möglich wäre. Hierbei ergibt sich nur ein Problem: *Welche* Daten aus dem RAM sollen im Cache vorgehalten werden? Zudem: Was passiert, wenn der Cache voll ist? Fragen über Fragen ... aber der Reihe nach!

Um entscheiden zu können, welche Daten im Cache vorgehalten werden sollen, wird das Prinzip der *Lokalität* benötigt. Davon gibt es zwei Ausprägungen: *zeitliche* Lokalität und *örtliche* Lokalität. Diese sind wie folgt zu verstehen:

► **Definition (Lokalität)**
Zeitliche Lokalität:
> Es ist, bei entsprechender Programmierung, sehr wahrscheinlich, dass auf eine Speicherzelle nicht nur einmal, sondern in kurzer Zeit mehrmals zugegriffen wird.

Örtliche Lokalität:
> Es ist, bei entsprechender Programmierung, sehr wahrscheinlich, dass nach dem Zugriff auf eine bestimmte Speicherzelle auch ein Zugriff in deren unmittelbarer „Nachbarschaft" stattfindet.

Das bedeutet, dass auf Basis vorhergegangener Speicherzugriffe in einem Programmablauf entschieden werden kann, welche Daten in einem Cache vorgehalten werden sollen.[4] Wurde eine Variable schon einmal verwendet, lohnt es sich aufgrund der zeitlichen Lokalität, diese Variable im Cache vorzuhalten. Auf Basis der örtlichen Lokalität lohnt es sich, ganze Felder[5] im Cache vorzuhalten, sofern auf ein Element des Feldes zugegriffen wurde. Soweit die Theorie, aber wie funktioniert das in der Praxis? Dazu ist zunächst der interne Aufbau eines Caches interessant, der in Abb. 3.7 zu sehen ist.

Aus der Abbildung ist ersichtlich, dass der Cache selbst ebenenweise organisiert ist. Im Regelfall sind mindestens die Ebenen **L1** und **L2** vorhanden, oftmals sogar noch eine dritte Ebene **L3**. Dabei ist in jedem Fall der L1-Cache in die CPU integriert, häufig auch noch der L2-Cache. Um das Pipelining zu unterstützen, wird der L1-Cache in der Regel in Daten- und Befehls-Cache getrennt, sodass Daten und Befehle aus parallel ansprechbaren Einheiten abgerufen werden können. Beginnend beim L3-Cache werden die Cache-Level mit größerer Nähe zur CPU jeweils kleiner und schneller. Dieser Aufbau soll die Frage nach der Auswahl der Daten, die im Cache vorgehalten werden, vereinfachen. Es ist also möglich, einen relativ großen Datenbestand im L3-Cache vorzuhalten, der schneller ist

---

[4] Sofern der Programmierer ordentlich gearbeitet hat!
[5] Oder zumindest einen Teil des Feldes in Größe eines Cache-Blocks.

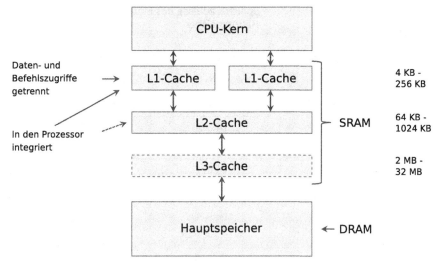

Abb. 3.7 Aufbau eines Caches

als der Hauptspeicher. Von dort aus kann dann wiederum eine Teilmenge der Daten im noch schnelleren L2-Cache vorgehalten werden usw. Liegen benötigte Daten nicht im L1-Cache, welcher Daten bzw. Befehle schlussendlich an die CPU liefert, ist aufgrund der Lokalität und des Aufbaus des Caches die Wahrscheinlichkeit hoch, dass die benötigten Daten nicht aus dem langsamen Hauptspeicher geladen werden müssen, sondern sich in einem der niedrigeren Cache-Level finden und damit immer noch vergleichsweise schnell zur Verfügung gestellt werden können. Okay, soweit klar. Eine Frage in diesem Zusammenhang bleibt allerdings offen: Wie werden Daten im Cache identifiziert? Dazu ist ein Blick auf den internen Aufbau eines Cache-Levels notwendig, wie in Abb. 3.8 zu sehen.

Zu jedem Cache-Block wird die Start-Adresse des Blocks im RAM gespeichert, diese Information wird *Tag* genannt. Wird von der CPU eine Anfrage an den Speicher gestellt, wird zunächst anhand des Tags unter Zuhilfenahme des *Komparators* geprüft, ob der angefragte Datensatz im Cache liegt. Dabei wird auch geprüft, ob eine angefragte Speicheradresse innerhalb eines Cache-Blocks liegt. Das ist möglich, da der Tag sowie die Größe des Cache-Blocks bekannt sind. Ist dies nicht der Fall, wird die Anfrage an ein niedrigeres Cache-Level bzw. den RAM weitergereicht. Außerdem werden zu jedem Cache-Block Status-Bits gespeichert, die beispielsweise angeben, ob sich der Cache-Block verändert hat (*dirty bit*), seit er in den Cache geladen wurden, oder ob ein Platz im Cache mit einem gültigen Cache-Block belegt ist (*invalid bit*).

Mit diesem Wissen stellt sich die Frage, *wo* im Cache ein Cache-Block platziert wird. Dazu gibt es keine eindeutige Antwort, allerdings drei prinzipielle Vorgehensweisen: *vollassoziativ* (**VA**, *fully associative*), *satzassoziativ* (**SA**, *set-associative*) und *direkt abgebildet* (**DA**, *direct-mapped*). Abhängig von der im Cache implementierten Vorgehensweise unterscheiden sich die Möglichkeiten, wo ein Cache-Block im Cache platziert wird.

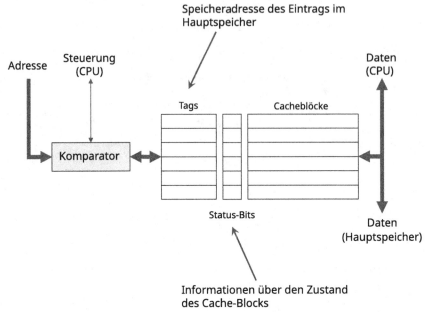

Abb. 3.8 Interner Aufbau eines Cache-Levels

- **VA-Cache**: Ein Cache-Block kann beliebig auf freie Plätze im Cache zugeordnet werden. Bei einer Speicheranfrage müssen allerdings alle gespeicherten Tags durchsucht werden.
- **DA-Cache**: Es gibt pro Cache-Block nur eine einzige Möglichkeit, wo dieser platziert werden kann. Daher kann es allerdings vorkommen, dass ein Cache-Block nicht platziert werden kann, obwohl noch Platz im Cache wäre.
- **SA-Cache**: Der verfügbare Platz wird in Gruppen unterteilt. Wie bei einem DA-Cache gibt es nur eine Gruppe, in der ein Cache-Block platziert werden kann; wie bei einem VA-Cache kann der Cache-Block innerhalb dieser Gruppe frei platziert werden.

Bei SA- und DA-Caches wird der freie Platz bzw. die Gruppe anhand der Speicheradresse bestimmt. Dazu ein kurzes Beispiel:

Beispiel (Platzierung von Cache-Blöcken)

Im Folgenden soll ein Cache-Block platziert werden, der an der Hauptspeicheradresse 13 beginnt. Bei einem DA- und einem SA-Cache wird anhand einer Modulo-Operation bestimmt, welcher Speicherplatz bzw. welche Gruppe genutzt wird. Dazu werden die Anzahl der Speicherplätze bzw. der Gruppen verwendet:

DA: $13 \bmod 8 = 5 \quad \rightarrow$ Speicherplatz 5
SA: $13 \bmod 8 = 1 \quad \rightarrow$ Gruppe 1

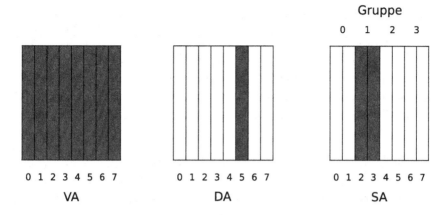

Findet ein Lesezugriff auf eine Speicheradresse statt, wird zunächst geprüft, ob die angeforderten Daten im Cache liegen. Sofern die Daten im Cache gefunden werden, liegt ein *Cache Hit* vor, und die Daten werden direkt aus dem Cache in den Prozessor geladen. Werden die Daten nicht im Cache gefunden (*Cache Miss*), wird der Datensatz zuerst aus dem Hauptspeicher in den Cache geladen und dann von dort an die CPU weitergereicht. Dieses Vorgehen ist aufgrund der zeitlichen Lokalität sinnvoll. Bei einem Schreibzugriff gestaltet sich die Situation etwas komplizierter. Zunächst muss generell zwischen zwei Schreibmodi eines Caches unterschieden werden: *write-through* (WT) und *write-back* (WB). Bei WT werden Daten im Cache aktualisiert und gleichzeitig auch in den RAM *durch*geschrieben. Hauptvorteil dabei ist die Datenkonsistenz zwischen Cache und RAM. Nachteil ist ein vergleichsweise hoher Aufwand für eine Schreiboperation. Daher wird bei WT typischerweise mit Schreibpuffern gearbeitet, sodass die CPU nicht auf den Abschluss der Schreiboperation im RAM warten muss. Bei WB wird eine Schreiboperation zunächst nur im Cache durchgeführt. Der RAM wird nur aktualisiert, sofern der betreffende Cache-Block aus dem Cache entfernt wird. Hier ist der klare Vorteil der deutlich reduzierte Aufwand im Vergleich zu WT; der Nachteil ist die fehlende Datenkonsistenz zwischen Cache und RAM. Abhängig vom verwendeten Verfahren unterscheidet sich nun auch das Verhalten bei *Cache Hits* und *Cache Misses* eines Schreibzugriffs. Bei einem *Cache Hit* werden die Daten im Cache aktualisiert und, sofern WT verwendet wird, auch in den RAM geschrieben. Bei einem *Cache Miss* wird der entsprechende Datensatz entweder nur im RAM verändert oder zuerst in den Cache geladen und dann dort verändert. In der Regel wird der Datensatz aus dem RAM geladen und im Cache verändert, sofern WB verwendet wird. Andernfalls wird der Zusatzaufwand des Ladens in den Cache vermieden, da bei WT der Datensatz ohnehin im Cache und im RAM verändert werden müsste. Werden die Daten, aufgrund der zeitlichen Lokalität, kurz darauf wieder ausgelesen, wird der Datensatz bei dieser Gelegenheit in den Cache geladen.

Grundsätzlich werden drei Arten von Cache Misses unterschieden: *Capacity Miss*, *Compulsory Miss* und *Conflict Miss*. Ein *Compulsory Miss* tritt auf, wenn ein Datensatz das erste Mal verwendet wird, und er sich daher noch nicht im Cache befindet. Dieser Art von Cache Miss ist unabhängig vom Typ des Caches. Ein *Capacity Miss* tritt auf, wenn ein Datensatz bereits im Cache vorhanden war, jedoch wegen mangelnder Kapazität wieder verdrängt wurde. Diese Art von Cache Miss tritt hauptsächlich bei VA-Caches auf. Der *Cache Miss* ist sozusagen auf der anderen Seite der Skala angesiedelt und tritt auf, wenn ein Cache-Block aus dem Cache verdrängt wurde, weil ein anderer Cache-Block an genau dieser Stelle eingelagert werden sollte. Dieser Art von Cache Miss betrifft vor allem DA-Caches. Capacity und Conflict Misses können auch bei SA-Caches auftreten, allerdings ist von der Nomenklatur her nie ganz klar, ob es sich letztendlich um einen Capacity Miss handelt, weil die Gruppe im SA-Cache voll war, oder um einen Conflict Miss, weil es genau diese Gruppe im SA sein musste.

Abschließend stellt sich in Bezug auf Caches noch die Frage: Wie wird eigentlich entschieden, welcher Cache-Block aus einem Cache verdrängt wird, wenn kein Platz mehr frei ist? Bei einem DA-Cache ist die Frage leicht zu beantworten: Es wird genau der Block verdrängt, auf den der neue Cache-Block abgebildet wird. Bei einem SA oder VA-Cache ist jedoch immer eine Auswahl möglich, entweder innerhalb der Gruppe oder innerhalb des gesamten Caches. In diesem Fall können mehrere Verfahren zu Anwendung kommen. Im einfachsten Fall wird das **FIFO**-Verfahren (*First In, First Out*) verwendet, bei dem der Block aus der Gruppe bzw. dem Cache verdrängt wird, der sich schon am längsten im Cache befindet. Das Verfahren ist leicht umzusetzen, birgt jedoch die Gefahr, dass ein oft genutzter und daher schon lange im Cache befindlicher Cache-Block verdrängt wird. Daher werden alternativ die Strategien **LRU** (*least recently used*) bzw. **LFU** (*least frequently used*) verwendet. Dabei wird geschaut, welcher Block am längsten nicht mehr (**LRU**) bzw. insgesamt am seltensten (**LFU**) verwendet wurde, und dieser Block wird aus dem Cache verdrängt. Um diese Verfahren anwenden zu können, müssen zusätzliche Status-Bits im Cache gepflegt werden, der Aufwand ist also im Gegensatz zum FIFO-Verfahren erhöht. Allerdings steigt die Gesamtleistung des Systems im Mittel – bei sauberer Programmierung – trotzdem an, sodass es sich lohnt **LRU** bzw. **LFU** zu verwenden. Die optimale Variante würde den Cache-Block verdrängen, der am längsten nicht mehr verwendet werden wird. Da diese Information aber in der Regel nicht zur Verfügung steht, lässt sich dieses Verfahren in der Praxis nicht umsetzen.

Nerd Alert:
Hier gilt im Prinzip genau dasselbe, wie schon für Pipelining! Der Programmierer kann den vorhandenen Cache mit einer geeigneten Programmstruktur unterstützen oder ihm total in die Parade fahren. Auch hierzu habe ich ein kleines Beispiel vorbereitet:

```
  import java.util.Collections;
2 import java.util.List;
  import java.util.Scanner;
4 import java.util.stream.Collectors;
  import java.util.stream.IntStream;
6 import java.util.stream.Stream;

8 public class Caching {

10    /* number of DataStorage objects */
      public static final int N = (int) 10E4;

12
      /* number of iterations per LOOP_ITERATION */
14    public static final int ITERATIONS = (int) 10E6;

16    /* number of iterations of the control loop */
      public static final int LOOP_ITERATIONS = (int) 50;

18
      public static void main(String[] args)
20        throws Exception { // dirty! Don't do that!

22        /* initialize DataStorage objects */
          DataStorage[] arr = initArray(N);

24
          int cmd = 0;
26        do {
              System.out.print(
28                "Sort (1), Shuffle (2) or Exit (-1)?\n"
                  + "Your Choice: "
30            );

32            Scanner sc = new Scanner(System.in);
              cmd = sc.nextInt();

34
              if(cmd == -1) { break; }

36
              boolean shuffle = cmd == 2;

38
              /* start time measurement */
```

```
40      long t1 = System.nanoTime();

42      for(int i = 0; i < LOOP_ITERATIONS; i++) {

44          /* initialize array of indices */
            int[] indices = initIndices(N, shuffle);
46
            /* iterate over and over */
48          for (int j = 0; j < ITERATIONS; j++) {
                arr[indices[j % N]].touch();
50          }
        }
52
        /* stop time measurement */
54      long t2 = System.nanoTime();

56      System.out.println("Avg. Time per Loop: "
            + (t1 - t0) / (10E6 * NUM_ITERATIONS)
58          + " ms\n");
    } while(true);
60  }

62  public static DataStorage[] initArray(int n) {

64      /* create DataStorage objects as stream */
        Stream<DataStorage> s = IntStream.range(0, n)
66          .mapToObj((i) -> new DataStorage());

68      /* convert to array */
        return s.toArray(DataStorage[]::new);
70  }

72  public static int[] initIndices(int n,
        boolean shuffle) {

74
        /* create list with all indices */
76      List<Integer> l = IntStream.range(0, n)
            .boxed()
78          .collect(Collectors.toList());
```

```java
80          if (shuffle) { // if shuffle flag is set...

82              /* ... shuffle! This will
                   break efficient caching! */
84              Collections.shuffle(l);
            }

86
            /* convert to array */
88          return l.stream().mapToInt(i -> i).toArray();
        }
90  }

92  class DataStorage {

94      /* number of integers stored in one object */
        private final int NUM_ELEMS = 10;
96
        /* array to store a particular number of integers */
98      private final int[] val; //

100     public DataStorage() {

102         /* initialize array */
            val = new int[NUM_ELEMENTS];
104
            for (int i = 0; i < NUM_ELEMENTS; i++) {
106
                /* initialize values */
108             val[i] = (int) (Math.random() * NUM_ELEMS);
            }
110     }

112     public void touch() {

114         /* iterate over all integers */
            for (int a : this.val) {
116             a++; // increment
            }
```

118

```
        }
}
```

Der Code ist vom Aufbau her vergleichbar mit dem Code-Beispiel zu Pipelining. Hier wird ein Array (`arr`) eines bestimmten Typs (`DataStorage`) erzeugt, und in einer Schleife wird auf die Elemente des Arrays zugegriffen. Dabei geschieht der Zugriff, der durch eine Liste der Indizes gesteuert wird (`indices`), entweder geordnet oder zufällig (`shuffle`). Bei mir ergibt der Code einen Laufzeitunterschied von etwa einem Faktor 4. Wieder eine ganze Menge!

```
$ java Caching
Sort (1), Shuffle (2) or Exit(-1)?
Your Choice: 1
Avg. Time per Loop: 5.8674746 ms

Sort (1), Shuffle (2) or Exit(-1)?
Your Choice: 2
Avg. Time per Loop: 23.4961612 ms

Sort (1), Shuffle (2) or Exit(-1)?
Your Choice: -1
```

Zusammen mit der Performance vom Pipelining ergibt sich also ein Laufzeitunterschied von – großzügig gerundet – etwa Faktor 25, wenn man die Programmstruktur so aufbaut, dass Caching und Pipelining gut funktionieren, im Gegensatz zu einer schlechten Veriante. Ganz schön viel!

3.1.3 I/O-Einheit

Die I/O-Einheit verwaltet alle Ein- und Ausgabe-Geräte, d. h. Tastaturen, Mäuse, Bildschirme, Drucker usw. Wie der Name bereits erahnen lässt, regelt die I/O-Einheit die Eingabe bzw. Ausgabe von Daten. Die genaue Funktionsweise der meisten I/O-Geräte ist an dieser Stelle eher der Elektrotechnik zuzuordnen und wird deshalb nicht im Detail beschrieben. Zu den I/O-Geräten zählen allerdings auch, wie bereits erwähnt, Massenspeicher-Medien. Diese haben Schnittstellen sowohl zur Codierung als auch zur Datensicherheit (siehe auch Kap. 9), weswegen sie hier thematisiert werden sollen.

Massenspeicher charakterisieren sich hauptsächlich durch ihre Kapazität und die Zugriffsgeschwindigkeit. Je nachdem, welche Art von Massenspeicher verwendet wird, unterscheiden sich diese Werte drastisch. Begonnen bei herkömmlichen Festplatten, über

SSDs (*solid state drives*) bis hin zu Netzwerkspeicher gibt es viele verschiedene Arten von Massenspeicher-Medien. Optische Massenspeicher wurden in Kap. 1 schon kurz erwähnt und werden daher hier nicht weiter besprochen. Festplatten legen die Informationen durch Magnetisierung dünner Platten[6] ab. Mehrere Platten sind in Form eines Stapels vorhanden und werden mechanisch rotiert, bis die benötigte Stelle so unter einem Schreib-Lese-Kopf positioniert ist, dass Daten gelesen oder geschrieben werden können. Daher sind Festplatten vergleichsweise langsam und gegen mechanische Einwirkung, wie z. B. Schütteln, empfindlich. Abhängig von der genauen technischen Realisierung liegen die Zugriffszeiten einer Festplatte im Bereich weniger Millisekunden. Eine SSD hingegen hat keine mechanischen Bauteile mehr, sondern legt Informationen unter Rückgriff auf eine elektronische Schaltung ab. Dies geschieht in sogenanntem *Flash*-Speicher, der in der Lage ist, Informationen auch ohne Aufrechterhaltung der Stromzufuhr persistent abzulegen. Durch den Wegfall mechanischer Komponenten sind SSDs deutlich schneller als Festplatten. Ihre Zugriffszeit liegt im Bereich einiger Mikrosekunden.

Als eine Art Nachfolger von wiederbeschreibaren Massenspeichern können Netzwerkspeicher angesehen werden. Dabei stellt ein Server Speicherplatz zur Verfügung, der auf dem Computer wie ein lokales Laufwerk verwendet werden kann. Dabei ist die Zugriffszeit erheblich von der verwendeten Netzwerkverbindung sowie der Speichertechnologie des Servers abhängig. Der Hauptvorteil bei dieser Art des Massenspeichers liegt an der Zugreifbarkeit. Anders als bei einem lokal verbauten Laufwerk kann auf Netzwerkspeicher theoretisch von jedem Gerät zugegriffen werden. Das wird oft als *Cloud*-Speicher bezeichnet und findet vor allem im Bereich mobiler Geräte Verwendung. Aber auch auf Laptops und Desktop-Computern findet diese Form der Datenspeicherung zunehmend Einzug, beispielsweise in Form von *DropBox*, *Google Drive* oder *Microsoft OneDrive*. Das Thema Netzwerkspeicher wird in Kap. 9 noch einmal aufgegriffen, wenn es um Datenschutz geht.

Wenn es heutzutage SSDs gibt, warum sollte man überhaupt noch herkömmliche Festplatten verwenden? Der Grund ist, wie so oft, das Geld. Zwar sind SSDs in den letzten Jahre erheblich günstiger geworden, mit den Preisen von Festplatten können sie aber noch nicht ganz mithalten. Was also tun, wenn das Geld nicht für eine SSD reicht, aber trotzdem mehr Leistung benötigt wird? Die Lösung ist an dieser Stelle ein **RAID** (*Redundant Array of Independent Disks*[7] [2]). Ein RAID verbindet zwei oder mehr Festplatten in einem Verbund, mit dem Ziel, die Leistung des Verbunds gegenüber den einzelnen Festplatten zu steigern, z. B. die Erhöhung der Ausfallsicherheit oder die Steigerung der Datentransferrate. Dabei wird das RAID wie eine einzelne Festplatte behandelt und erscheint auch nur als einzelner Datenträger im Betriebssystem. Die Verwaltung des RAID wird von einem RAID-Controller übernommen, der entweder als Hardware-Komponente oder Software realisiert werden kann. Die genaue Funktionsweise

---

[6] Daher der Name!

[7] Früher: *Redundant Array of Inexpensive Disks*. Da wird der Grundgedanke etwas deutlicher.

des RAID wird durch das sogenannte *RAID-Level* angegeben. Oft in Verwendung sind die
RAID-Level 0, 1 und 5.

Ein *RAID-0* bietet höhere Transferraten durch *Striping*. Dabei werden die Daten
häppchenweise auf mehrere Festplatten verteilt. Das bedeutet, dass sowohl beim Schreiben
als auch beim Lesen von Daten mehrere Festplatten parallel verwendet werden können,
was zur gewünschter Erhöhung der Datentransferrate führt. Abb. 3.9 zeigt exemplarisch
den Aufbau eines RAID-0. Dabei wird die Datei **A**, die aus 11 solcher Datenhäppchen
besteht, auf einem RAID-0 aus drei Festplatten gespeichert. Wie so oft, kommt ein
Vorteil aber auch mit einem Nachteil daher: Fällt bei einem RAID-0 eine der verwendeten
Festplatten aus,[8] sind nicht nur die Daten dieser Festplatte verloren, sondern meistens alle
Daten auf allen Festplatten. Das hat damit zu tun, dass auf den anderen Festplatten zwar
grundsätzlich noch lesbare Daten verfügbar sind, ohne die Datenhäppchen der kaputten
Festplatte sind diese allerdings nutzlos.

Ein *RAID-1* bietet eine erhöhte Ausfallsicherheit durch *mirroring*. Dabei werden
die Daten in gleicher Weise auf mehrere Festplatten gleichzeitig abgelegt. Da einzelne
Dateien so prinzipiell auch parallel von mehreren Festplatten gelesen werden können,
kann RAID-1 auch in Abhängigkeit von der konkreten Umsetzung zu einer Steigerung
der Datentransferrate beim Lesen führen. Abb. 3.10 zeigt exemplarisch wie eine Datei **B**

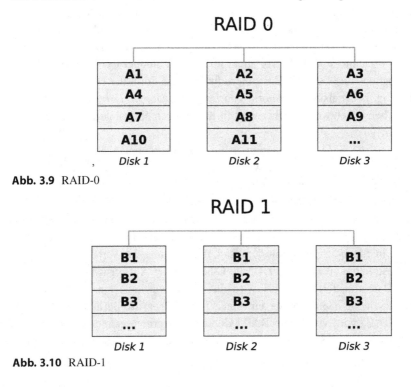

Abb. 3.9 RAID-0

Abb. 3.10 RAID-1

---

[8] Und das geht schneller, als einem lieb ist.

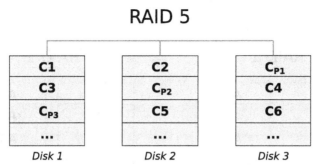

Abb. 3.11 RAID-5

aus drei Datenhäppchen auf einem RAID-1 aus drei Festplatten abgelegt wird. An dieser Stelle sei noch unbedingt darauf hingewiesen, dass ein RAID-1 *kein* Ersatz für ein Backup ist. Zwar kann ein RAID-1 aus n Festplatten gegen Datenverlust bei Ausfall von $n - 1$ Festplatten helfen, wird eine Datei jedoch versehentlich gelöscht, wird diese Aktion, wie alles andere auch, parallel auf allen Festplatten durchgeführt.

Ein *RAID-5* versucht die Vorteile eines RAID-0 und eines RAID-1 zu vereinen: Es stellt eine höhere Datentransferrate bei gleichzeitig erhöhter Ausfallsicherheit zur Verfügung. Allerdings muss es dafür auch, im Gegensatz zu RAID-0 oder RAID-1, aus mindestens drei Festplatten bestehen. Um dies zu erreichen verwendet RAID-5 eine Variante des *striping*, bei dem Datenhäppchen nicht auf alle n Festplatten verteilt werden, sondern reihum auf allen Festplatten Paritäts-Informationen zu den Datenhäppchen auf den anderen $n - 1$ Festplatten abgelegt werden. Damit kann ein RAID-5 den Ausfall einer Festplatte kompensieren. Das sieht im Beispiel aus wie in Abb. 3.11 dargestellt, wo eine Datei **C**, bestehend aus sechs Datenhäppchen, auf einem RAID-5 mit drei Festplatten abgelegt wird. Dazu werden neun Datenblöcke verwendet, da Paritäts-Informationen durch eine XOR-Verknüpfung zweier Datenblöcke erzeugt und auf die dritte Festplatte abgelegt werden. Dabei ist keine Festplatte nur für Paritäts-Informationen da, sondern die Paritäts-Informationen werden über die Festplatten rotiert.

Aber hilft das mit der Paritäts-Information wirklich gegen Datenverlust bei Ausfall einer Festplatte? Ja, tatsächlich! Hier ein kleines Beispiel mit einer Datei **D**, bestehend aus zwei Datenhäppchen:

Beispiel (Paritätsberechnung bei RAID)-5

Die Datei **D** besteht aus zwei Datenhäppchen, D_1 und D_2 mit folgenden Werten:

$$D_1 = 10101010$$

$$D_2 = 11001100$$

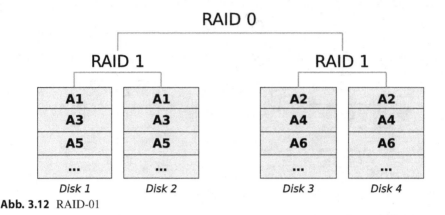

Abb. 3.12 RAID-01

Wenn diese Datenhäppchen nun abgelegt werden, wird zunächst noch eine Paritäts-Information D_p anhand einer XOR-Verknüpfung bitweise berechnet:

$$D_p = D_1 \oplus D_2 = 01100110$$

Angenommen, dass die Festplatte mit Datenblock D_2 ausfällt. Es bleiben also nur Datenblock D_1 sowie die Paritäts-Informationen D_p übrig. Daraus lässt sich aber wieder der Datenblock D_2 durch erneute Anwendung der XOR-Verknüpfung rekonstruieren:

$$D_2 = D_1 \oplus D_p = 11001100 \blacktriangleleft$$

Abschließend sei noch erwähnt, dass RAID-Level sich stapeln lassen. So kann beispielsweise ein RAID-01 erzeugt werden, bei dem mehrere RAID-0 zu einem RAID-1 zusammengefasst werden. Das ist beispielhaft in Abb. 3.12 dargestellt. Das lässt sich sogar n-stufig machen, wobei der Nutzen dieses Konzepts irgendwann verloren geht.[9]

3.1.4 Daten- und Adress-Bus

Damit die einzelnen Komponenten untereinander Daten austauschen können, sind sie über Leitungen, die sogenannten *Busse*, verbunden. Davon gibt es im Prinzip zwei Typen: *Daten-Bus* und *Adress-Bus*. Der Daten-Bus ist bi-direktional, d. h., er kann Daten in zwei Richtungen transportieren. Das ist notwendig, um Daten zwischen den einzelnen Komponenten der Von-Neumann-Architektur austauschen zu können. Der Adress-Bus hingegen ist uni-direktional, d. h. leitet nur Adress-Anfragen der CPU an den RAM bzw.

---

[9] Im Ernst … kommt Ihnen ein RAID-1010101051 sinnvoll vor?!

Cache weiter. Die entsprechenden Daten, die geschrieben oder gelesen werden sollen, werden dann über den Daten-Bus transportiert.

3.2 Parallele Rechnerarchitekturen

Parallele Rechnerarchitekturen sind heutzutage ein mehr oder minder omnipräsentes Thema. Praktisch kein Gerät, das in den letzten 15 Jahren erworben wurde, ist kein paralleler Rechner. Aber was zeichnet einen parallelen Rechner eigentlich aus? Und wozu braucht man das?

Zunächst zur ersten Frage. Nach *Flynns Taxonomie*[10] [3] lassen sich Rechner im Wesentlichen in vier Kategorien einteilen, abhängig von der Zahl von Befehls- und Datenströmen, mit denen sie arbeiten. Das ist in Abb. 3.13 dargestellt. Es können entweder ein Befehlsstrom oder mehrere Befehlsströme verarbeitet werden, dasselbe gilt für Datenströme. Daraus ergeben sich die vier dargestellten Kombinationen.

SISD entspricht der Von-Neumann-Architektur, wohingegen **MIMD** dem heutzutage gebräuchlichen Mehrprozessorsystem entspricht. Bei **MIMD** sind mehrere Prozessoren in der Lage, parallel verschiedenen Befehlsströme auf verschiedenen Datenströmen auszuführen. **SIMD** entspricht im Wesentlichen dem Aufbau einer Grafikkarte und wird in den letzten Jahren vermehrt im Bereich **HPC** (*High-Performance-Computing*) eingesetzt, da man zunehmend den Mehrwert des **SIMD** für bestimmte Probleme erkannt hat. Das funktioniert so gut, da eine Grafikkarte dazu gebaut ist, mehrere Datenströme anhand desselben Befehlsstroms zu modifizieren; das ist genau das, was mit den Pixeln (= Datenströme) einer 3D-Umgebung bei einer Änderung der Perspektive (= Befehlsstrom) getan werden muss. **MISD** ist tatsächlich eher ungebräuchlich und wird, wenn überhaupt, für fehlertolerante Berechnungen eingesetzt, bei denen eine Berechnung mehrfach ausgeführt wird, um die Korrektheit der Berechnung sicherzustellen. Die einzelnen Varianten sind in Abb. 3.14 noch einmal im Detail dargestellt.

Aber braucht man diese unterschiedlichen Ansätze eigentlich? Kann man nicht einfach den Prozessor einer Von-Neumann-Architektur immer schneller machen, um Berechnungen zu beschleunigen? Leider ist die Antwort ziemlich eindeutig: *Ja, braucht man!* und

	Befehlsströme (*Data Streams*)		
	Einfach (*Single*)	Mehrfach (*Multi*)	
Datenströme	**SISD**	**MISD**	Einfach (*Single*)
(*Data Streams*)	**SIMD**	**MIMD**	Mehrfach (*Multi*)

Abb. 3.13 Flynns Taxonomie

---

[10] 1966 von Michael J. Flynn aufgestellt.

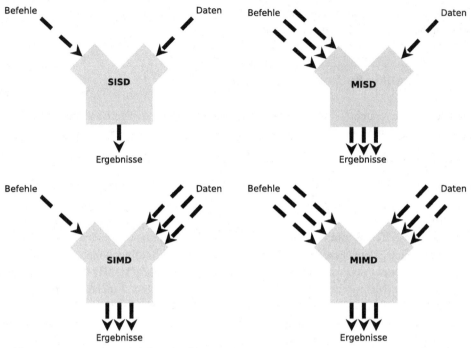

Abb. 3.14 Flynns Taxonomie im Detail

Nein, kann man nicht! Aber warum geht das eigentlich nicht? Dafür gibt es im Prinzip zwei
Gründe, die sich sozusagen ergänzen. Dazu muss zunächst die Frage beantwortet werden,
wann eine CPU *schneller* ist als eine andere. Das kann entweder an der *Taktfrequenz*
festgemacht werden oder an den *FLOPS* (*floating point operations per second*). Beide
Metriken korrelieren lose, das bedeutet, eine CPU wird mit steigender Taktfrequenz auch
immer in der Lage sein, sofern sich sonst nichts ändert, mehr FLOPS zu berechnen.
Andererseits können Veränderungen am internen Aufbau einer CPU zu mehr FLOPS
führen, ohne die Taktfrequenz zu steigern. Zunächst zur Taktfrequenz: Ende des letzten
Jahrtausends war man überzeugt, dass es heutzutage CPUs mit Taktfrequenzen jenseits
der 15 GHz geben würden. Zu dieser Zeit sah es auch sehr danach aus, dass das klappen
würde. Alle vorliegenden Daten zu dieser Zeit sprachen dafür, dass bei gleichbleibender
Entwicklung diese Taktfrequenzen erreicht werden könnten.[11] Aber warum hat das nicht
geklappt? Ohne zu sehr auf die elektrotechnischen Details eingehen zu wollen: Die CPU
wird bei steigender Taktfrequenz schlicht zu heiß. Bis etwa 4 GHz ist man gut in der Lage,
die entstehende Wärme durch Kühlung in Schach zu halten. Etwas höhere Taktfrequenzen
sind durch spezielle Kühlungen, wie z. B. Wasserkühlsysteme, möglich. Aber für den
Massenmarkt ist das keine gangbare Lösung. Okay, das geht also schon mal nicht. Aber

---

[11] Spoiler: Wurden sie nicht!

wie sieht es mit den FLOPS aus? Die sind ja prinzipiell steigerbar, ohne die Taktfrequenz zu erhöhen. Leider gibt es auch hier eine Grenze. Angenommen, es soll eine Leistung von 1 T-FLOPS erreicht werden. Das bedeutet, dass – im „worst case" – 1 TB Daten benötigt werden, um die entsprechenden Operationen auszuführen. Diese Daten müssen aber vom Speicher in die CPU transportiert werden. Das geht maximal mit Lichtgeschwindigkeit. Und da ist sie, die Grenze: Es ist auch nicht möglich die FLOPS einer CPU unbegrenzt zu steigern, da die benötigten Daten einfach nicht schnell genug in die CPU transportiert werden können. Aus den genannten Gründen wurden die parallelen Rechnerarchitekturen in den letzten 15 Jahren zunehmend wichtiger, auch außerhalb von **HPC**.

Grundsätzlich lassen sich zwei Arten von parallelen Rechnerarchitekturen unterscheiden: *Shared-Memory-Systeme* und *Distributed-Memory-Systeme*. Ein Shared-Memory-System teilt den vorhandenen RAM, wie der Name schon vermuten lässt, unter den verfügbaren Prozessor-Kernen auf.[12] Das bedeutet, dass Daten zwischen den einzelnen Prozessor-Kernen implizit über den RAM verteilt werden können, da jeder Kern Zugriff auf den RAM hat. Das kann auf verschiedene Arten passieren, dazu später mehr. Im Gegensatz dazu verbindet ein Distributed-Memory-System mehrere unabhängige Recheneinheiten, sodass Daten explizit über eine Netzwerkverbindung zwischen dieses Recheneinheiten verteilt werden müssen. Das sieht dann aus wie in Abb. 3.15 dargestellt. Dieser Ansatz skaliert sehr gut, d. h., es ist ohne Weiteres möglich weitere Recheneinheiten anzuschließen, ohne die Gesamtperformance des Systems zu beeinträchtigen.

Hinsichtlich der Skalierung sieht es für den ersten Typ von Shared-Memory-System anders aus: **SMP** (*symmetric multi processing*) skaliert vergleichsweise schlecht. Das liegt daran, dass an die vorhandene Basis der Von-Neumann-Architektur einfach weitere Prozessor-Kerne angeschlossen werden. Da sich diese Prozessor-Kerne nun aber das vorhandene Bus-System teilen müssen, entsteht an dieser Stelle ein Flaschenhals. **SMP** ist in Abb. 3.16 dargestellt. Durch die Art der Anbindung der zusätzlichen Prozessor-Kerne ist die Speicherzugriffszeit von jedem Kern gleich – im schlimmsten Fall eben auch gleich lang, wenn die Kerne sich gegenseitig behindern.

Abb. 3.15 Distributed-Memory-System

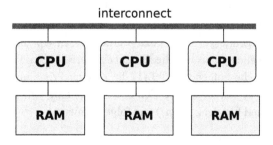

---

[12] Ein Prozessor wird über einen dedizierten Sockel angeschlossen. Ist nur ein Sockel vorhanden, kann ein Prozessor aber mehrere Kerne haben, die parallele Berechnungen ermöglichen.

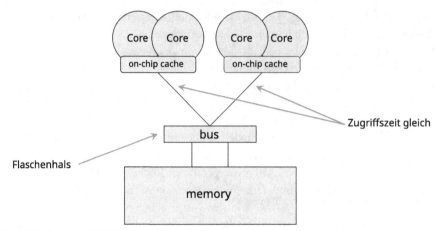

Abb. 3.16 Symmetric Multi Processing (SMP)

Um dieses Problem zu beheben, das sich speziell im Bereich **HPC** zeigt, wurde die **ccNUMA** (*cache-coherent Non-Uniform Memory Architecture*) entwickelt. Dabei wird der vorhandene Hauptspeicher auf mehrere Memory-Controller aufgeteilt. Jeder Prozessor ist dann an einen eigenen Memory-Controller angeschlossen. Das sieht aus wie in Abb. 3.17 dargestellt. Dabei kann grundsätzlich weiterhin jeder Kern auf den gesamten RAM zugreifen. Es kann nur sein, dass der Zugriff länger dauert, wenn der betreffende Teil des RAMs von einem anderen Memory-Controller verwaltet wird. Von dieser ungleichen Zugriffszeit auf den RAM rührt auch der Name der Architektur her. Sofern der Aufbau der Architektur entsprechend berücksichtigt wird, d. h. versucht wird Zugriffe auf den Speicher so gut wie möglich auf den lokalen Memory-Controller zu beschränken, skaliert **ccNUMA** deutlich besser als **SMP**. Da sich das Problem der Skalierung aber, wie bereits erwähnt, hauptsächlich im **HPC** bemerkbar macht, sind die meisten Endnutzergeräte dennoch **SMP**-Systeme.

Einfach bis ultimo Prozessor-Kerne hinzuzufügen ist allerdings nicht unbedingt zweckdienlich. Daher muss es eine Möglichkeit geben, die Güte paralleler Programmausführung zu beurteilen, um entscheiden zu können, wie viele Kerne für einen bestimmten Zweck angemessen sind. Dazu werden *Speed-Up* und *Effizienz* verwendet. Diese setzen die Zeitersparnis und die Anzahl der verwendeten Prozessor-Kerne in Relation.

Im Folgenden ist $T(1)$ die Zeit zur Programmausführung bei Verwendung einer CPU, $T(p)$ ist analog die Zeit bei Verwendung von p CPUs. Dann sind der Speed-Up ($S(p)$) und Effizienz ($E(p)$) wie folgt definiert:

$$S(p) = \frac{T(1)}{T(p)} \tag{3.1}$$

$$E(p) = \frac{S(p)}{p} \tag{3.2}$$

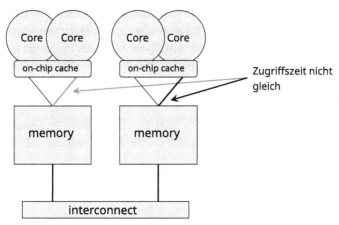

Abb. 3.17 Cache-coherent Non-Uniform Memory Architecture (ccNUMA)

Der Speed-Up gibt an, wie viel schneller die Programmausführung ist. Die Effizienz gibt an, wie gut die verwendeten Prozessor-Kerne genutzt worden sind. Im Idealfall ist $S(p) = p$ und $E(p) = 1$. Ein kleines Beispiel dazu:

Beispiel (Speed-Up und Effizienz)

Es seien $T(1) = 6\,s$ und $T(2) = 4\,s$. Daraus ergeben sich:

Speed-Up: $S(2) = \frac{6}{4} = 1,5$
Effizienz: $E(2) = \frac{S(2)}{2} = \frac{1,5}{2} = 0,75 = 75\,\% \blacktriangleleft$

Auch hier stellt sich wieder eine Frage: Kann der optimale Speed-Up überhaupt erreicht werden? Die Antwort ist leider auch hier ziemlich eindeutig: Nein! Der Grund hierfür ist *Amdahl's Law* [4], das von Gene Amdahl im Jahr 1967 formuliert wurde. Die Kernaussage ist, dass jedes Programm einen seriellen, d. h. nicht parallelisierbaren, Teil beinhaltet, der die Skalierbarkeit limitiert. Durch die Parallelisierung entstehender Overhead, d. h. Rechenzeit, die für Verwaltung und Kommunikation aufgewendet werden muss, wird von Amdahl's Law nicht berücksichtigt. Aus dieser Überlegung ergibt sich eine alternative Formulierung des Speed-Ups. Der Speed-Up nach Amdahl ist wie folgt definiert, wobei f den seriellen Anteil darstellt:

$$S(p) = \frac{T(1)}{f * T(1) + (1 - f) * \frac{T(1)}{p}} = \frac{1}{f + \frac{1-f}{p}} \tag{3.3}$$

Im Einzelnen sagt der Speed-Up nach Amdahl aus, dass es einen seriellen Programmteil f gibt, der nicht parallelisiert werden kann. Das bedeutet, dass dieser Programmteil entweder von allen Prozessor-Kernen ausgeführt werden muss, oder dass nur ein Kern den Programmteil ausführen kann und die restlichen Kerne warten müssen. Der Rest des Programms, also $1 - f$, kann im besten Fall perfekt parallelisiert werden ($\frac{1-f}{p}$). Daraus ergibt sich dann eine obere Schranke für den Speed-Up eines Programms mit seriellem Programmteil f. Was bedeutet das für eine konkrete Situation? Ein Beispiel:

Beispiel (Amdahl's Law)

Der serielle Teil eines Programms sei $f = 0, 2$, d. h. 20 % des Programms lassen sich nicht parallelisieren. Damit entwickelt sich der Speed-Up nach Amdahl wie folgt:

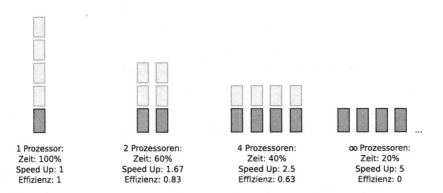

1 Prozessor:	2 Prozessoren:	4 Prozessoren:	∞ Prozessoren:
Zeit: 100%	Zeit: 60%	Zeit: 40%	Zeit: 20%
Speed Up: 1	Speed Up: 1.67	Speed Up: 2.5	Speed Up: 5
Effizienz: 1	Effizienz: 0.83	Effizienz: 0.63	Effizienz: 0

In der Grenzwertbetrachtung, d. h. bei der hypothetischen Verwendung unendlich vieler Prozessoren, kann der Speed-Up niemals größer als 5 werden. Der maximale Speed-Up nach Amdahl ist also gleich $\frac{1}{f}$. ◄

Wie bereits erwähnt, berücksichtigt Amdahl's Law den durch die Parallelisierung entstehenden Overhead nicht. Dieser ist aber in jedem Fall vorhanden, sodass der Performance-Zuwachs irgendwann durch den wachsenden Overhead aufgehoben wird. In Kombination mit dem nach Amdahl ohnehin nur asymptotisch wachsenden Performance-Zuwachs führt dies sogar zu einem Rückgang der Performance ab einem gewissen Punkt. Dies führt zur Situation, die in Abb. 3.18 beispielhaft dargestellt ist. Das Ziel im **HPC**-Bereich ist es bei der Parallelisierung immer, das Maximum der dritten Kurve zu finden, also den Punkt, an dem der Speed-Up in einem realistischen Szenario maximal ist.

Übungsaufgaben

3.1 Speed-Up und Effizienz Berechnen Sie Speed-Up und Effizienz anhand folgender Werte:

- $T(1) = 10\,s$
- $T(4) = 3\,s$

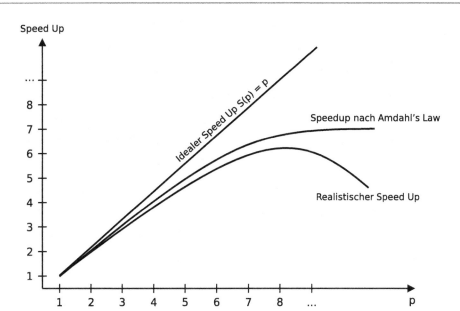

Abb. 3.18 Entwicklung des Speed-Ups

3.2 Amdahl's Law Welchen Wert kann der Speed-Up laut Amdahl's Law nicht über-schreiten, wenn ein Programm einen seriellen Teil von 25 % aufweist?

Literatur

1. von Neumann, J.: First Draft of a Report on the EDVAC (1945)
2. Patterson, D.A., Gibson, G., Katz, R.H.: A case for redundant arrays of inexpensive disks (RAID). In: Proceedings of the 1988 ACM SIGMOD International Conference on Management of Data, Chicago, Illinois, USA, S. 109–116 (1988)
3. Flynn, M.J.: Some computer organizations and their effectiveness. IEEE Trans. Comput. **C-21**(9), 948–960 (1972)
4. Amdahl, G.: Validity of the single processor approach to achieving large-scale computing capabilities. In: AFIPS Conference Proceedings, Atlantic City, New York, USA, Bd. 30, S. 483–485 (1967)

Komplexitätstheorie: Komplex oder Kompliziert? 4

Im letzten Kapitel wurde klar, dass Programme auf parallelen Rechnerarchitekturen schnellergemacht werden können. Mit Amdahl's Law wurde auch schon eine potenzielle Grenze der Beschleunigung aufgezeigt. Aber Amdahl's Law sagt zunächst nur, dass es immer einen seriellen Programmteil gibt, über die konkrete Größe dieses seriellen Programmteils sagt Amdahl's Law jedoch nichts aus. Deshalb lohnt es sich, an dieser Stelle eine andere Perspektive einzunehmen, um etwas über die potenzielle Laufzeit von Programmen zu erfahren: die Komplexitätstheorie.[1]

Um über die effiziente Lösbarkeit von Problemen sprechen zu können, d. h. über die Frage, ob es einen Algorithmus gibt, der ein Problem mit einer bestimmten Effizienz löst, wird zunächst ein theoretisches Modell benötigt, auf dessen Basis allgemeine Aussagen getroffen werden können: Die Turing-Maschine [1].

4.1 Turing-Maschine

Die Turing-Maschine ist ein theoretisches Rechnermodell, das genutzt wird, um allgemeine Aussagen über die Komplexität von Problemen bzw. Algorithmen abzuleiten. Sie wurde 1936 von Alan Turing, einem britischen Mathematiker, entwickelt. Eine Turing-Maschine besteht aus einem unendlich langen Speicherband und einen Schreib-/Lesekopf. Wie das aussieht, ist in Abb. 4.1 dargestellt. Auf dem Speicherband können Zeichen aus dem *Band-Alphabet* Γ stehen. Das Band-Alphabet muss zwingend ein *Leerzeichen B* enthalten, da dieses benötigt wird, um verschiedene Eingaben zu unterscheiden. Die Eingaben auf

---

[1] In diesem Kontext würde man übrigens über die „algorithmische Lösbarkeit von Problemen" statt über die „potenzielle Laufzeit von Programmen" sprechen.

© Springer Fachmedien Wiesbaden GmbH, ein Teil von Springer Nature 2022
B. Küppers, *Einführung in die Informatik*, Studienbücher Informatik,
https://doi.org/10.1007/978-3-658-37838-7_4

Abb. 4.1 Turing-Maschine   Speicherband mit Feldern

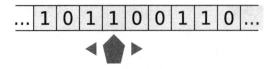

Schreib-Lesekopf

dem Speicherband werden anhand eines *Zustandsraums* Q, der sozusagen das Programm darstellt, interpretiert.

Damit eine Turing-Maschine korrekt arbeiten kann, muss Q mindestens einen *Anfangszustand* q_0 und einen *Stoppzustand* $\overline{q}$ enthalten. Zusätzlich muss eine Eingabe auf dem Speicherband vorhanden sein. Die Abarbeitung der Eingabe geschieht dann anhand der *Zustandsübergangsfunktion* $\delta : (Q \setminus \overline{q}) \times \Gamma \to Q \times \Gamma \times \{R, L, N\}$, die das eigentliche Programm darstellt. Eine Auswertung von δ entspricht dann $\delta(q, a) = (q', a', d)$. Das heißt, dass der aktuelle Zustand der Turing-Maschine (q) und das im aktuellen Feld des Speicherbandes gelesene Zeichen (a) als Eingabe der Funktion verwendet werden. Die Ausgabe liefert dann einen Folgezustand der Turing-Maschine (q'), sowie ein Zeichen das in das Feld des Speicherbandes geschrieben (a') wird und eine Bewegungsrichtung des Schreib-/Lesekopfes (d). Diese Zustandsübergangsfunktion kann entweder als Tabelle oder als Zustandsgraph dargestellt werden. Das klingt furchtbar kompliziert, daher ein kurzes Beispiel:

Beispiel (Programmausführung auf einer Turing-Maschine)

Es seien $Q = \{q_0, \overline{q}\}$, $\Gamma = \{0, 1, B\}$ und δ wie folgt:

δ	**0**	**1**	**B**
q_0	$(\overline{q}, 0, N)$	(q_0, B, R)	$(\overline{q}, 1, N)$

Diese Turing-Maschine prüft, ob eine Eingabe nur aus „1" besteht. Ist eine „0" in der Eingabe, terminiert das Programm mit „0", andernfalls terminiert das Programm mit „1". Alle „1" in der Eingabe werden mit Leerzeichen überschrieben.

Auf der Eingabe **110** geht die Turmingmaschine wie folgt vor: Sie startet auf der „1" ganz links. Da q_0 der Startzustand ist und die Turing-Maschine eine „1" liest, wird die mittlere Spalte der Tabelle zur Auswertung herangezogen ((q_0, B, R)). Daraus folgt, dass die Turing-Maschine als Nächstes in den Zustand q_0 geht, also faktisch in ihrem aktuellen Zustand bleibt. Zusätzlich wird die „1" mit einem B überschrieben, und der Schreib-/Lesekopf bewegt sich einen Schritt nach rechts (R). Im nächsten Schritt ist die Turing-Maschine erneut im Zustand q_0 und liest eine „1" in der Eingabe, es passiert also dasselbe wie im Schritt zuvor. Danach passiert allerdings etwas anderes, da die Turing-Maschine zwar erneut im Zustand q_0 ist, aber nun eine „0" in der Eingabe vorfindet. Daher muss die erste Spalte der Tabelle herangezogen werden $((\overline{q}, 0, N))$. Demzufolge geht die Turing-Maschine als Nächstes in den Zustand $\overline{q}$, beendet sich also. Als Ausgabe wird eine „0" geschrieben, und der Schreib-/Lesekopf bewegt sich nicht (N), sodass die zuvor geschriebene „0" als Ausgabe interpretiert werden kann. Diese Turingmaschie kann wie folgt als Zustandsgraph dargestellt werden:

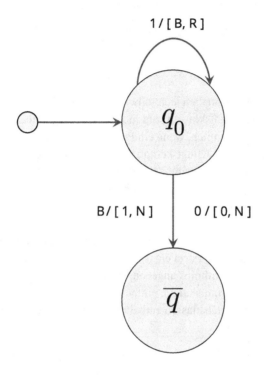

4.2 Komplexitätsklassen

Auf Basis der Turing-Maschine können nun Komplexitätsklassen definiert werden. Davon gibt es eine ganze Menge, die grundlegendsten sind hier allerdings **P**, **EXP** und **R**. Diese sind wie folgt definiert:

- **P**: Probleme, die in polynomieller Laufzeit gelöst werden können $[O(n^c)]$
- **EXP**: Probleme, die in exponentieller Laufzeit gelöst werden können $[O(2^{n^c})]$
- **R**: Probleme, die in endlicher Laufzeit gelöst werden können[2]

---

[2] **R**ekursive Probleme = berechenbare Probleme.

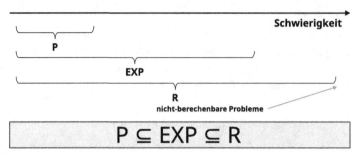

Abb. 4.2 Übersicht Komplexitätsklassen

Die Komplexitätsklassen beinhalten sich teilweise gegenseitig. Die vorhandenen Relationen zwischen den Komplexitätsklassen sind in Abb. 4.2 dargestellt.

Aber was bedeutet es eigentlich, wenn ein Problem in polynomieller oder exponntieller Laufzeit gelöst werden kann? Klingt kompliziert! Prinzipiell bedeutet das, dass es einen Algorithmus gibt, der auf einer Turing-Maschine eine Anzahl von Schritten benötigt, die nur polynomiell bzw. exponentiell mit der Problemgröße anwächst. Die Problemgröße ist in diesem Kontext die Menge von Eingabe-Daten, z. B. die Anzahl von Elementen einer zu sortierenden Liste. Die Anzahl der Schritte, die ein Algorithmus zur Lösung eines Problems benötigt, wächst offensichtlich mit der Menge der Eingabe-Daten. Lässt sich für ein Problem eine obere Schranke in Form eines Polynoms bzw. einer Exponentialfunktion für die Schritte des Lösungsalgorithmus angeben, dann gehört das Problem zur entsprechenden Komplexitätsklasse. Darum sind die einfacheren Komplexitätsklassen auch jeweils in den schwierigeren Komplexitätsklassen enthalten. Ein Beispiel zur Verdeutlichung:

Beispiel (Komplexitätsklassen)

Ein Sortieralgorithmus für eine Liste soll wie folgt funktionieren: Es wird eine neue, leere Liste angelegt. Dann wird das erste Element der Ausgangsliste in die neue Liste eingefügt. Anschließend wird das zweite Element der Ausgangsliste eingefügt, allerdings nicht irgendwo, sondern an der *richtigen Stelle*. Das heißt, dass das neue Element in der Praxis durchschnittlich mit der Hälfte aller Elemente in der neuen Liste verglichen werden muss, bevor die richtige Stelle gefunden wurde. So wird immer weiter verfahren, bis die Ausgangsliste leer ist. Da alle Elemente in der neuen Liste immer direkt an die richtige Stelle eingefügt wurden, ist diese Liste sortiert und das Ziel wurde erreicht bzw. das *Problem* wurde *gelöst*. Das Verfahren heißt übrigens *Insertion Sort* [2].

Enthält die Ausgangsliste n Elemente, müssen für die daraus resultierenden n Einfügeoperationen jeweils durchschnittlich $\frac{k}{2}$ Vergleichsoperationen für das k-te Element durchgeführt werden, bevor eine Einfügeoperation folgt. Das heißt im Durchschnitt müssen $n * (\frac{k}{2} + 1)$ Operationen durchgeführt werden. Das ist allerdings nur die durchschnittliche Betrachtung, im schlimmsten Fall müssen für jede Einfügeoperation für das k-te Element $k - 1$ Vergleichsoperationen und eine Einfügeoperation durchgeführt werden, da sich bereits $k - 1$ Elemente in der neuen Liste befinden. Das heißt, dass die Anzahl benötigter Schritte im schlimmsten Fall $\sum_{k=1}^{n}(k - 1) + 1 = \sum_{k=1}^{n} k = \frac{n*(n+1)}{2} = \frac{1}{2}n^2 + \frac{1}{2}n$ beträgt. Und da ist auch schon die gesuchte Schranke! Dies ist hier sogar ein Polynom zweiten Grades. Das bedeutet, dass ein optimaler Algorithmus—natürlich wäre es möglich unnötige Operationen in einen Algorithmus einzubauen – niemals mehr als diese Zahl von Operationen benötigt, um eine Liste mit n Elementen zu sortieren. Da eine polynomielle obere Schranke bestimmt werden konnte, ist *Insertion Sort* in der Komplexitätsklasse **P**. Für die oben bereits aufgeführte *O-Notation* ergibt sich damit $O(n^2)$. Da die O-Notation nur einen groben Anhaltspunkt bietet, werden für deren Bestimmung nur die höchste Potenz des Polynoms betrachtet und Vorfaktoren weggelassen. ◄

Okay, damit kann man arbeiten. Die Komplexitätsklasse ist also ein Maß dafür, wieviele Schritte ein optimaler Algorithmus zur Lösung eines Problems in Abhängigkeit von der Problemgröße maximal braucht. Das ist aber leider nur die halbe Wahrheit. Bevor es weitergehen kann, noch zwei Definitionen:

▶ **Definition (Probleme in der Komplexitätstheorie)** Ein Problem heißt ...

- ...*nicht-berechenbar*, wenn es keinen Algorithmus gibt, der das Problem in endlich vielen Schritten löst.
- ...*nicht-durchführbar*, wenn die Berechnung der Lösung des Problems zu viel Zeit oder Speicherplatz in Anspruch nimmt, um in der Realität durchgeführt werden zu können.

Ein Beispiele für ein nicht-berechenbares Probleme ist das *Halteproblem* [1], bei dem es darum geht, programmatisch zu entscheiden, ob ein gegebener Algorithmus für jede beliebige Eingabe terminiert. Beispiele für nicht-durchführbare Probleme sind das Rucksackproblem [3] und das Problem des Handlungsreisenden [3], die sich theoretisch ganz wunderbar lösen lassen, in der Praxis aber so schnell in der Laufzeit der Algorithmen anwachsen, dass sie in der Realität nur näherungsweise gelöst werden können. Beides sind Optimierungsprobleme, bei denen es um die Bestimmung einer optimalen Packung bzw. die Bestimmung einer optimalen Route geht.

Eine spezielle Klasse von Problemen ist von besonderem Interesse, da sie einige angenehme mathematische Eigenschaften haben: Die sogenannten *Entscheidungsprobleme*. Das sind Probleme, die nur *Ja* oder *Nein* zur Lösung haben können, beispielsweise ob eine Zahl eine Primzahl ist. Die Parameter eines Entscheidungsproblems sind als natürliche Zahl darstellbar, z. B. eben diejenige Zahl, die auf Primheit überprüft werden soll. Formal bedeutet das für ein Entscheidungsproblem f: $f(n) \in \{0, 1\}, n \in \mathbb{N}$. Der Zielraum sieht sehr beherrschbar aus! Und auch der Quellraum ist mit den natürlichen Zahlen noch relativ zahm. Daher lassen sich viele Fragen in der Komplexitätstheorie oftmals für Entscheidungsprobleme beantworten und dann auf andere Problemklassen verallgemeinern. Beispielsweise lässt sich mehr oder weniger leicht zeigen, dass die meisten Entscheidungsprobleme nicht-berechenbar sind und diese Erkenntnis dann auf alle möglichen Probleme erweitern. Ohne ins Detail gehen zu wollen, lässt sich der Beweis wie folgt skizzieren: Es kann gezeigt werden, dass die Menge der möglichen Algorithmen äquivalent zur Menge der natürlichen Zahlen ist. Das bedeutet, dass es zwar unendlich viele Algorithmen geben kann, aber eben „nur" abzählbar-unendlich viele davon. Auf ähnliche Weise, wie die *Überabzählbarkeit* der rellen Zahlen nachgewiesen wird, kann nachgewiesen werden, dass die Menge der möglichen Entscheidungsprobleme ebenfalls *überabzählbar* mächtig ist, d. h. ihre Kardinalität (Größenordnung) ist äquivalent zur der Kardinalität der Menge der reellen Zahlen. Somit gibt es deutlich mehr Probleme, als Algorithmen zu deren Lösung.

Bislang noch nicht erwähnt wurde die Komplexitätsklasse **NP**. Diese Komplexitätsklasse ist nicht ganz so einfach zu definieren wie **P** oder **EXP**, stellt aber eine der wichtigsten Komplexitätsklassen in der theoretischen Informatk dar. Es folgt der Versuch einer verständlichen Definition:

▶ **Definition I (Die Komplexitätsklasse NP)** **NP** ist die Komplexitätsklasse, welche diejenigen Probleme enthält, die von einer *nicht-deterministischen* Turing-Maschine in polynomieller Zeit gelöst werden können.

Klar soweit? Nein? Wie auch! Zuerst muss die *nicht-deterministische* Turing-Maschine erklärt werden. Das ist eine Turing-Maschine, die im Falle einer Entscheidung im Algorithmus immer die korrekte Alternativ auswählt. Das wird gewährleistet, indem die Turing-Maschine über zwei Zustandsübergangsfunktionen verfügt und in jedem Schritt beide Funktionen auswertet. So wird im Prinzip jeder mögliche Pfad durchlaufen. Da die Auswertungen der Zustandsübergangsfunktionen in diesem Fall aber nicht nacheinander, sondern gleichzeitig erfolgen, reduziert sich die Komplexität der Laufzeit von exponentiellem Wachstum auf polynomielles Wachstum. Wird also beispielsweise ein Binär-Baum auf der Suche nach einem Blatt mit einem bestimmten Wert durchlaufen,[3] kann auf jeder Ebene des Baumes direkt der Kindknoten ausgewählt werden, der auf dem Pfad zum gesuchten Knoten liegt – falls dieser existiert. Falls das nicht wirklich Licht ins Dunkel gebracht hat, hier eine alternative Definition:

▶ **Definition II (Die Komplexitätsklasse NP)** In der Komplexitätsklasse **NP** liegen diejenigen Probleme, deren Lösungskandidaten sich von einer deterministischen Turing-Maschine in polynomieller Laufzeit verifizieren lassen.

---

[3] Das kann übrigens als Entscheidungsproblem formuliert werden.

Auch hier wieder als Beispiel die Baumsuche: Eine Turing-Maschine kann prüfen, ob ein Pfad durch den Baum tatsächlich zu einem Blatt mit dem gesuchten Wert führt. Die Prüfung der potenziellen Lösung wächst aber nur linear mit der Anzahl der Ebenen des Baumes, liegt also in **P**. Da **NP**, wie erwähnt, eine sehr wichtige Komplexitätsklasse ist, wurden auf ihrer Basis zwei Begrifflichkeiten definiert:

▶ **Definition (Begriffe zu NP)**

NP-schwer:

> Ein Problem ist *NP-schwer*, wenn es mindestens so schwer (komplex) ist, wie ein beliebiges Problem in **NP**. Dabei muss das Problem selbst *nicht* in NP liegen.

NP-vollständig:

> Ein *NP-schweres* Problem, das selbst in **NP** liegt, wird *NP-vollständig* genannt.

Hier wird die Komplexität von Problemen in Relation zu **NP** definiert. Damit ergibt sich eine erweiterte Übersicht über die Komplexitätsklassen wie in Abb. 4.3 dargestellt.

Aber warum ist **NP** eigentlich eine so wichtige Komplexitätsklasse? Nun, zum einen liegen viele relevante Probleme in NP [3]. Zum anderen, und das scheint noch viel wichtiger zu sein: Um **NP** rankt sich das wichtigste Problem der theoretischen Informatik: Ist **P** ungleich **NP**? Das heißt, es steht die Frage im Raum: Ist **NP** wirklich eine eigene Komplexitätsklasse, oder liegen alle Probleme, die **NP** zugeordnet werden, eigentlich in **P** und es ist bloß noch niemandem gelungen das nachzuweisen? Beide Möglichkeiten sind Stand heute denkbar. Die Lösung dieser offenen Frage ist übrigens auch finanziell relativ interessant: Das *Clay Mathematics Institute* hat 1.000.000 Dollar[4] für die Beantwortung der Frage ausgelobt. Wer also Lust hat ...[5]

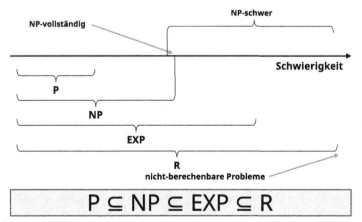

Abb. 4.3 Übersicht Komplexitätsklassen mit **NP**

---

[4] Ja, echt: Eine Million Dollar!

[5] Nähere Infos: https://www.claymath.org/millennium-problems/p-vs-np-problem

Um noch kurz auf die Ausgangsfrage zurückzukommen: Keine Chance, dass alle Programme auf parallelen Computern effizient ausgeführt werden können. Mit steigender Prozessor-Anzahl wächst der Speed-Up eines Programms maximal linear in Bezug auf die Anzahl der verwendeten Prozessor-Kerne an;[6] viele Probleme haben aber polynomielle oder sogar exponentielle Komplexität. Selbst ein Problem mit $O(n^2)$ wächst in der Laufzeitkomplexität quadratisch an und läuft dem bestenfalls linear wachsenden Speed-Up einfach davon. Von Problemen mit exponentieller Laufzeitkomplexität gar nicht zu sprechen ...

4.3   Randomisierte Algorithmen

Wie bereits erwähnt, ist es durchaus möglich, Probleme mit „unschöner" Komplexitäts-klasse näherungsweise zu lösen. Dies geschieht in der Regel mit sogenannten rando-misierten Algorithmen. Dadurch wird sozusagen versucht, eine nicht-deterministische Turmingmaschine zu imitieren, indem man dem Algorithmus die Chance einräumt zufällig richtig zu raten. Um das Thema randomisierte Algorithmen näher betrachten zu können, muss jedoch zunächst geklärt werden, was *Zufall* überhaupt ist.[7] Der DUDEN definiert Zufall als „*etwas, was man nicht vorausgesehen hat, was nicht beabsichtigt war, was unerwartet geschah*".[8] Und hier liegt auch schon das erste Problem: Wenn Zufall etwas sein soll, das nicht vorausgesehen werden kann, dann kann ein Algorithmus unmöglich Zufall erzeugen. Ist das Thema randomisierte Algorithmen damit schon vom Tisch? Nein, nicht ganz: Ein Algorithmus kann zwar selbst keinen Zufall erzeugen, er kann aber auf Basis von zufälligen Eingaben unerwartete Ergebnisse produzieren: Nochmal im Detail, weil es wichtig ist: Der Algorithmus tut etwas absolut Vorhersehbares, das ist sein Ding. Aber eine zufällige Eingabe an den Algorithmus produziert ein zufälliges Ergebnis. Da ist der Zufall sozusagen transitiv. Aber wie kommt der Zufall denn dann in den Computer? Ein Algorithmus kann ihn ja nicht erzeugen, hier beißt sich die Katze sonst in den Schwanz! Prinzipiell gibt es zwei Möglichkeiten, Zufall in den Computer zu bekommen. Es gibt spezielle Hardware, die auf Basis von physikalischen Vorgängen Zufallsbits produziert. Zum Beispiel können radioaktiver Zerfall[9] oder das Rauschen eines Transistors zur Erzeugung von Zufallsbits verwendet werden. Das funktioniert auch ziemlich gut, ist aber auch ziemlich teuer. Deswegen gibt es noch eine Alternative: Pseudo-Zufallszahlen. Wie der Name schon vermuten lässt, handelt es sich dabei nicht um echte Zufallszahlen. Kann auch gar nicht sein, da Pseudozufallszahlen algorithmisch erzeugt werden. Die erzeugte Zahlenfolge sieht Zufall – statistisch betrachtet – aber zum Verwechseln ähnlich, sodass

---

[6] Und selbst da machen Amdahl und Overhead schnell einen Strich durch die Rechnung!

[7] Das Internet hat dazu eine Meinung: http://www.xkcd.com/221/.

[8] Hier mehr dazu: https://www.duden.de/rechtschreibung/Zufall.

[9] Ja, richtig gelesen. Dafür ist tatsächlich ein radkioaktives Isotop in der Hardware verbaut! Tipp: Besser nicht essen!

diese Art von „Zufall" in den meisten Fällen ausreichend ist. Algorithmen zur Erzeugung von Pseudo-Zufallszahlen (**PRNG**, *pseudo Random Number Generator*) liefern ausgehend von einem Startwert eine zufällig erscheinende Zahlenfolge. Richtig zufällig ist die, wie gesagt, allerdings nicht: Derselbe Startwert liefert auch immer dieselbe Zahlenfolge. Was man also tun kann, ist den Startwert möglichst zufällig zu wählen.[10] Oft wird die aktuelle Uhrzeit des Computers in Milli- oder Nanosekunden verwendet. Das ist zumindest hinreichend unbestimmbar, sodass die erzeugte Zahlenfolge brauchbar ist.

Nerd Alert:
Tun Sie mir einen Gefallen: Verwenden Sie niemals, niemals, niemals einen **PRNG** in einem sicherheitskritischen Kontext, beispielsweise zur Erzeugung von Crypto-keys! Ja, das mag sehr zufällig aussehen, was da passiert. Ja, die aktuelle Systemzeit in Nanosekunden scheint wirklich sehr unvorhersagbar zu sein. Nein, das ist nicht wirklich zufällig. Und damit steht einem Angreifer in Ihrem sicherheitskritischen Kontext Tür und Tor offen. Schon mit echten Zufallszahlen sind mannigfaltige Angriffsvektoren denkbar, da muss man nicht noch einen draufpacken und nichtmal echte Zufallszahlen verwenden. Bitte, bitte, tun Sie's nicht!

Gut, soviel zum Zufall. Wie geht das mit den randomisierten Algorithmen jetzt? Diese Algorithmen bekommen neben ihren „normalen" Parametern noch Zufallsbits als Eingabe. Was dann passiert, hängt von der Art des randomisierten Algorithmus ab. Grundsätzlich gibt es drei Varianten, abhängig davon, ob die Laufzeit, der benötigte Speicherplatz oder das Ergebnis eine Zufallsvariable ist. Das klingt erstmal furchtbar unzuverlässig, warum sollte man so etwas wollen? Und hier kommt der Bezug zur Komplexitätstheorie: Manchmal sind randomisierte Algorithmen die einzige Möglichkeit, in annehmbarer Laufzeit ein brauchbares Ergebnis zu berechnen. Und wie?

Dazu braucht man zunächst die Definition einer *probabilistischen Turing-Maschine*. Diese siedelt sich im Prinzip zwischen der herkömmlichen Turing-Maschine und der nicht-deterministischen Turing-Maschine an. Die probabilistische Turing-Maschine hat zwei Zustandsübergangsfunktionen und wählt in jedem Schritt zufällig, d. h. anhand eines Zufallsexperiments, eine der beiden Funktionen aus.[11] Aufbauend auf diesem Modell lassen sich dann die randomisierten Algorithmen definieren und verstehen. Es gibt zwei Arten von randomisierten Algorithmen: *Monte-Carlo* und *Las-Vegas*. Dazu lassen sich auch eigene Komplexitätsklassen aufstellen. Die wichtigsten sind **PP** (*probabilistic polynomial*), **BPP** (*bound error probabilistic polynomial time*), **ZPP** *zero-error probabilistic*

---

[10] Merken Sie's? Wir verschieben das Problem immer weiter, ohne es wirklich zu lösen.

[11] Damit ist die herkömmliche Turing-Maschine sogesehen ein Spezialfall der probabilistischen Turing-Maschine mit identischen Zustandsübergangsfunktionen.

polynomial time und **RP** (*randomized polynomial time*) [4]. Diese Komplexitätsklassen beziehen sich alle auf Entscheidungsprobleme. Die Klassen sind wie folgt definiert:

▶ **Definition (Probabilistische Komplexitätsklassen)**

PP: Enthält alle Probleme, die von einer probabilistischen Turing-Maschine in polynomieller Laufzeit lösbar sind und bei denen die Turing-Maschine mit $p \geq 0,5$ die richtige Antwort ausgibt.

BPP: Enthält alle Probleme, die von einer probabilistischen Turing-Maschine in polynomieller Laufzeit lösbar sind und bei denen die Turing-Maschine mit $p \geq \frac{2}{3}$ die richtige Antwort ausgibt.

ZPP: Enthält alle Probleme, die von einer probabilistischen Turing-Maschine in polynomieller Laufzeit lösbar sind und bei denen die Turing-Maschine mit $p = 1$ die richtige Antwort ausgibt.

RP: Enthält alle Probleme, die von einer probabilistischen Turing-Maschine gelöst werden können und bei denen die Turing-Maschine „Nein" mit $p = 1$ und „Ja" mit $p \geq 0,5$ korrekt ausgibt.

Zunächst zu den *Monte-Carlo*-Algorithmen. Diese dürfen mit einer beschränkten Wahrscheinlichkeit ein falsches Ergebnis liefern, liegen also in einer der Komplexitätsklassen *PP*, *BPP* oder *RP*. Die Beschränkung der Wahrscheinlichkeit des falschen Ergebnisses ist extrem wichtig, da sie es möglich macht, durch wiederholte Ausführung des Algorithmus die Fehlerwahrscheinlichkeit zu senken. „Fehler" ist hier übrigens problemabhängig. Bei einem Problem, das einen numerischen Wert zur Lösung hat, ist der Fehler eine Abweichung vom optimalen numerischen Wert. Bei einem Entscheidungsproblem ist der Fehler die Ausgabe der falschen Antwort, d. h. „Ja" statt „Nein" und umgekehrt.[12] Ein Beispiel für einen Monte-Carlo-Algorithmus der in *RP* liegt ist der *Miller-Rabin-Primzahltest* [5,6], der bestimmt, ob eine gegebene Zahl eine Primzahl ist. Ist die gegebene Zahl eine Primzahl, so wird dies immer korrekt erkannt. Einige zusammengesetzte Zahlen werden allerdings mit Wahrscheinlichkeit $p \leq \frac{1}{4}$ trotzdem als Primzahl erkannt. Durch mehrfache Wiederholung lässt sich die Fehlerwahrscheinlichkeit beliebig senken. In der Praxis werden oft zehn Wiederholungen angesetzt, sodass die Fehlerwahrscheinlichkeit auf $p \leq \frac{1}{4^{10}} \approx 10^{-6}$ sinkt.[13]

Im Gegensatz zu einem Monte-Carlo-Algorithmus darf sich ein *Las-Vegas*-Algorithmus nicht irren. Somit liegen diese Algorithmen in **ZPP**. Der Las-Vegas-Algorithmus darf auch kein Ergebnis liefern, in welchem Fall er zwar auch terminiert, aber explizit kein Ergebnis zurückgibt. Las-Vegas-Algorithmen haben tatsächlich „nur" im Durchschnitt eine polynomiell beschränkte Laufzeit. Das bedeutet, dass es im schlimmsten Fall sein

---

[12] Das heißt im Übrigen *false positive* bzw. *false negative*.

[13] Hrsg.: Sinnigerweise sollte man o. g. Test besser als Nicht-Primzahl-Test bezeichnen, da er eine Nicht-Primzahl verlässlich als solche erkennt. :-)

kann, dass die Laufzeit stärker als polynomiell beschränkt wächst. Das ist auch der Hauptunterschied zur Komplexitätsklasse **P**, deren Probleme auch immer korrekt gelöst werden, aber auch im schlimmsten Fall in ihrer Laufzeit polynomiell beschränkt sind. Ein Beispiel für einen Las-Vegas-Algorithmus ist der *Random Quicksort* [7]. Bei dieser Variante des Quicksort wird das Pivot-Element zufällig gewählt. Somit ist die Laufzeit eine Zufallsvariable, das Ergebnis ist aber stets korrekt.

4.4 Exkurs: Algorithmenentwurf

In diesem Kapitel wurde viel über Algorithmen gesprochen. Allerdings wurde nie gesagt, wie ein Algorithmus eigentlich notiert wird. Auch das ist ein wichtiger Schritt, um ihn analysieren zu können. Es gibt mehrere Varianten zur Notation von Algorithmen: Pseudo-Code, Struktogramme [8], Programmablaufpläne, …

In der Praxis haben allerdings nur die Programmablaufpläne bzw. deren erweiterte Version in Form von *UML-Aktivitätsdiagrammen* Relevanz. Struktogramme werden allerdings oft in der Programmier-Ausbildung eingesetzt, weswegen sie hier nicht unerwähnt bleiben sollen.

4.4.1 Programmablaufpläne

Programmablaufpläne verwenden im Wesentlichen die folgenden Elemente:

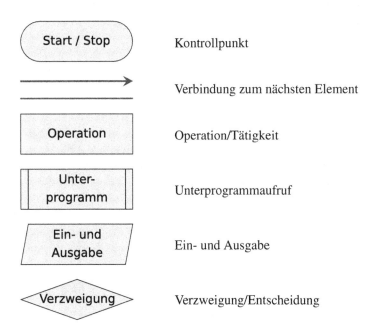

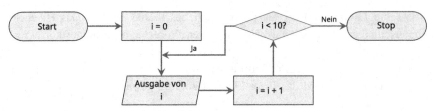

Abb. 4.4 Beispiel eines Programmablaufplans

Diese Elemente werden in einem Programmablaufplan verwendet, um den Ablauf des Programms bzw. des Algorithmus darzustellen. Abb. 4.4 zeigt ein Beispiel eines Programmablaufplans für einen Algorithmus, der die Ziffern von 0 bis 9 auf dem Bildschirm ausgibt.

4.4.2   Struktogramme

Struktogramme, auch Nassi-Shneiderman-Diagramme,[14] sind als Alternative zum Programmablaufplan entwickelt worden. Die Motivation dahinter war die schnell anwachsende Komplexität von Programmablaufplänen sowie die Hinwendung zu strukturierter, prozeduraler Programmierung weg von GOTO-getriebener Programmierung. Struktogramme setzen sich aus Blöcken zusammen. Je nach Kontext werden diese Blöcke verändert, um beispielsweise Verzweigungen oder Schleifen darzustellen. Die Blöcke sind dabei wie folgt definiert:

---

[14] Nach Isaac Nassi und Ben Shneiderman.

Anweisung

Einfache Anweisung, z. B. Wertzuweisung oder Ausgabe

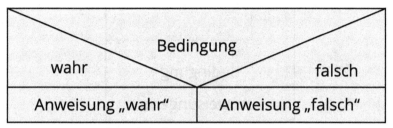

Verzweigung, zwei mögliche Ausgänge (*if - else*)

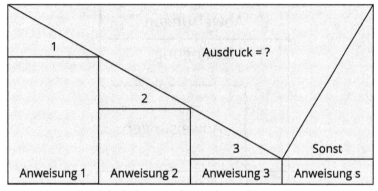

Mehrfachverzweigung (*switch - case*)

Fußgesteuerte Schleife, wird mindestens einmal durchlaufen (*do - while*)

Kopfgesteuerte Schleife (*while, for*)

Methodenaussprung, ggf. mit Wertrückgabe (*return*)

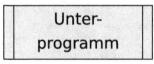

Unterprogrammaufruf

Die Blöcke der Struktogramme werden ineinander verschachtelt, z. B. bei Verzweigungen oder Schleifen. Daher werden die Struktogramme relativ schnell sehr „gequetscht". Daher sollte man bei der Erstellung sehr auf die Granularität der Darstellung achten.

In Abb. 4.5 ist derselbe Algorithmus wie bei den Programmablaufplänen beispielhaft dargestellt.

Übungsaufgaben

4.1 Turing-Maschinen Was tut die Turing-Maschine, die in Abb. 4.6 zu sehen ist? Wie muss die Eingabe beschaffen sein?

Abb. 4.5 Beispiel eines Struktogramms

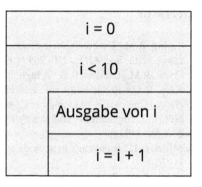

Abb. 4.6 Zustandsgraph einer Turing-Maschine

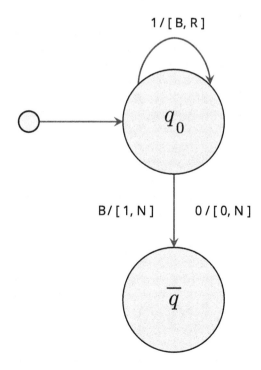

Tab. 4.1 Zustandsübergangsfunktion einer
Turing-Maschine

δ	0	1	B
q_0	$(q_0, 1, R)$	$(q_0, 0, R)$	$(\overline{q}, B, N)$

4.2 Turing-Maschinen II Was tut die Turing-Maschine, die in Tab. 4.1 dargestellt ist?
Wie muss die Eingabe beschaffen sein?

Literatur

1. Turing, A.M.: On computable numbers, with an application to the Entscheidungsproblem. Proc.
   Lond. Math. Soc. **42**(1), 230–265 (1936)
2. Frank, R.M., Lazarus, R.B.: A high-speed sorting procedure. Commun. ACM **3**(1), 20–22 (1960)
3. Karp, R.M.: Reducibility among combinatorial problems. In: Miller, R.E., und Thatcher, J.W.
   (Hrsg.) Complexity of Computer Computations. Plenum Press, New York, S. 85–103 (1972)
4. Gill, J.: Computational complexity of probabilistic complexity classes. SIAM J. Comput. **6**(4),
   675–695 (1977)
5. Miller, G.L.: Riemann's hypothesis and tests for primality. J. Comput. Syst. Sci. **13**(3), 300–317
   (1976)
6. Rabin, M.O.: Probabilistic algorithm for testing primality. J. Number Theory **12**(1), 128–138
   (1980)
7. Hoare, C.A.R.: Quicksort. Comput. J. **5**(1), 10–16 (1962)
8. Nassi, I., Shneiderman, B.: Flowchart techniques for structured programming. SIGPLAN Not.
   8(8), 12–26 (1973)

Quanten-Computer: Die Sache mit der Katze

5

Im letzten Kapitel war Komplexitätstheorie das Thema. Komplexitätsklassen werden aber auf Basis einer Turingmaschine definiert. Die Turing-Maschine ist äquivalent zu einem herkömmlichen Computer, d. h., die gezogenen Schlussfolgerungen lassen sich auf moderne Computer übertragen. Aber was ist mit alternativen Ansätzen? Hier kommen die Quanten-Computer ins Spiel, die andere Komplexitätsbetrachtungen ermöglichen und somit eventuell eine Hintertür zum Fazit des letzten Kapitels öffnen können. Quanten-Computer sind heutzutage ein viel diskutiertes Thema. Allein in den letzten Jahren wurden scheinbar auch deutlich Fortschritte auf diesem Gebiet gemacht – auch wenn die Experten sich da nicht ganz einig zu sein scheinen [2, 3]. Aber was macht die Quanten-Computer eigentlich so interessant? Wie bereits erwähnt, gilt die formale Grundlage der Turing-Maschine nicht für sie, daher sind sie – unter bestimmten Bedingungen – in der Lage, Probleme effizienter zu lösen als herkömmliche Computer.[1] Dabei machen sich Quanten-Computer zwei Effekte der Quantenphysik zu Nutze: *Superposition* und *Verschränkung*. Bevor klar werden kann, was den Quanten-Computer genau auszeichnet, müssen also zunächst diese Begriffe geklärt werden.[2]

5.1   Physikalische Grundlagen

Zunächst zu den *Superpositionen*. In der Makrowelt[3] haben Objekte definierte und messbare Eigenschaften. In der Quantenwelt existieren Quantenteilchen jedoch in allen ihren

---

[1] Das nennt Google *quantum supremacy*.

[2] Achtung! Ab hier kann der Text Spuren von Mathematik enthalten!

[3] Unsere „normale" Welt.

© Springer Fachmedien Wiesbaden GmbH, ein Teil von Springer Nature 2022
B. Küppers, *Einführung in die Informatik*, Studienbücher Informatik,
https://doi.org/10.1007/978-3-658-37838-7_5

möglichen Zuständen gleichzeitig, dies nennt man *Superposition*.[4] Das bedeutet, dass
es zu einer Eigenschaft eines Quantenteilchens keinen deterministisch festgelegten Wert
gibt, sondern nur eine Wahrscheinlichkeitsverteilung, die auch *Wellenfunktion* genannt
wird. Erst die Messung einer Eigenschaft des Teilchens „zwingt" das Teilchen in einen
der möglichen Zustände. Dies wird auch als *Kollaps der Wellenfunktion bezeichnet*. Das
bedeutet, nebenbei bemerkt, dass Superpositionen nicht wahrgenommen werden können.
Basierend auf dem Konzept der Superposition existieren in Quanten-Computern keine herkömmlichen Bits, sondern *quantum bits* (Qubits). Diese Qubits befinden sich nicht fix in
den Zuständen „0" und „1", sondern nehmen mit einer gewissen Wahrscheinlichkeit einen
der beiden Werte an – eine Superposition eben. Dieses Konzept erschien dem Physiker
Erwin Schrödinger so absurd, dass er sich das Gedankenexperiment zu *Schrödingers Katze*
ausdachte. Dabei geht es um eine Katze, die sich in einer geschlossenen Box befindet.
Zusammen mit der Katze sind eine Ampulle mit Giftgas und ein instabiler Atomkern in der
Box. Mittels eines Geigerzählers wird bestimmt, wann der Atomkern zerfällt. Daraufhin
wird die Ampulle mit Giftgas zerbrochen und tötet die Katze.[5] Nach Schrödinger ist die
Katze, aufgrund der Unbestimmtheit des radioaktiven Zerfalls, dann gleichzeitig lebendig
und tot, sofern man die Kiste nicht öffnet – die Katze ist also in Superposition. Schrödinger
selbst drückte das wie folgt aus:

> Die Psi-Funktion des ganzen Systems würde das so zum Ausdruck bringen, daß in ihr die
> lebende und die tote Katze [...] zu gleichen Teilen gemischt oder verschmiert sind. [1]

Eigentlich wollte Schrödinger mit diesem Gedankenexperiment zeigen, für wie absurd
er das Konzept der Superposition[6] hielt. Allerdings schien er seiner Zeit selbst voraus
gewesen zu sein, denn sowohl das Gedankenexperiment als auch die Kopenhagener
Deutung der Quantenphysik haben bis heute überdauert.

Mathematisch lässt sich eine Superposition wie folgt ausdrücken:[7]

$$|\psi\rangle = c_0 |0\rangle + c_1 |1\rangle \tag{5.1}$$

Das bedeutet, dass das Qubit ψ in einer Superposition der beiden möglichen Basiszustände „0" und „1" ist. Die Wahrscheinlichkeit, dass eine Messung das Qubit in
den Basiszustand „0" zwingt, ist durch die *Amplitude* c_0 gegeben, analog gibt c_1 die
Wahrscheinlichkeit für den Basiszustand „1" an. Für die Amplituden muss gelten, dass

---

[4] Ich beschreibe Quanten-Computer hier aus der Sicht der *Kopenhagener Deutung*, falls Ihnen das
etwas sagt.

[5] Ob Schrödinger etwas gegen Katzen hatte, ist mir nicht bekannt.

[6] Genauer: Die Kopenhagener Deutung der Quantenphysik.

[7] Diese Notation wird als *Bra-Ket* bezeichnet.

$|c_0|^2 + |c_1|^2 = 1$, d. h. die Gesamtwahrscheinlichkeit für alle möglichen Basiszustände muss 100 % betragen.

Alternativ können Qubits in einer algebraischen Notation dargestellt werden, da die Basiszustände im Prinzip einen zweidimensionalen Vektorraum aufspannen, der Zustandsraum genannt wird.[8] Das sieht wie folgt aus:

$$\psi = \begin{pmatrix} c_0 \\ c_1 \end{pmatrix} = c_0 * \begin{pmatrix} 1 \\ 0 \end{pmatrix} + c_1 * \begin{pmatrix} 0 \\ 1 \end{pmatrix} \tag{5.2}$$

Auf Qubits können, analog zu klassischen Bits, Operationen angewendet werden. Diese Operationen werden durch *unitäre Matrizen* dargestellt. Das sind Matrizen, für die folgende Bedingungen gelten:

▶ **Definition (Unitäre Matrix)** Eine Matrix $U \in \mathbb{C}^{m \times n}$ ist unitär, wenn ihre komplex konjugierte und transponierte Matrix $U^\dagger = (U^*)^T$ gleich der inversen Matrix ist, also $U * U^\dagger = I$.

Für die Anwendung einer unitären Matrix U auf ein Qubit ψ gilt, dass die Gesamtwahrscheinlichkeit der Basiszustände des Qubits im Folgezustand gleich bleiben. Bezogen auf die algebraische Notation bedeutet dies, dass die Länge des dargestellten Vektors gleich bleibt. Die Matrix wird einfach durch linksseitige Multiplikation der Matrix mit dem Vektor durchgeführt:

$$\psi_1 = U \left| \psi_0 \right\rangle = U * \psi_0 \tag{5.3}$$

Aus mehreren Qubits lassen sich, analog zu klassischen Computern, Register bauen, sogenannte *Quanten-Register*. Praktischerweise übernimmt das Quanten-Register die Fähigkeit zur Superposition von den verwendeten Qubits. Damit wächst der theoretische Informationsgehalt eines Quanten-Registers exponentiell mit der Zahl der verwendeten Qubits an, da mit jedem zusätzlichen Qubit doppelt soviele Zustände wie zuvor „gleichzeitig" dargestellt werden können. Im Gegensatz dazu steigt die Zahl der mit einem klassischen Register darstellbaren Werte zwar auch exponentiell an, diese können aber nur nacheinander angenommen werden. Ein Quanten-Register R aus n Qubits wird wie folgt dargestellt:

$$R = \left| X_n \ldots X_2 X_1 \right\rangle \tag{5.4}$$

---

[8] Im Folgenden werde ich die Notation ab und an wechseln, je nachdem, welche sich für den jeweils vorliegenden Fall besser eignet. Zur besseren Unterscheidbarkeit werde ich dabei bei der Bra-Ket-Notation immer Großbuchstaben verwenden, bei der algebraischen Notation Kleinbuchstaben. Ausnahmen bilden dabei feststehende Bezeichnungen, wie z. B. H_n für die Hadamard-Matrix.

Analog wird die Superposition eines Quanten-Registers behandelt:

Beispiel (Superposition)

Es seien X_0 und X_1 zwei Qubits mit:

- $|X_0\rangle = A_0 * |0\rangle + B_0 * |1\rangle$
- $|X_1\rangle = A_1 * |0\rangle + B_1 * |1\rangle$

Dann wird ein daraus konstruiertes Register wie folgt dargestellt:

$$R = A_0 B_0 |00\rangle + A_0 B_1 |01\rangle + A_1 B_0 |10\rangle + A_1 B_1 |11\rangle \blacktriangleleft$$

Ebenso wie ein Qubit lässt sich auch ein Quanten-Register in einer algebraischen Notation als Vektor darstellen:

$$\vec{r} = \begin{pmatrix} r_0 \\ r_1 \\ \dots \\ r_{2^n-1} \end{pmatrix} \tag{5.5}$$

Die Basisvektoren $|i\rangle$ entsprechen dabei den einzelnen Zuständen des Quanten-Registers, d. h., $|i\rangle \in \{0, 1\}^n$. Analog zu den Amplituden eines Qubits muss auch für die Amplituden des Registers gelten, dass sie eine Gesamtwahrscheinlichkeit von 100 % ergeben:

$$\sum_{i=0}^{2^n-1} |r_i|^2 = 1 \tag{5.6}$$

Quanten-Register können aber nicht nur Daten speichern, mit diesen Daten kann auch gerechnet werden – sogar unter Bewahrung der Superposition! Jetzt wird es also richtig interessant! Operationen werden hier, wie auch schon bei den Qubits, durch eine unitäre Matrix dargestellt. Diese Operationen werden *Quanten-Gatter* genannt. Werden mehrere Quanten-Gatter nacheinander angewendet, ergibt das einen *Quanten-Schaltkreis* – so einfach ist das! Da ein Quanten-Gatter bzw. -schaltkreis auch auf eine Superposition angewendet werden kann, ohne diese zu zerstören, spricht man an dieser Stelle auch von *Quanten-Parallelismus*. Hierzu gerne ein Beispiel:

Beispiel (Quanten-Schaltkreis)

Ein relativ einfaches Quanten-Gatter ist die *Hadamard-Transformation*. Die zugehörige Matrix sieht wie folgt aus:

$$H_n = \frac{1}{\sqrt{2}} \begin{pmatrix} H_{n-1} & H_{n-1} \\ H_{n-1} & -H_{n-1} \end{pmatrix}, \; H_0 = 1$$

Die Hadamard-Matrix ist 2^n-dimensional und kann auf ein Quanten-Register mit n Qubits angewendet werden.

Sei $\vec{r}$ nun ein Quanten-Register aus zwei Qubits im Grundzustand $|00\rangle$, dann kann die Hadamard-Matrix wie folgt angewendet werden:

$$\vec{r_2} = H_2 * \vec{r} = \frac{1}{2} \begin{pmatrix} 1 & 1 & 1 & 1 \\ 1 & -1 & 1 & -1 \\ 1 & 1 & -1 & -1 \\ 1 & -1 & -1 & 1 \end{pmatrix} * \begin{pmatrix} 1 \\ 0 \\ 0 \\ 0 \end{pmatrix} = \begin{pmatrix} 0,5 \\ 0,5 \\ 0,5 \\ 0,5 \end{pmatrix}$$

Was ist hier passiert? Die Hadamard-Matrix bringt ein Qubit bzw. Quanten-Register, das sich in einem Basiszustand befindet, in eine Superposition. Da die Hadamard-Matrix selbstinvers ist, führt eine erneute Anwendung wieder zum vorherigen Grundzustand:

$$\vec{r_3} = H_2 * \vec{r_2} = \frac{1}{2} \begin{pmatrix} 1 & 1 & 1 & 1 \\ 1 & -1 & 1 & -1 \\ 1 & 1 & -1 & -1 \\ 1 & -1 & -1 & 1 \end{pmatrix} * \begin{pmatrix} 0,5 \\ 0,5 \\ 0,5 \\ 0,5 \end{pmatrix} = \frac{1}{2} * \begin{pmatrix} 2 \\ 0 \\ 0 \\ 0 \end{pmatrix} = \begin{pmatrix} 1 \\ 0 \\ 0 \\ 0 \end{pmatrix}$$

Das entspricht dann dem Quanten-Schaltkreis $H_2 H_2 |00\rangle$. ◄

Okay, soweit zur Superposition. Da war aber doch noch ein zweiter Quanten-Effekt? Achja, die *Verschränkung*.[9] Quantenverschränkung oder kurz einfach *Verschränkung* drückt eine Zusammengehörigkeit zwischen zwei oder mehr Quantenteilchen aus. Das hat zur Folge, dass die Teilchen nicht mehr einzeln beschrieben werden können, sondern nur noch als Ganzes *Teilchensystem*. Verschränkung bedeutet vor allem auch, dass die Änderung eines Teilchens im System die Änderung anderer Teilchen im System nach sich ziehen kann. Auch hierzu ein kurzes Beispiel:

Beispiel (Verschränkung)

Es sei ein Register R mit zwei Qubits gegeben und wie folgt initialisiert:

$$R = |00\rangle$$

---

[9] Auf Englisch *entanglement*.

Auf das erste Qubit dieses Grundzustands wird dann die Hadamard-Matrix angewandt, sodass sich eine Superposition für das erste Qubit ergibt:

$$R = \frac{1}{\sqrt{2}}(|00\rangle + |10\rangle)$$

Auf diesen Zustand wird dann das *CNOT*-Quanten-Gatter angewendet, das wie folgt definiert ist:

$$U_{CNOT} = \begin{pmatrix} 1 & 0 & 0 & 0 \\ 0 & 1 & 0 & 0 \\ 0 & 0 & 0 & 1 \\ 0 & 0 & 1 & 0 \end{pmatrix}$$

Die Anwendung des Gatters ergibt dann folgenden Register-Zustand:

$$R = \frac{1}{\sqrt{2}}(|00\rangle + |11\rangle)$$

Damit ist das Register in einem verschränkten Zustand. Eine Messung am ersten Qubit des Registers zwingt das zweite Qubit ebenfalls in denselben Zustand. ◄

In Ordnung, soweit die Theorie zu Quanten-Computern. Aber was tut man jetzt damit? Um das zu illustrieren, werden im Folgenden zwei Beispiele für Algorithmen auf Quanten-Computern diskutiert.

5.2   Grovers Algorithmus

Grovers Algorithmus [4] ist ein Suchalgorithmus für unsortierte Datensätze. Normalerweise hat das Suchen in unsortierten Datensätzen die Komplexität $O(n)$, da im Schnitt die Hälfte aller Elemente angesehen werden muss. Grovers Algorithmus, wie so ziemlich alle Quanten-Algorithmen ein probabilistischer Algorithmus, hat hingegen eine Laufzeitkomplexität von $O(\sqrt{n})$. Mathematisch lässt sich Grovers Algorithmus wie folgt formulieren:

▶ **Definition (Grovers Algorithmus)** Es gibt einen *Suchraum R* mit N Elementen $\{0, 1, \ldots, N - 1\}$. Es gibt genau einen Elementwert $\hat{x}$, der gesucht werden soll. Die Elemente in R sind in einer Binär-Repräsentation mit maximal $n = \log_2 N$ Bits darzustellen. Es gibt eine Suchfunktion $f : \{0, 1\}^n \to \{0, 1\}$ mit:

$$f(x) = \begin{cases} 1, & x = \hat{x} \\ 0, & sonst \end{cases}$$

Die Grundidee des Algorithmus ist mit einer Superposition über alle Elemente des Suchraums zu starten und die Amplitude des gesuchten Elements iterativ zu verstärken. Dazu gibt es ein Quanten-Orakel O, welches für ein $|x\rangle \in N$ angibt, ob es das gesucht Element ist, d. h. das Quanten-Orakel verwendet die Suchfunktion f. Das Quanten-Orakel funktioniert wie folgt:

$$O|x\rangle = \begin{cases} -|x\rangle , \; x = \hat{x} \\ |x\rangle , \; sonst \end{cases} \tag{5.7}$$

Anhand des Quanten-Orakels kann also die Amplitude des gesuchten Elements verändert werden. Damit ist es möglich, das gesuchte Element zu identifizieren. Der Ablauf des Algorithmus ist wie folgt:

Algorithmus: Grovers Algorithmus

1. Initialisiere ein Quanten-Register s wie folgt: $|s\rangle = \frac{1}{\sqrt{N}} \sum_x |x\rangle$.

2. Führe die sogenannte *Grover-Iteration* $\frac{\pi\sqrt{N}}{4}$-mal durch.

3. Messe den Zustand des Registers. Das Ergebnis ist $|\hat{x}\rangle$ mit einer Wahrscheinlichkeit von nahezu 1, falls $N \gg 1$.

Die *Grover-Iteration* wendet zunächst das Quanten-Orakel an, um das gesuchte Element zu markieren. Durch die Anwendung des Quanten-Orakels wird das gesuchte Element zwar markiert, aber der Betrag der Amplitude hat sich nicht verändert, sie ist nur negiert worden. Zu diesem Zeitpunkt ist also die Chance, bei einer Messung das gesuchte Element zu erhalten, noch nicht gestiegen. Dazu muss noch ein zweiter Schritt durchgeführt werden, bei dem der Mittelwert aller Amplituden berechnet und jede Amplitude an diesem Mittelwert gespiegelt wird.[10] Dazu noch ein Beispiel:

Beispiel (Grovers Algorithmus)

Gegeben sei der Suchraum $R = \{x_0 = 00, x_1 = 01, x_2 = 10, x_3 = 11\}$. Gestartet wird mit einem Quanten-Register s in einer Superposition über alle Werte des Suchraums, also:

$$s = \frac{1}{2}(|00\rangle + |01\rangle + |10\rangle + |11\rangle)$$

---

[10] Wie das genau geht, erspare ich Ihnen an dieser Stelle. Nur soviel: Es wird das Householder-Verfahren verwendet, bei dem ein Vektor an einer Hyper-Ebene gespiegelt wird.

Mit $N = 4$ muss die Iteration $\frac{\pi * \sqrt{N}}{4} = \frac{\pi * \sqrt{4}}{4} = \frac{\pi * 2}{4} = \frac{pi}{2} \approx 1,5$-mal durchgeführt werden. Eine Iteration sollte also ausreichen.

Angenommen, dass $x_2 = \hat{x}$, dann ergibt sich nach Anwendung des Quanten-Orakels folgender Zustand:

$$s = \frac{1}{2}(|00\rangle + |01\rangle - |10\rangle + |11\rangle)$$

Der Mittelwert aller Amplituden ist dann:

$$\mu = \frac{\frac{1}{2} + \frac{1}{2} - \frac{1}{2} + \frac{1}{2}}{4} = \frac{1}{4}$$

Das Spiegeln am Mittelwert erfüllt folgende Gleichung:

$$v_{new} = 2 * \mu - v_{old}$$

Für Elemente mit Amplitude $\frac{1}{2}$ ergibt sich daraus $v_{new} = 2 * \frac{1}{4} - \frac{1}{2} = 0$. Für das gesuchte Element ergibt sich hingegen $v_{new} = 2 * \frac{1}{4} - (-\frac{1}{2}) = 1$. Grafisch kann das wie folgt veranschaulicht werden:

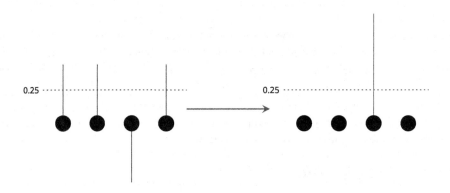

Nach einer Iteration ist also tatsächlich die Wahrscheinlichkeit, das gesuchte Element zu messen, bereits auf 100 % gestiegen! ◀

5.3 Shors Algorithmus

Soweit bekannt[11] gibt es auf klassischen Computern keinen Algorithmus, der ganze Zahlen effizient, d. h. in polynomieller Laufzeit, faktorisiert. Auf Quanten-Computern ist das aber wohl möglich, nämlich mit *Shors Algorithmus*.[12] Shors Algorithmus löst zwar nicht die Faktorisierung einer ganzen Zahl im eigentlichen Sinne, aber ein Ersatzproblem, auf das die Faktorisierung zurückgeführt werden kann. Das Ersatzproblem ist wie folgt gestellt:

▶ **Definition (Shors Ersatzproblem)** Wenn es darum geht, die Faktorisierung einer Zahl N zu bestimmen, dann gibt es ein x, sodass $x^2 \equiv 1 \mod N \Leftrightarrow x^2 - 1 \equiv 0 \mod N$. Unter Anwendung der 3. Binomischen Formel ergibt sich daraus:

$$(x + 1) * (x - 1) \equiv 0 \mod N$$

Das bedeutet, dass ein Teiler von N der größte gemeinsame Teiler von N und $(x + 1)$ oder $(x - 1)$ sein muss. Der größte gemeinsame Teiler kann mit dem euklidischen Algorithmus in polynomieller Laufzeit berechnet werden. Shors Ersatzproblem ist dann die Bestimmung des Wertes von x.

Aber wie wird der Wert von x dann bestimmt? Dazu zunächst eine Beobachtung:

Manche Funktionen sind periodisch, d. h., $f(k) = f(k + r) \ \forall \ k$.

Beispielsweise ist der Sinus periodisch: $sin(k) = sin(k + 2\pi)$. Laut Shor lässt sich für ein gegebenes N ein x finden, indem die Periode von $f_a(k) = a^k \mod N$ bestimmt wird. Für ein gewähltes a gibt es ein kleinstes r, sodass $a^r \mod N = 1$. Dass dieses r die Periode der Funktion ist, lässt sich wie folgt zeigen:

$$
\begin{aligned}
&a^{k+r} \mod N \\
&= a^k * a^r \mod N \\
&= a^k \mod N * a^r \mod N \\
&= a^k \mod N * 1 \\
&= a^k \mod N
\end{aligned}
\tag{5.8}
$$

---

[11] $P \neq NP$?

[12] Genau genommen hat Shor in seinem Paper [5] zwei Algorithmen vorgestellt. Hier geht es um den Algorithmus zur Faktorisierung von Zahlen.

Wurde ein r für einen bestimmten Anwendungsfall gefunden, so ist $x = a^{\frac{r}{2}}$. Das funktioniert nicht in allen Fällen, z. B. wenn r ungerade ist oder $|a^{\frac{r}{2}}| = 1$. In diesen Fällen muss ein anderes a gewählt und erneut das zugehörige r bestimmt werden. Die Wahrscheinlichkeit p, ein neues a auswählen zu müssen, beträgt etwa 50 %. Demzufolge ist auch Shors Algorithmus ein probabilistischer Algorithmus. Dazu ein Beispiel:

Beispiel (Shors Algorithmus)

Gegeben sind $N = 15$ und $a = 7$. Daraus ergibt sich anhand von $f_a(k) = a^k \bmod N$ die Funktion $f_7(k) = 7^k \bmod 15$. Damit ergibt sich folgende Funktionsauswertung:

k	0	1	2	3	4	5	...
$f_7(k)$	1	7	4	13	1	7	...

Daraus ergibt sich eine Periode von 4 und damit $x = 7^{\frac{4}{2}} = 7^2 = 49$. Damit muss der größte gemeinsame Teiler von 15 und $x + 1 = 50$ bzw. $x - 1 = 48$ ein Primfaktor von N sein. Das lässt sich leicht verifizieren:

- $ggT(15, 48) = 3$
- $ggT(15, 50) = 5$

Die beiden berechneten größten gemeinsamen Teiler sind tatsächlich die Primfaktoren von 15. ◄

Insgesamt hat Shors Algorithmus folgenden Ablauf:

Algorithmus: Shors Algorithmus
1. Wähle eine Zahl $a < N$
2. Prüfe, ob a zufällig ein Teiler von N ist
3. Berechne die Periode r (den Quantenteil[13]) von $f_a(x)$
4. Wenn r alle Anforderungen erfüllt, berechne einen Primfaktor von N, andernfalls beginne erneut bei Schritt 1
5. Der größte gemeinsame Teiler von $(x + 1)$ bzw. $(x - 1)$ und N ist sehr wahrscheinlich auch bereits ein Primfaktor von N, in seltenen Fällen aber zusammengesetzt

---

[13] Und auch hier erspare ich Ihnen die genauen Details.

Übungsaufgaben

5.1 Quanten-Bits Gegeben sei das Qubit $\psi = c_0 |0\rangle + c_1 |1\rangle$ mit $c_0 = \frac{1}{4}$ und $c_1 = \frac{\sqrt{15}}{4}$.
Welcher Basiszustand wird bei einer Messung wahrscheinlicher gemessen?

5.2 Quanten-Operationen Führen Sie die Hadamard-Transformation für das folgende
Quanten-Register mit drei Qubits durch:

$$R_0 = |000\rangle$$

Literatur

1. Schrödinger, E.: Die gegenwärtige Situation in der Quantenmechanik. Naturwissenschaften **23**,
   807–812 (1935). https://doi.org/10.1007/BF01491891
2. Arute, F., Arya, K., Babbush, R., et al.: Quantum supremacy using a programmable superconduc-
   ting processor. Nature **574**, 505–510 (2019)
3. Pednault, E., Gunnels, J.A., Nannicini, G., Horesh, L., Wisnieff, R.: Leveraging Secondary
   Storage to Simulate Deep 54-qubit Sycamore Circuits. https://arxiv.org/abs/1910.09534v2 (2019).
   Zugegriffen am 06.05.2022
4. Grover, L.K.: A fast quantum mechanical algorithm for database search. In: Proceedings of the
   28th Annual ACM Symposium on the Theory of Computing, Philadelphia, Pennsylvania, USA,
   S. 212–219 (1996)
5. Shor, P.W.: Polynomial-time algorithms for prime factorization and discrete logarithms on a
   quantum computer. SIAM J. Comput. **26**(5), 1484–1509 (1997)

Betriebssysteme

Wenn das BIOS (siehe Kap. 3) den Computer zum Leben erweckt – um's mal poetisch auszudrücken – dann sorgt das Betriebssystem dafür, dass der Nutzer auch tatsächlich etwas mit dem Computer anfangen kann. Es liegt als Softwareschicht zwischen dem Rechner bzw. der *Software-Hardware-Schnittstelle*, die das BIOS zur Verfügung stellt, und den Anwenderprogrammen. Das ist in Abb. 6.1 dargestellt.

Das heißt, dass ein Endnutzer nur mit dem Betriebssystem, den vom Betriebssystem bereitgestellten Dienstprogrammen und den Anwenderprogrammen in Kontakt kommt. Aber nicht nur diese Endnutzer, sondern auch Administratoren stellen Anforderungen an ein Betriebssystem, diese sind vornehmlich:

- hohe Zuverlässigkeit
- hohe Leistung
- einfache Bedienbarkeit
- einfache Wartbarkeit
- niedrige Kosten

Abhängig vom Einsatz-Szenario des Betriebssystems können noch kontextspezifische Anforderungen dazukommen. Grundsätzlich lassen sich Betriebssysteme in verschiedenen Szenarien einsetzen, von denen die folgenden hier im Detail betrachtet werden sollen:

1. Batch-Systeme
2. Dialog-Systeme
3. Echtzeit-Systeme

Batch-Systeme werden auch Stapelverarbeitungssysteme genannt und sind dazu gedacht, Rechenaufgaben ohne Nutzer-Eingabe abzuarbeiten. Dazu gibt es eine *Job Queue*,

© Springer Fachmedien Wiesbaden GmbH, ein Teil von Springer Nature 2022
B. Küppers, *Einführung in die Informatik*, Studienbücher Informatik,
https://doi.org/10.1007/978-3-658-37838-7_6

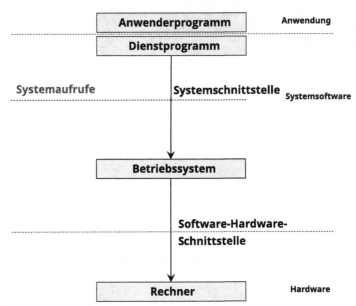

Abb. 6.1 Übersicht Betriebssystem

in welche Aufgaben eingestellt werden. Die Aufgaben werden dann der Reihe nach bearbeitet und die Ergebnisse an den Nutzer gegeben. Im Gegensatz dazu sind Dialog-Systeme auf eine Interaktion mit dem Benutzer ausgelegt. Dialog-Systeme sind wohl die geläufigste Form von Betriebssystemen, da diese Form von Betriebssystemen auf Laptops und Desktop-Computern eingesetzt wird. Echtzeit-Systeme sind reaktive Systeme, die mithilfe von Sensoren Ereignisse registrieren und anhand von Aktoren darauf reagieren. Dabei ist, wie der Name es vermuten lässt, die zeitliche Abfolge bzw. die Dauer der Ausführung von Interesse. Ähnlich wie die Batch-Systeme sind Echtzeit-Systeme in der Regel nicht auf eine Interaktion mit dem Benutzer ausgelegt.

Unabhängig vom Einsatzgebiet sind einige Kernaufgaben eines Betriebssystems immer gleich. Hauptaufgabe ist, wie der Name vielleicht schon vermuten lässt, die Betriebsmittelverwaltung. Das bedeutet, dass die zur Verfügung stehenden Betriebsmittel vom Betriebssystem so koordiniert werden, dass keine Konflikte entstehen. Betriebsmittel können in verschiedene Kategorien unterteilt werden. Das ist in Abb. 6.2 dargestellt. Demnach ist die Betriebsmittelverwaltung im Wesentlichen die Zuteilung von CPU, RAM und Ein- und Ausgabe-Geräten. Das wird jeweils von spezialisierten Teilaufgaben erledigt.

6.1 Prozessverwaltung

Die Prozessverwaltung ist dafür verantwortlich, Rechenzeit auf der CPU an laufende Prozesse zuzuteilen. Im günstigsten Fall ist das einfach, wenn nur ein Prozess zur selben

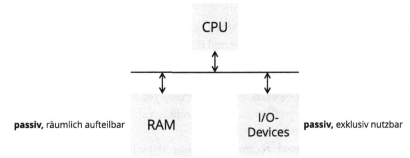

Abb. 6.2 Betriebsmittel

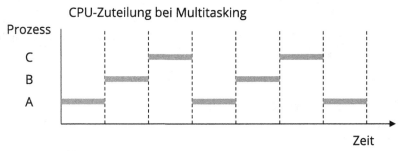

Abb. 6.3 Multi-Tasking

Zeit ausgeführt wird. Das ist allerdings meistens nicht der Fall, da heutzutage in der Regel *Multi-Tasking* verwendet wird. Das bedeutet, dass die CPU zwischen mehreren Prozessen hin- und hergeschaltet werden kann. Dabei wird jeder Prozess im Wechsel mit den anderen Prozessen für einige Millisekunden.[1] ausgeführt. Der Benutzer erhält dadurch den Eindruck von Parallelität, selbst wenn nur eine CPU bzw. ein Kern im System vorhanden ist. Grafisch kann das wie in Abb. 6.3 veranschaulicht werden.

In Allgemeinen wird *preemptives* Multi-Tasking verwendet, bei dem das Betriebssystem entscheidet, wann welcher Prozess zur Ausführung kommt. Im Gegensatz dazu gibt es auch *kooperatives* Multi-Tasking, bei dem ein Prozess selbst entscheiden kann, wann er die CPU wieder freigibt. Das spart der Prozessverwaltung ein wenig Aufwand, hat aber den entscheidenden Nachteil, dass selbst das Betriebssystem nicht mehr arbeiten kann, wenn ein Prozess die CPU nicht wieder freigibt. Das bedeutet, dass ein einzelner Prozess bei bestimmten Fehlern, z. B. Endlosschleifen, das gesamte System zum Absturz bringen kann.

Multi-Tasking zu verwenden bringt einen erhöhten Verwaltungsaufwand für die Prozessverwaltung mit sich. Zunächst muss in diesem Kontext definiert werden, was ein Prozess überhaupt ist:

---

[1] Man spricht hier auch von *Zeitscheibe*.

▶ **Definition (Prozess)** Ein Prozess ...

- ... ist die Abstraktion eines in Ausführung befindlichen Programms
- ... besteht aus den *Programmbefehlen* und dem *Prozesskontext*

Der Prozesskontext seinerseits besteht aus dem privaten Adressraum des Prozesses, geöffneten Streams (Dateien, Sockets, ...) und abhängigen Prozessen. Um in einem Multi-Tasking-Szenario eingesetzt werden zu können, müssen sich Prozesse in den in Abb. 6.4 dargestellten Zuständen befinden können.

Ist ein Prozess im Zustand *rechnend*, ist ihm aktuell die CPU zugeteilt. Analog wartet der Prozess gerade darauf, dass ihm die CPU zugeteilt wird, wenn er im Zustand *rechenbereit* ist. Daneben gibt es aber noch den Zustand *blockiert*, in dem ein Prozess sich befindet, der auf ein externes Ereignis, z. B. eine Tastatureingabe, wartet. Zwischen diesen Zuständen muss es Übergänge geben. Dabei ist es tatsächlich nicht möglich, von jedem Zustand in jeden anderen Zustand zu wechseln. Die Übergänge, wie in Abb. 6.4 dargestellt, werden wie folgt ausgelöst:

1. Der Prozess muss auf ein externes Ereignis warten.
2. Die Zeitscheibe des Prozesses ist abgelaufen oder ein höher priorisierter Prozess[2] muss ausgeführt werden.
3. Der Prozess bekommt eine neue Zeitscheibe zugeteilt.
4. Das externe Ereignis, auf das der Prozess gewartet hat, ist eingetreten.

Die Zuteilung von Zeitscheiben wird *Scheduling* genannt und ist der Kern der Prozessverwaltung. Das Scheduling sollte dabei jederzeit die folgenden Eigenschaften erfüllen:

▶ **Definition (Anforderungen an Scheduling-Algorithmen)**

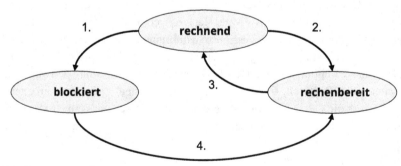

Abb. 6.4 Prozesszustände

---

[2] Dazu später mehr!

- *Fairness:* Jeder Prozess erhält einen gerechten Anteil der CPU-Zeit
- *Effizienz:* Ressourcen, wie die CPU, sind möglichst vollständig ausgelastet

Weitere wünschenswerte Eigenschaften hängen vom konkreten Einsatzgebiet des Algorithmus ab.

Batch-Systeme

Bei Batch-Systemen liegt der Fokus eines erfolgreichen Schedulings insbesondere auf der vollständigen Auslastung der CPU(s), da die Hardware keine Reserven vorhalten muss, um auf Nutzer-Eingaben zu reagieren. Dabei soll der *Job-Durchsatz*, d. h. die Anzahl von bearbeiteten Aufgaben pro Zeit, maximiert und die *mittlere Durchlaufzeit* der einzelnen Jobs minimiert werden. Die erste Anforderung ist auf den ersten Blick relativ simpel zu realisieren, wird aber mit zunehmender Anzahl von verfügbaren Prozessor(kern)en schwieriger. Daher soll hier ein Computer mit nur einer CPU zur Veranschaulichung der beiden anderen Anforderungen dienen. In diesem Fall wird die Auslastung der CPU dadurch erreicht, dass nach Beendigung einer Aufgabe sofort eine weitere Aufgabe bearbeitet wird. Aber welche Aufgabe soll die nächste sein? Das ist sicherlich eine wichtige Frage, wenn Job-Durchsatz und mittlere Durchlaufzeit optimiert werden sollen. Am einfachsten wäre sicherlich ein **FIFO**-Verfahren, bei dem einfach die nächste eingestellte Aufgabe bearbeitet wird. Aber ist das ein guter Ansatz, um die angestrebten Ziele zu erreichen? Leider nein, denn die Beschaffenheit der Aufgabe, z. B. die angenommene Ausführungszeit, wird überhaupt nicht betrachtet. Eine Alternative wäre der Ansatz **SJF** (*Shortest Job First*). Dabei wird die angenommene Ausführungszeit als Indikator verwendet, welche Aufgabe als Nächstes bearbeitet werden soll: Es wird die Aufgabe mit der kleinsten angenommenen Ausführungszeit bearbeitet. Das hat allerdings den Nachteil, dass Aufgaben mit sehr großer angenommener Ausführungszeit niemals an die Reihe kommen, sofern immer wieder kleinere Aufgaben eingefügt werden. Das wäre bei FIFO hingegen kein Problem. Natürlich gibt es noch deutlich mehr Möglichkeiten; aber um die Sache nicht zu kompliziert zu machen, werden im Folgenden die beiden bereits diskutierten Verfahren beispielhaft verglichen:

Beispiel (Scheduling auf Batch-Systemen)

Gegeben sind vier Prozesse mit den folgenden Ausführungszeiten:

- Prozess A: 6 s
- Prozess B: 10 s
- Prozess C: 2 s
- Prozess D: 2 s

Daraus ergibt sich folgender zeitlicher Ablauf:

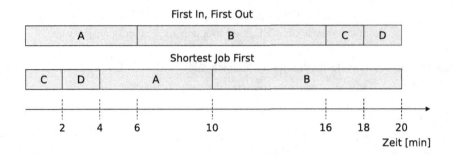

Vereinfachend wird hier nur die Verweilzeit ab Bearbeitung der ersten Aufgabe betrachtet. Demnach verbringt jeder Prozess mindestens seine eigene Bearbeitungszeit im System, eventuell verlängert durch die Wartezeit auf andere Prozesse. Damit ergibt sich jeweils die folgende mittlere Verweildauer:

- FIFO $\qquad \frac{6+16+18+20}{4} = 15\,s$
- SJF $\qquad \frac{2+4+10+20}{4} = 9\,s$

Hier wird ersichtlich, dass **SJF** tatsächlich dazu beiträgt, die mittlere Verweildauer im Gegensatz zu **FIFO** zu senken. ◀

Dialog-Systeme

Auf Dialog-Systemen kommen zu den grundsätzlichen Funktionen noch Anforderungen zur Interaktion mit den Benutzern hinzu. Das sind zum einen *kurze Antwortzeiten*, damit der Benutzer nicht das Gefühl hat, auf Reaktionen des Systems, z. B. auf Mausklicks oder Tastatureingaben, warten zu müssen. Zum anderen sollte eine *Proportionalität* gewährleistet sein, d. h., dass die Antwortzeit verschiedener Prozesse mit der Benutzererwartung übereinstimmen sollten. Aus Benutzersicht „einfache" Aufgaben sollten schneller erledigt werden als „schwierige" Aufgaben. Beispielsweise sollte das Laden eines einfachen Texteditors deutlich schneller geschehen, als das Laden eines komplexen 3D-Spiels. Da diese Anforderungen an einen Scheduling-Algorithmus mit den konkreten Erwartungen der Benutzer zusammenhängen, ist es in der Regel nicht möglich, die Anforderungen eines einzelnen Benutzers abzubilden, sondern immer eine Art mittlere Erwartung der Benutzer. Dies kann beispielsweise über Prioritätsscheduling bewerkstelligt werden. Dabei wird jedem laufenden Prozess eine Priorität zugewiesen, und es wird immer dem Prozess mit der höchsten Priorität eine Zeitscheibe zugeteilt. Gibt es mehrere Prozesse derselben höchsten Priorität werden diesen reihum Zeitscheiben zugeteilt. Neu hinzukommende Prozesse höherer Priorität verdrängen bei diesem Ansatz rechnende Prozesse mit niedrigerer Priorität. Grundsätzlich muss zwischen *statischer* und *dynamischer* Priorisierung unterschieden werden, also ob die Priorität eines Prozesses konstant ist oder sich während der Laufzeit verändern kann.

Eine Variante, dynamisches Prioritätsscheduling zu realisieren, ist die *Multilevel Feedback Queue* [1]. Bei diesem Ansatz gibt es mehrere FIFO-Queues, denen jeweils eine Priorität zugeordnet ist. Ein neuer Prozess wird immer in der Queue mit höchster Priorität eingeordnet. Wird der Prozess während der ersten Zeitscheibe fertig, so verlässt er das System. Gibt er die CPU freiwillig ab, beispielsweise weil er durch das Warten auf ein externes Ereignis blockiert wird, wird er, sobald er wieder bereit ist, in dieselbe Queue wieder einsortiert und dort weiter ausgeführt. Verbraucht der Prozess seine Zeitscheibe vollständig, so wird er in die nächst-niedriger priorisierte FIFO-Queue eingereiht. Dort gelten wieder dieselben Regeln wie vorher. Verbraucht der Prozess immer weiter seine Zeitscheiben vollständig, kommt er schließlich in der am niedrigsten priorisierten Queue an. Dort verweilt er, bis er abgearbeitet wurde, d. h., es gibt keine Möglichkeit, wieder in höher priorisierte Queues eingestuft zu werden. Wieviele FIFO-Queues es gibt, ist vom konkreten Einsatz-Szenario abhängig. Das Prinzip einer Multilevel Feedback Queue ist in Abb. 6.5 grafisch dargestellt.

Echtzeit-Systeme

Wie bereits beschrieben, sind Echtzeit-Systeme zumeist reaktive Systeme und haben die Zielsetzung, Dinge in eine geordnete zeitliche Abfolge zu bringen. Daher muss ein Scheduling-Algorithmus auf einem Echtzeit-System zwei zusätzliche Anforderungen erfüllen. Er muss die *Einhaltung von Zeitfenstern* garantieren, und er muss *vorhersagbar* funktionieren. Das bedeutet, dass der Scheduler zu jedem Prozess relevante Zeitfenster für einzelne Aktionen kennen und der Algorithmus zu jedem Zeitpunkt deterministisch agieren muss. Das wird besonders deutlich, wenn man sich die möglichen Einsatzsze-

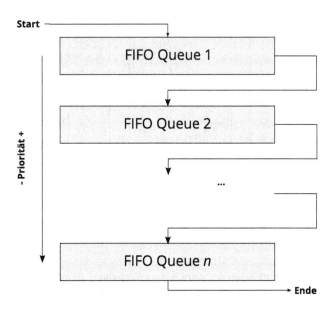

Abb. 6.5 Aufbau einer *Multilevel Feedback Queue*

narien von Echtzeit-Systemen vor Augen führt, beispielsweise die Airbag-Steuerung in einem Auto. Dort wird sehr klar ersichtlich, warum die Einhaltung eines Zeitfensters so wichtig und der Determinismus des Scheduling-Algorithmus unabdingbar ist: Löst der Airbag nicht aus, weil das Radio läuft, oder löst er zu spät aus, weil die Klimaanlage gerade nachregeln muss, sind die Auswirkungen katastrophal. Der Vollständigkeit halber sei an dieser Stelle aber auch erwähnt, dass Scheduling auf Echtzeit-Systemen mit fortschreitender technischer Entwicklung immer weniger wichtig wird. Um Problemen mit dem Scheduling aus dem Weg zu gehen, wird immer öfter dazu übergegangen für jeden Sensor einen eigenen Mikrochip zur Steuerung des Aktors einzusetzen. Diese Chips kosten nur noch sehr wenig und sind so die bessere Alternative zu möglicherweise fehlerbehaftetem Programmcode zur Steuerung des Schedulings.

6.2   Speicherverwaltung

Die zweite Kernaufgabe eines Betriebssystems ist die Speicherverwaltung. Das bedeutet die Zuteilung von Blöcken im Hauptspeicher an die Prozesse. In heutigen Betriebssystemen,[3] wird jedem Prozess ein zusammenhängender Block im Hauptspeicher zugeteilt. Wird in diesem Kontext der Arbeitsspeicher direkt aus den Prozessen heraus adressiert, spricht man von *realer Speicherverwaltung*. Das bedeutet, dass die Größe des physikalisch vorhandenen Hauptspeichers die Anzahl der gleichzeitig ausführbaren Prozesse begrenzt.[4] Hier erst einmal ein kurzes Beispiel:

Beispiel (Reale Speicherverwaltung)

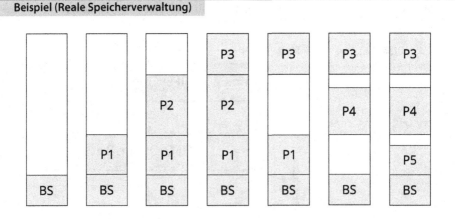

Ein kleiner Teil des Hauptspeichers ist immer mit Daten des Betriebssystems (**BS**) belegt. Wenn dann der erste Prozess gestartet wird, bekommt dieser den nächsten

---

[3] Und vor allem um den Aufwand zur Verwaltung zu reduzieren.

[4] Das klingt jetzt erstmal komisch … warten Sie ab, dazu kommt noch was!

freien Speicherblock nach dem vom Betriebssystem verwendeten Teil des Hauptspeichers zugewiesen (**P1**). Ein zweiter Prozess bekommt wiederum den nächsten freien Speicherblock (**P2**) und ebenso der dritte Prozess (**P3**). Wird dann ein Prozess beendet, so hinterlässt er einen freien Block mitten im Hauptspeicher (**P2**). Wird danach der nächste Prozess gestartet (**P4**), wird ein passender freier Block im Hauptspeicher gesucht und dem Prozess zugeordnet. Ein kurz danach beendeter Prozess (**P1**) hinterlässt wiederum einen freien Block irgendwo im Hauptspeicher. Ein neuer Prozess (**P5**) bekommt wiederum einen passenden freien Block im Hauptspeicher zugeordnet usw. ◄

Das Ende des Beispiels weist etwas auf, das als *Fragmentierung* bezeichnet wird. Es sind mehrere kleine Blöcke im Hauptspeicher frei. Unter der Prämisse, dass einem Prozess ein zusammenhängender Block im Hauptspeicher zugeordnet werden muss, führt dies eventuell zu einer Situation, in der kein neuer Prozess gestartet werden kann, obwohl in Summe genügend Hauptspeicher frei wäre. Auf der anderen Seite benötigt ein Prozess nicht seine gesamten im Hauptspeicher abgelegten Daten zur selben Zeit. Es wäre also möglich, einen Prozess auszuführen, obwohl nicht der gesamte Datenbestand im Hauptspeicher vorliegt. Ein Vorgehen, um mit Speicherknappheit umzugehen ist das sogenannte *Swapping*. Dabei wird der Hauptspeicher-Inhalt eines Prozesses auf den Hintergrundspeicher, beispielsweise eine Festplatte (**HDD**), ausgelagert, um Platz für andere Prozesse zu schaffen. Bekommt dann der Prozess, dessen Daten gerade auf dem Hintergrundspeicher liegen, die CPU zugeteilt, müssen seine Daten erneut in den Hauptspeicher geladen werden, wahrscheinlich nachdem die Daten eines anderen Prozesses ausgelagert wurden.

Die angesprochenen Punkte lassen sich durch die Verwendung von *virtueller Speicherverwaltung* auflösen. Dabei wird jedem Prozess ein nur *scheinbar zusammenhängender* Speicherbereich zur Verfügung gestellt, der *virtuelle Speicher*. Der virtuelle Speicher wird über *virtuelle Adressen* angesprochen, die bei Adresse „0" beginnen. Tatsächlich besteht der virtuelle Speicher aus Blöcken gleicher Größe, den sogenannten *virtuellen Pages*. Diese virtuellen Pages werden auf Blöcke im Hauptspeicher gleicher Größe abgebildet. Wie schon bei der realen Speicherverwaltung kann Swapping eingesetzt werden, in diesem Fall für einzelne Pages, nicht für den gesamten Hauptspeicher-Inhalt des Prozesses. Das ist in Abb. 6.6 veranschaulicht.

Beim Zugriff auf eine virtuelle Speicheradresse durch einen Prozess muss diese Adresse in eine physikalische Adresse umgewandelt werden. Das geschieht anhand der *Page Table*, die das Betriebssystem für jeden Prozess erstellt und aktualisiert. Da die Page Table virtuelle Pages („Seiten") auf physikalische Pages gleicher Größe („Kacheln") abbildet, gibt es einen Teil der Adresse, der sogenannte *Offset*, der die Position der Daten innerhalb der Page angibt. Dieser Offset bleibt einfach erhalten, da die Position innerhalb der Page dieselbe für die virtuelle wie für die physikalische Page ist. Abhängig von der Größe der Pages besteht das Offset aus m Bits. Für eine Page-Größe von 1 MB werden beispielsweise 20 Bits als Offset benötigt. Der Rest der Adresse, die *Seitennummer*, muss dann anhand der Page Table in die *Basis-Adresse* umgesetzt werden, um die Adresse im

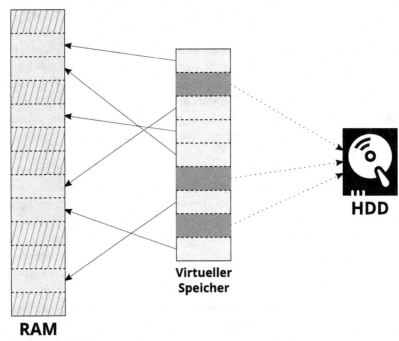

Abb. 6.6 Virtuelle Speicherverwaltung

physikalischen Speicher zu erhalten. Da die Seitennummer aus n Bits besteht, kann die Page Table maximal 2^n Einträge enthalten. Bei einem 32 Bit Adress-Bus und einem Offset von 20 Bit sind das also 12 Bits, dementsprechend kann die Page Table 4096 Einträge enthalten. Das Prinzip ist in Abb. 6.7 dargestellt.

Beispiel (Page Table)

Die Länge einer Adresse sei 16 Bit, aufgeteilt in je 8 Bit für Offset und Seitennummer. Es sei außerdem folgende Seitentabelle gegeben:

Eintrag	Gültig	Basis-Adresse
00	Nein	–
01	Ja	0x17
02	Ja	0x20
03	Ja	0x08
04	Nein	–
05	Ja	0x10

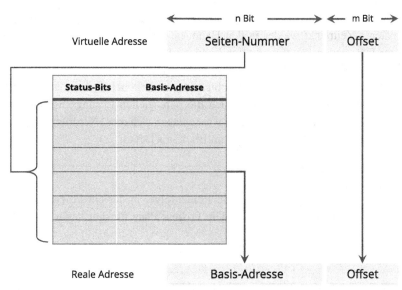

Abb. 6.7 Page Table: schematische Darstellung

Dann können virtuelle Adressen anhand dieser Page Table wie folgt umgesetzt werden:

virtuelle Adresse	physikalische Adresse
0x01FF	0x17FF (Seite 1, Basis-Adresse 0x17)
0x1005	0x1005 (Seite 5, Basis-Adresse 0x10)
0x043A	ungültig (Seite 4 ungültig)

◄

Im Beispiel wird ersichtlich, dass nicht zwangsläufig jede virtuelle Adresse anhand der Page Table umgesetzt werden kann. Das dritte Beispiel führt zu dem Ergebnis „ungültig". Das bedeutet, dass die zugeordnete physikalische Page nicht im RAM liegt, sondern auf den Hintergrundspeicher ausgelagert wurde. In diesem Fall muss die physikalische Page in den RAM geladen und die Page Table aktualisiert werden, damit die virtuelle Adresse korrekt umgesetzt werden kann. Das Vorgehen, aktuell unbenutzte Pages aus dem Hauptspeicher auf den Hintergrundspeicher auszulagern, wird auch als *Paging on Demand* bezeichnet. Das Ziel dabei ist, Arbeitsspeicher für andere Prozesse freizugeben. Dabei kann ein Prozess entweder Platz für eine bestimmte Anzahl von physikalischen Pages zugewiesen bekommen, die sich im Laufe der Prozessabarbeitung nicht ändert, oder es wird dynamisch anhand der aktuellen Speicherauslastung entschieden, wieviel

Platz ein Prozess belegen darf. Wie bereits angesprochen, bedeutet das, dass Pages zu einem späteren Zeitpunkt wieder in den Hauptspeicher geladen werden müssen. Dabei muss unter Umständen Platz geschaffen werden, d. h., eine andere Page muss aus dem Hauptspeicher verdrängt werden. Es gibt mehrere Möglichkeiten, zu bestimmen, welche Page verdrängt wird. Eine ähnliche Problematik ist schon bei den Caches in Kap. 3 aufgetaucht; daher unterscheiden sich auch die potenziellen Lösungsansätze nicht sehr voneinander: FIFO, LRU und LFU. Aber wie schlagen sich diese Verdrängungsstrategien eigentlich im Einzelnen? Hier lohnt sich ein Blick in's Detail:

Beispiel (Ersetzungsstrategien)

Es sei $1, 2, 3, 4, 1, 2, 5, 1, 2, 3, 4, 5$ die Reihenfolge, in der ein Prozess seine physikalischen Pages benötigt. Dabei soll dem Prozess Platz für drei Pages zur Verfügung stehen.

FIFO

Referenzfolge		1	2	3	4	1	2	5	1	2	3	4	5
Arbeitsspeicher	Page 1	1	1	1	4	4	4	5	5	5	5	5	5
	Page 2		2	2	2	1	1	1	1	1	3	3	3
	Page 3			3	3	3	2	2	2	2	2	4	4
Kontrollzustand	Page 1	0	1	2	0	1	2	0	1	2	3	4	5
	Page 2	-	0	1	2	0	1	2	3	4	0	1	2
	Page 3	-	-	0	1	2	0	1	2	3	4	0	1

Das Einlagern der ersten drei Pages ist unproblematisch, da hier jeweils noch Platz frei ist. Aber danach, bei der Einlagerung von Page 4, muss die Entscheidung getroffen werden, welche Page ausgelagert wird, um Platz zu schaffen. Beim FIFO-Verfahren ist das ganz einfach, denn es wird einfach diejenige Page ausgelagert, welche sich schon am längsten im Hauptspeicher befindet. Dazu muss in der Page Table festgehalten werden, wann welche Page in den Hauptspeicher geladen wurde. Das ist in der Tabelle durch den *Kontrollzustand* dargestellt. In dieser vereinfachten Form wird lediglich gespeichert, seit wievielen Ladevorgängen eine Page im Hauptspeicher ist. Insgesamt werden **9** Einlagerungen bzw. Ersetzungen vorgenommen.

LRU

Referenzfolge		1	2	3	4	1	2	5	1	2	3	4	5
Arbeitsspeicher	Page 1	1	1	1	4	4	4	5	5	5	3	3	3
	Page 2		2	2	2	1	1	1	1	1	1	4	4
	Page 3			3	3	3	2	2	2	2	2	2	5
Kontrollzustand	Page 1	0	1	2	0	1	2	0	1	2	0	1	2
	Page 2	-	0	1	2	0	1	2	0	1	2	0	1
	Page 3	-	-	0	1	2	0	1	2	0	1	2	0

Auch hier ist das Einlagern der ersten drei Pages unproblematisch. Danach muss erneut eine Entscheidung getroffen werden, welche Page ausgelagert wird. Bei LRU ist der Kontrollzustand anders angelegt als bei FIFO. Hier wird mitgehalten, wieviele Ladevorgänge seit der letzten Benutzung einer Page vorgenommen wurden. Daher wird, im Gegensatz zu FIFO, der Kontrollzustand bei der Verwendung einer Page wieder auf „0" gesetzt. LRU ist – in der Theorie – besser als FIFO, da es das dynamische Nutzungsverhalten des Prozesses zu berücksichtigen versucht. Im vorliegenden Beispiel klappt das allerdings schon nicht, da hier insgesamt **10** Einlagerungen bzw. Ersetzungen vorgenommen wurden.

LFU

Referenzfolge		1	2	3	4	1	2	5	1	2	3	4	5
Arbeitsspeicher	Page 1	1	1	1	4	4	4	5	5	5	3	4	5
	Page 2		2	2	2	1	1	1	1	1	1	1	1
	Page 3			3	3	3	2	2	2	2	2	2	2
Kontrollzustand	Page 1	1	1	1	1	1	1	1	1	1	1	1	1
	Page 2	-	1	1	1	1	1	1	2	2	2	2	2
	Page 3	-	-	1	1	1	1	1	1	2	2	2	2

Auch das Verhalten von LFU ist in diesem Beispiel schlechter als das FIFO-Verfahren. Ähnlich wie das LRU-Verfahren benötigt LFU insgesamt **10** Einlagerungen bzw. Ersetzungen. Das illustriert noch einmal, dass die Berücksichtigung des dynamischen

Verhaltens eines Prozesses zwar im Mittel die Effizienz steigert, dass es im Einzelfall aber nicht so sein muss. ◄

Wird eine ungünstige Ersetzungsstrategie gewählt, oder entsteht eine Situation, in der die gewählte Strategie – wie hier im Beispiel – nicht gut funktioniert, kommt es zu sogenanntem *Page Flattering*. Dabei verbringt der Prozess viel Zeit mit dem Ein- und Auslagern von Pages, und es bleibt wenig Zeit für die Ausführung des Prozesses übrig. Abhängig von der Ursache kann Code-Optimierung oder die Wahl einer anderen Ersetzungsstrategie das Problem beheben. Was eigentlich immer hilft, ist die Vergrößerung des zur Verfügung stehenden Speichers. Das kann z. B. durch *globale* Ersetzung realisiert werden. Dabei wird die Größe des einem Prozess zur Verfügung stehenden Speichers dynamisch variiert, sodass ein Prozess auch Pages eines anderen Prozesses ersetzen kann, sofern diese nicht benötigt werden.

Virtuelle Speicherverwaltung sorgt implizit auch dafür, dass Prozesse nicht gegenseitig auf ihre Speicherbereiche zugreifen können. Versucht ein Prozess auf eine Adresse zuzugreifen, die nicht zu seinem virtuellen Adressbereich gehört, kann diese Adresse nicht anhand der Page Table umgesetzt werden. Das führt zu einem *Segmentation Fault*.

Nerd Alert:
Ja, ja, natürlich können Prozesse auf den Speicher anderer Prozesse zugreifen. Sonst wären beispielsweise Debugger nicht möglich. Aber hier geht es darum, dass Prozesse nicht *einfach so* auf den Speicher anderer Prozesse zugreifen können. Um tatsächlich auf den Speicher anderer Prozesse zugreifen zu können, muss ein Prozess mit speziellen Rechten gestartet werden. Das wiederum passiert nicht zufällig, was die ungewollte Modifikation von Daten oder Programmbefehlen eines Prozesses zur Laufzeit bis zu einem gewissen Grad verhindert.

6.3   Dateisystemverwaltung

Die dritte Kernaufgabe des Betriebssystems ist die Verwaltung des Dateisystems. Dazu muss zunächst ein standardisiertes Format für einen Datenträger bekannt sein, auf dessen Basis einzelne Dateisysteme aufgesetzt werden können. Dieses sind – sofern ein BIOS verwendet wird – der **MBR** (*Master Boot Record*) oder die **GPT** (*GUID Partition Table*), wenn UEFI benutzt wird. Beide liegen direkt am Anfang des Datenträgers. Der MBR besteht aus insgesamt 512 Byte, die sich auf 446 Byte für einen (optionalen) Bootloader, 64 Byte für die Partitionstabelle und 2 Byte für eine *Magic Number* (0xAA55) aufteilen. Die Magic Number dient dazu, einen gültigen MBR zu identifizieren. In der Partitionstabelle können maximal vier Partitionen definiert werden, d. h., die Festplatte kann in maximal vier logische Einheiten aufgeteilt werden. Mit der Einführung von UEFI wurden auch die Limitierungen des MBR aufgehoben und die GPT als Nachfolger definiert. Die GPT beinhaltet zu Beginn aus Kompatibilitätsgründen einen MBR, sodass ein hybrider Betrieb möglich ist. In der GPT können bis zu 128 Partitionen abgelegt werden. Zur Absicherung der GPT wird eine exakte Kopie der GPT am Ende des Datenträgers abgelegt. Im MBR oder der GPT können, wie bereits erwähnt, Partitionen definiert werden. Jede Partition kann ein eigenes Dateisystem haben. Aber was ist ein Dateisystem eigentlich?

Ein Dateisystem ist im Prinzip eine Ablageorganisation für Daten auf einem Datenträger des Computers, z. B. der Festplatte. Das Dateisystem muss sicherstellen, dass Dateien lesend und schreibend geöffnet und auch wieder geschlossen werden können. Das bedeutet, dass Dateinamen auf physikalische Adressen auf dem Datenträger abgebildet werden müssen. Spezielle Eigenschaften des Datenträgers (Festplatte, USB-Stick, ...) müssen berücksichtigt werden. Das bedeutet auch, dass manche Dateisysteme andere Dinge leisten können als andere. Generell bieten aber alle (modernen) Dateisysteme folgende Attribute:

- Dateiname
- Ablageort (*Ordner* bzw *Verzeichnis*)
- Dateigröße
- Zugriffsrechte[5]

Grundsätzlich lassen sich drei verschiedene Arten von Dateisystemen unterscheiden:

- lineare Dateisysteme
- hierarchische Dateisysteme
- Netzwerk-Dateisysteme

Bei *linearen Dateisystemen* werden Daten direkt hintereinander auf den Datenträger geschrieben. Das bedeutet, dass wahlfreier Zugriff nicht möglich ist. Daher finden diese Dateisysteme heutzutage nur noch Anwendung in Bereichen, in denen es nicht primär auf Geschwindigkeit ankommt. Beispielsweise verwenden viele Backup-Systeme Magnetbänder zur langfristigen Speicherung von Daten. Bei einer Wiederherstellung muss dann zunächst das korrekte Magnetband sowie die richtige Stelle auf diesem Band gefunden werden, bevor die Daten ausgelesen werden können. Da eine Datenwiederherstellung aber keine alltägliche Anwendung ist,[6] ist die höhere Zugriffszeit, vor allem vor dem Hintergrund der anfallenden Kosten, vertretbar.

Im Gegensatz dazu werden Daten auf *hierarchischen Dateisystemen* in einer Verzeichnisstruktur abgelegt. Diese Art von Dateisystem ist die wohl verbreiteste auf modernen

---

[5] Deswegen das eingeklammerte „moderne".

[6] Sein sollte ...

Computern und kann auf Festplatten, SSDs, USB-Sticks, SD-Karten und sonstigen herkömmlichen Datenträgern verwendet werden.

Neben diesen Arten von Dateisystemen, die für die Verwendung auf lokalen Medien konzipiert sind, gibt es auch noch *Netzwerk-Dateisysteme*. Dabei wird entfernter Speicher auf einem Server wie ein lokales Medium behandelt. Das Betriebssystem muss dann die Zugriffe auf Dateien in Netzwerkkommunikation umwandeln. Auch diese Art von Dateisystem ist heutzutage oftmals in Verwendung. Für den Nutzer eines Betriebsystems stellt sich der Netzwerkspeicher allerdings in der Regel wie ein hierarchisches Dateisystem dar, weswegen im Folgenden die hierarchischen Dateisysteme näher beleuchtet werden.

Ausgehend von einem *Wurzelverzeichnis* werden Verzeichnisse und Dateien hierarchisch organisiert. Das kann auf einem Linux-System wie in Abb. 6.8 dargestellt aussehen.

Allerdings ist die Organisation bzw. die Darstellung der Daten nicht einmal die Hauptaufgabe eines Dateisystems. Vielmehr sind Sicherheitsaspekte im Vordergrund, welche die Konsistenz und persistente Speicherung der Daten gewährleisten. Dabei stehen zwei Aspekte im Vordergrund:

- paralleler Zugriff im Multi-Tasking
- Datensicherheit bei Stromausfall während einer Schreiboperation

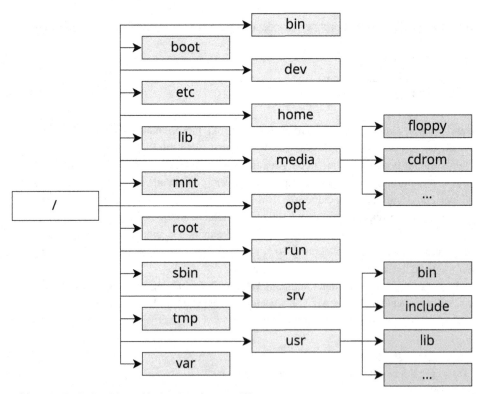

Abb. 6.8 Typisches hierarchisches Dateisystem [2]

In beiden Fällen muss sichergestellt werden, dass die Daten nicht verloren gehen und auch deren Integrität gewährleistet ist. Hinsichtlich des parallelen Zugriffs ist die Verwendung von *Locks* gängige Praxis. Sobald eine Datei lesend oder schreibend geöffnet wurde, wird ein Lock erstellt, der verhindert, dass ein weiterer Prozess die Datei öffnen kann. So wird verhindert, dass mehrere Prozesse parallel eine Datei modifizieren, was im schlimmsten Fall zu Chaos führt. Das setzt aber ein laufendes System voraus! Was passiert aber, wenn der Strom während einer Schreiboperation ausfällt? Darauf kann nicht reagiert werden, da der Computer dann schlicht nichts mehr tun kann. An dieser Stelle muss proaktiv gehandelt werden, z. B. durch die Verwendung von *Journaling*-Dateisystemen.

Bei einem Journaling-Dateisystem werden alle Aktionen auf der Festplatte protokolliert und erst als gültig aufgefasst, nachdem das Beenden der Aktion auf dem Dateisystem im *Journal* (Protokoll) vermerkt wurde. Dabei wird zwischen *Metadaten-* und *Full-Journaling* unterschieden. Beim Metadatenjournaling wird die Konsistenz des Dateisystems gewährleistet, beim Full-Journaling zusätzlich auch die Konsistenz der Dateiinhalte.[7] Die Idee bei Journaling ist, dass Änderungen am Dateisystem zunächst nur im Journal protokolliert werden. Erst, wenn die Änderung erfolgreich durchgeführt wurde, wird der entsprechende Eintrag im Journal als abgeschlossen markiert. Fällt während der Operation auf dem Dateisystem der Strom aus, hat das Journal beim nächsten Boot des Computers einen inkonsistenten Zustand, d. h., es existieren Einträge im Journal, die noch nicht als abgeschlossen markiert wurden. Daher können die noch ausstehenden Veränderungen des Dateisystems anhand des Journals zu Ende geführt werden. Im einfachsten Fall ist die Änderung noch nicht einmal begonnen worden und kann einfach erneut durchgeführt werden. Ist die Änderung durch einen Stromausfall nur in Teilen vollzogen worden, kann anhand des Journals konkret auf den Soll-Zustand geschlossen und wieder ein konsistenter Zustand hergestellt werden.

Beispiel (Journaling-Dateisystem)

Eine Datei soll in ein anderes Verzeichnis verschoben werden. Das geschieht in zwei Schritten:

1. Füge den Eintrag der Datei dem Zielverzeichnis hinzu
2. Entferne den Eintrag der Datei aus dem Quellverzeichnis

Beide Schritte werde zunächst nur im Journal vermerkt und nicht direkt ausgeführt. Sobald ein Schritt auf dem Dateisystem vollständig korrekt vorgenommen wurde, wird der zugehörige Eintrag im Journal als erledigt markiert. Stürzt das System, z. B. durch einen Stromausfall, während einer Änderung am Dateisystem ab, können die Änderungen aus dem Journal nachverfolgt und komplettiert werden. Eventuell vor dem

---

[7] Falls die Anmerkung hilft: Ein Journaling-Dateisystem arbeitet ähnlich wie die Transaktionskontrolle eines Datenbankmanagementsystems.

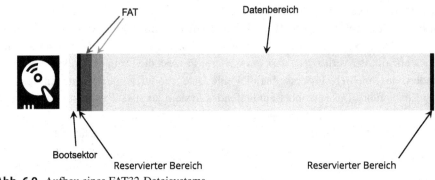

Abb. 6.9 Aufbau eines FAT32-Dateisystems

Absturz schon vorgenommene, aber nicht bestätigte Änderungen werden dabei einfach überschrieben. ◄

FAT32 [3] ist ein schon relativ altes, aber dennoch noch weit verbreitetes Dateisystem, da so ziemlich jeder Rechner damit umgehen kann. Daher erfreut es sich beispielsweise bei USB-Sticks, die potenziell an vielen verschiedenen Rechnern eingesetzt werden, immer noch großer Beliebtheit. Der Aufbau von FAT32 ist in Abb. 6.9 dargestellt.

Der Bootsektor beinhaltet den MBR. Der reservierte Bereich zu Beginn und am Ende des Datenträgers bzw. der Partition kann beispielsweise einen Bootmanager oder betriebssystemspezifische Erweiterungen beinhalten. Die namensgebende **FAT** (*File Allocation Table*) selbst beinhaltet Informationen über das Filesystem. Dabei werden Informationen über die einzelnen *Cluster* des Dateisystems gespeichert, d. h. ob ein Cluster frei, defekt oder belegt ist. Ein Cluster einer Datei zeigt immer auf den nächsten Cluster einer Datei, sofern die Datei größer ist als ein Cluster. Ist ein Cluster der letzte Cluster einer Datei wird dies durch einen speziellen Inhalt (*0xFFFFFFF8h*) gekennzeichnet. Allerdings ist auf diese Weise nicht klar wo eine Datei *beginnt*. Dazu benötigt es noch das *Hauptverzeichnis*. Bei FAT32 beinhaltet der Bootsektor die Position des Hauptverzeichnisses auf der Festplatte, das im Datenbereich liegt. Im Hauptverzeichnis sind zu jeder Datei folgende Informationen abgelegt:

- Dateiname
- Dateierweiterung
- sonstige Attribute
- Uhrzeit letzter Schreibzugriff
- Datum letzter Schreibzugriff
- Nummer des ersten Clusters

Im Hauptverzeichnis werden Unterordner wiederum als Verzeichnisse gespeichert, auf die das Hauptverzeichnis zeigt, usw. Alle Verzeichnisse sind im Prinzip auch nur Dateien auf dem Dateisystem. Dass es sich nicht um normale Dateien handelt, wird über die sonstigen Attribute dargestellt. FAT32 bietet *keine Unterstützung* für Datei-Zugriffsrechte,

weswegen der Einsatz auf USB-Sticks und ähnlichen Speichermedien, die beim Besitzer
verbleiben können, gerechtfertigt ist, andere Einsatzszenarien jedoch keine Relevanz
(mehr) haben.

Abb. 6.10 zeigt den Aufbauf eines NTFS-Dateisystems. Der Bootsektor eines NTFS-
Dateisystems [4] beinhaltet wiederum den MBR. Danach folgt die **MFT** (*Master File
Table*), die die Verzeichnisstruktur sowie Metadaten zu den Dateien im Datenbereich
beinhaltet. Zu den Metadaten gehören über die bereits bei FAT32 vorhandenen Attribute
hinaus auch Zugriffsrechte und Dateityp. Ist eine Datei allerdings so klein, dass sie in
die MFT passt, wird sie direkt dort abgelegt. Da NTFS explizit für die Verwendung in
Windows-Systemen entwickelt wurde, enthält es einen speziellen Bereich für Windows-
Systemdateien.[8]

Auf Linux-Systemen werden andere Dateisysteme eingesetzt als unter Windows. Eine
bekannte Familie von Dateisystemen sind die *Extended File Systems*. Abb. 6.11 zeigt den
schematischen Aufbau von ext2 [6]. Grundsätzlich basiert ext2 auf sogenannten *Inodes*,

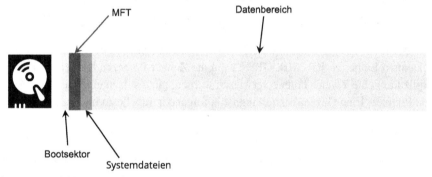

Abb. 6.10 Aufbau eines NTFS-Dateisystems

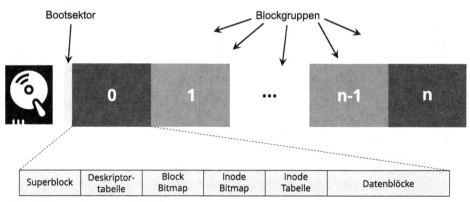

Abb. 6.11 Aufbau eines EXT2-Dateisystems

---

[8] Seit 2012 ist das Standard-Dateisystem auf Windows-Systemen **ReFS** (*Resilient File System*) [5].

die jede Datei und jedes Verzeichnis auf dem Dateisystem beschreiben. Das gesamte Dateisystem ist in *Blockgruppen* aufgeteilt, was Fragmentierung verhindern soll.[9] Diese Aufteilung ist im *Superblock* gespeichert. Da das Dateisystem ohne den Superblock praktisch zerstört ist, enthalten einige Blockgruppen eine Kopie des Superblocks. Metadaten zu jeder Blockgruppe werden in der *Deskriptor-Tabelle* der jeweiligen Blockgruppe abgelegt. Die folgenden beiden Elemente beinhalten *Bitmaps*, welche die Block- und Inode-Zuordnung innerhalb der Blockgruppe angeben. Die folgende Inode-Tabelle beinhaltet die Informationen über Dateien und Verzeichnisse innerhalb der Blockgruppe. Anschließend folgen die Datenblöcke, welche die tatsächlichen Informationen speichern. In jedem Inode sind mehrere Zeiger auf Datenblocks bzw. auf einen anderen Inode abgelegt, sofern ein Inode nicht ausreicht, um alle Datenblöcke zu beschreiben. Später erweiterte ext3 [7] den Vorgänger ext2 um Journaling, und ext4 hob einige Beschränkungen von ext3 auf, beispielsweise mögliche Dateigrößen und die Größe des gesamten Dateisystems.

Exkurs: Binäre und dezimale Maßeinheiten

Mitunter ist tatsächlich nicht ganz klar, was mit **1 KB** gemeint ist: 10^3 Byte oder 2^{10} Byte? Dasselbe gilt analog für MB, GB, … Daher wurde in der ISO-Norm *ISO 80000-1:2009* [8] bzw. in deren Vorgängern klar definiert, dass es sich bei den bekannten Einheiten KB, MB, GB, … um die Zehner-Potenzen handeln soll. Soll explizit auf eine Zweier-Potenz verwiesen werden, gibt es dazu einen anderen Satz von Präfixen. Eine Gegenüberstellung ist in folgender Tabelle zu finden:

Name	Faktor	Präfix	Symbol	Herkunft	Pendant
Kibibyte	2^{10}	kibi	Ki	kilobinary	Kilobyte (10^3 Byte)
Mebibyte	2^{20}	mebi	Mi	megabinary	Megabyte (10^6 Byte)
Gibibyte	2^{30}	gibi	Gi	gigabinary	Gigabyte (10^9 Byte)
Tebibyte	2^{40}	tebi	Ti	terabinary	Terabyte (10^{12} Byte)
Pebiyyte	2^{50}	pebi	Pi	petabinary	Petabyte (10^{15} Byte)
Exbibyte	2^{60}	exbi	Ei	exabinary	Exabyte (10^{18} Byte)

Abschließend noch ein kurzer Vergleich zwischen dem aktuellen Windows-Dateisystem (ReFS) und einem der aktuellsten Linux-Dateisysteme (ext4),[10] um die Leistungsfähigkeit moderner Dateisysteme zu unterstreichen:

---

[9] Ja, Dateisysteme können genau wie der Hauptspeicher fragmentieren!

[10] Es gibt einfach nicht DAS Linux-Dateisystem …

	ReFS	ext4
max. Größe einer Datei	16 EiB - 1 Byte	Größe des Dateisystems
max. Anzahl aller Dateien	2^{64}	∞
max. Länge des Dateinamens	255 Unicodezeichen	255 Bytes
max. Größe des Dateisystems	4 ZiB	1 EiB

Übungsaufgaben

6.1 Scheduling Gegeben sei die folgende Liste von Jobs mit den jeweils angegebenen Ausführungszeiten. Gehen Sie davon aus, dass alle Jobs gleichzeitig als sortierte Liste in das Batch-System eingegeben werden. Berechnen Sie die mittlere Verweildauer für den Scheduling-Algorithmus „Shortest Job First" sowie für FIFO.

- Job A: 15 min
- Job B: 3 min
- Job C: 26 min
- Job D: 2 min
- Job E: 9 min

6.2 Virtuelle Speicherverwaltung Sei **1, 2, 3, 4, 1, 5, 1, 2, 3, 4, 1, 2** eine Referenzfolge; es stehen *drei* Pages zur Verfügung. Geben Sie die Einlagerungen und Zwischenzustände für die LRU- und das FIFO-Verfahren an.

Literatur

1. Kleinrock, L., Muntz, R.R.: Multilevel processor-sharing queueing models for time-shared systems. In: Proceedings of Sixth Internat. Teletraffic Congress, Munich
2. LSB Workgroup: Filesystem Hierarchy Standard 3.0. http://refspecs.linuxfoundation.org/fhs.shtml (2015). Zugegriffen am 06.05.2022
3. Microsoft: Microsoft Extensible Firmware Initiative FAT32 File System Specification. http://msdn.microsoft.com/en-us/windows/hardware/gg463080.aspx (2011). Zugegriffen am 06.05.2022
4. Microsoft: NTFS overview. https://docs.microsoft.com/en-us/windows-server/storage/file-server/ntfs-overview (2019). Zugegriffen am 06.05.2022
5. Microsoft: Resilient File System (ReFS) overview. https://docs.microsoft.com/en-us/windows-server/storage/refs/refs-overview (2019). Zugegriffen am 06.05.2022
6. Card, R., Ts'o, T., Tweedie, S.: Design and implementation of the second extended filesystem. In: Proceedings of the First Dutch International Symposium on Linux, Amsterdam, Niederlande (1995). ISBN 90-367-0385-9

7. Tweedie, S.: Journaling the Linux ext2fs Filesystem. In: LinuxExpo'98: Proceedings of the 4th Annual Linux Expo, Atlanta, Georgia, USA (1998)
8. ISO: ISO 80000-1:2009(en) Quantities and units – Part 1: General. https://www.iso.org/obp/ui# iso:std:iso:80000:-1:ed-1:v1:en. Zugegriffen am 06.05.2022

Multi-Threading 7

Im Bereich der Desktop-Computer sind die Shared-Memory-Architekturen, die sich per *Multi-Threading* nutzen lassen, am häufigsten vorhanden. An dieser Stelle soll ein kurzer Einblick in die Thematik gegeben werden. Dazu wird bei Code-Beispielen die Programmiersprache Java verwendet.[1]

7.1   Prozesse und Threads

Um verstehen zu können, wie Multi-Threading funktioniert, muss zunächst der Begriff *Prozess* definiert werden:[2]

▶ **Definition (Prozess)** Ein Prozess ist die Abstraktion eines in Ausführung befindlichen Programms mit folgenden Eigenschaften:

- Prozesse haben einen eigenen Adressraum im RAM
- Prozesse haben einen Prozesskontext, der u. A. Registerwerte beinhaltet

Jeder Prozess hat mindestens einen *Thread*, er kann aber auch mehrere Threads haben. Diese Threads können parallel verschiedene Stränge des Programms ausführen. Dabei teilen sich alle Threads den Adressraum des zugehörigen Prozesses. Jeder Prozess startet mit einem Thread; weitere Threads müssen während des Programmverlaufs gestartet werden. Das funktioniert in Java wie folgt:

---

[1] Alle Beispielprogramme sind unter https://buch.bastian-kueppers.de/multithreading.zip verfügbar.

[2] Der Prozess taucht auch im Kap. 6 auf.

© Springer Fachmedien Wiesbaden GmbH, ein Teil von Springer Nature 2022   127
B. Küppers, *Einführung in die Informatik*, Studienbücher Informatik,
https://doi.org/10.1007/978-3-658-37838-7_7

Beispiel (Threads starten)

```java
public class StartingThreads {

    static final int numThreads = 5;

    public static void main(String[] args) {

        /* Create and start several threads;
            outputs are parallel. */
        for(int i = 0; i < numThreads; i++) {
            new Thread(StartingThreads::run).start();
        }
    }

    public static void run() {
        /* Threads needs something to do... */
        for (int i = 0; i < 10_000_000; i++) {
            Math.sqrt(i);
        }

        System.out.println("Output from thread "
            + Thread.currentThread().getId());
    }
}
```

Der Code produziert folgende Ausgabe:

```
$ Java StartingThreads
Output from thread 15
Output from thread 16
Output from thread 13
Output from thread 14
Output from thread 17

$ Java StartingThreads
Output from thread 15
Output from thread 16
Output from thread 13
Output from thread 14
Output from thread 17
```

◄

Mit der Anweisung new Thread(StartingThreads::run) wird ein neues Thread-Objekt erzeugt und der auszuführende Code per Methodenreferenz übergeben. Das wird in einer Schleife ausgeführt, sodass insgesamt fünf Threads gestartet werden. Bei genauem Hinsehen fällt auf, dass die Reihenfolge der Ausgabe in beiden Fällen unterschiedlich ist. Das deutet schon darauf hin, dass die Abarbeitungsreihenfolge der Threads nicht klar definiert ist. Apropos: Das ist eine gute Gelegenheit über Fehlermöglichkeiten bei Multi-Threading zu sprechen!

Grundsätzlich können alle Fehler serieller Programmierung weiterhin auftreten, zusätzlich aber noch *Race Conditions* und *Deadlocks*. Zunächst zu den Deadlocks: Ein Deadlock tritt auf, wenn Threads sich gegenseitig blockieren. Beispielsweise hat Thread *A* eine Ressource blockiert, die Thread *B* braucht. Thread *B* hat aber seinerseits eine Ressource blockiert, die Thread *A* benötigt. Wenn beide Threads nun darauf warten, dass der jeweils andere Thread die Ressource freigibt, dann warten beide Threads endlos. Genau genommen kann dieses Problem auch mit Prozessen auftreten. Race Conditions sind allerdings auf Threads beschränkt, da sie einen gemeinsamen Speicher „brauchen", um aufzutreten. Demnach können Race Conditions auftreten, wenn zwei oder mehr Threads auf dieselbe Speicheradresse zugreifen und mindestens ein Thread schreibend zugreift. Dazu ein Code-Beispiel:

Beispiel (Race Condition I)

Angenommen, es wird folgender Code ausgeführt:

```
1  public class RaceCondition {

3      static int x;
       static final int numRuns = 5;
5
       public static void do() {
7          for (int i = 0; i < 10_000_000; i++) {
               Math.sqrt(i);
9          }
       }
11
       public static void main(String[] args)
13         throws Exception { // dirty, don't do that!

15         Thread t1, t2;

17         for (int i = 0; i < numRuns; i++) {
               /* (re)set value of x */
19             RaceCondition.x = 4;
```

```
21          /* create two threads */
            t1 = new Thread(RaceCondition::runRead);
23          t2 = new Thread(RaceCondition::runWrite);

25          /* start the threads */
            t1.start();
27          t2.start();

29          /* wait for the threads' end */
            t1.join();
31          t2.join();
        }
33     }

35     public static void runWrite() {
           /* Thread needs something to do */
37         do();

39         RaceCondition.x = 5;
       }
41
       public static void runRead() {
43         /* Thread needs something to do */
           do();
45
           System.out.println(RaceCondition.x);
47     }
   }
```

Der Code produziert folgende Ausgabe:

```
$ Java RaceCondition
4
5
4
5
4
```

Im Code wird eine statische Variable von einem Thread geschrieben und einem anderen Thread ausgegeben. Dieser Mechanismus wird fünfmal in einer Schleife ausgeführt. Damit das korrekt funktioniert, muss am Ende jeder Schleife darauf gewartet werden, dass beide Threads beendet wurden. Dies geschieht mit der join-Methode des Thread-Objekts.

Wie im Beispiel ersichtlich wird, führen Race Conditions zu *nicht-deterministischem* Programmverhalten. Abhängig von der Ausführungsreihenfolge der Threads wird entweder 4 oder 5 ausgegeben. Um Race Conditions zu vermeiden, ist es gegebenenfalls nötig Threads zu *synchronisieren*. Das bedeutet, dass die Abarbeitungsreihenfolge der Threads aktiv beeinflusst wird. Dazu gibt es unterschiedliche Möglichkeiten. Eine einfache Möglichkeit, welche die Struktur des Programms nicht bedeutend beeinflusst, sind *Atomare Datentypen*. Auf diesen Datentypen können nur *atomare Operationen* durchgeführt werden, die ununterbrechbar sind. Das bedeutet, dass eine Operation auf dem Datentyp entweder vollständig ausgeführt wurde oder gar nicht. Die Operation kann also nicht „in der Mitte" unterbrochen werden. Aber warum ist das wichtig? Das Unterbrechen einer Operation führt ja nicht dazu, dass Befehle weggelassen werden. Das Ergebnis sollte also dasselbe sein, oder? Nein, leider nicht! Folgendes Beispiel verdeutlicht das:

Beispiel (Race Condition II)

```java
public class RaceCondition2 {

    static int x = 0;

    public static void main(String[] args)
        throws Exception { // dirty, don't do that!

        Thread t1, t2;

        /* create two threads */
        t1 = new Thread(RaceCondition2::runWrite);
        t2 = new Thread(RaceCondition2::runWrite);

        /* start the threads */
        t1.start();
        t2.start();

        /* wait for the threads' end */
        t1.join();
        t2.join();

        /* print value of x */
        System.out.println(x);
    }

    public static void runWrite() {
        /* increment x in a loop */
```

```
      for (int i = 0; i < 10_000_000; i++) {
29        x++;
      }

31    }
   }
```

Der Code produziert folgende Ausgabe:

```
$ Java RaceCondition2
10049001
$ Java RaceCondition2
10748006
$ Java RaceCondition2
10414614
```

In diesem Beispiel werden zwei Threads gestartet, die jeweils dieselbe statische Variable x 10.000.000-mal inkrementieren. Dabei tritt ein sogenanntes *Lost Update* als Folge einer Race Condition auf. Daher ist die Ausgabe bei jeder Ausführung des Programms unterschiedlich. Aber was bedeutet das im Detail? Die Operation x++; beinhaltet im Prinzip drei Teilschritte:

1. Wert von x lesen
2. Wert von x inkrementieren
3. Neuen Wert von x in den Speicher zurückschreiben

Wird der Thread nach dem Lesen des Wertes von x unterbrochen,[3] und darf der zweite Thread weiterarbeiten, kann es vorkommen, dass der zweite Thread ebenfalls den Wert von x aus dem Speicher liest. In diesem Moment haben zwei Threads denselben Wert von x aus dem Speicher gelesen und verarbeiten diesen weiter. Damit ist aber ein „+1" verloren gegangen. Das passiert allerdings nicht nur einmal, sondern ziemlich häufig, was an den Werten der Ausgabe erkennbar ist. Das korrekte Ergebnis wäre 20.000.000, oft kommt aber nur ein wenig mehr als die Hälfte als Ergebnis heraus. Was ist also zu tun?

7.2   Synchronisierung

Um Race Conditions, z. B. in Form von Lost Updates, zu verhindern müssen die Threads *synchronisiert* werden. Das kann auf mehrere Arten geschehen. Beispielsweise mit atomaren Datentypen. Diese implementieren *atomare Operationen*, d. h. Operationen auf

---

[3] Vom Scheduler ... kommt noch! Kap. 6!

den gespeicherten Werten, die nicht unterbrochen werden können. Atomare Datentypen
werden wie folgt verwendet:

```java
import java.util.concurrent.atomic.AtomicInteger;

public class AtomicDatatype {

    static AtomicInteger x = new AtomicInteger(0);

    public static void main(String[] args)
        throws Exception { // dirty, don't do that!

        [...] // same as in previous examples!

        /* print value of x */
        System.out.println(x.get());
    }

    public static void runWrite() {
        /* Increment x in a loop */
        for (int i = 0; i < 10_000_000; i++) {
            x.incrementAndGet();
        }
    }
}
```

Der Code produziert folgende Ausgabe:
```
$ Java AtomicDatatype
2000000
$ Java AtomicDatatype
2000000
$ Java AtomicDatatype
2000000
```

Objekte vom Typ *AtomicInteger* stellen die Methoden incrementAndGet und
get zur Verfügung. Diese müssen zur Interaktion mit dem Objekt verwendet werden,
d. h. zum Inkrementieren und Auslesen der Variablen. Wie aus der Ausgabe ersichtlich
wird, stimmt der Wert der Additionen nun bei jedem Programmdurchlauf.[4] Java stellt

---

[4] Dass es wirklich für *jeden* Programmdurchlauf der Fall ist, müssen Sie mir jetzt einfach glauben!

neben AtomicInteger noch andere atomare Datentypen zur Verfügung, beispielsweise AtomicLong und AtomicBoolean.

Soll es nicht nur darum gehen, einzelne Operationen gegen Race Conditions zu schützen, sondern ganze Code-Blöcke, können *Mutex Locks* verwendet werden. Diese sorgen dafür, dass ein Codeblock, die *Critical Region*, nur von einem Thread zur selben Zeit ausgeführt werden kann. Das sieht dann wie folgt aus:

```java
import java.util.concurrent.locks.ReentrantLock;

public class MutexLock {

    static int x = 0;
    static ReentrantLock lock = new ReentrantLock();

    public static void main(String[] args)
        throws Exception { // dirty, don't do that!

        [...] // same as in previous examples!
    }

    public static void runWrite() {
        /* acquire lock */
        lock.lock();

        for (int i = 0; i < 10_000_000; i++) {
            x++;
        }

        /* release lock; do not forget,
            or this will end up in a deadlock */
        lock.unlock();
    }
}
```

Der Code produziert folgende Ausgabe:
```
$ Java RaceCondition2
2000000
$ Java RaceCondition2
2000000
$ Java RaceCondition2
2000000
```

Unter Verwendung des MutexLocks kann die Schleife, welche die Variable x inkrementiert, nur noch von einem Thread zur selben Zeit durchlaufen werden,[5] sodass die Ausgabe nun auch in diesem Fall für jeden Programmdurchlauf korrekt ist. Um das zu erreichen, muss ein Thread die lock-Methode aufrufen. Hat dies bereits ein anderer Thread getan, wird der zweite Thread in der lock-Methode aufgehalten, bis der erste Thread die unlock-Methode aufgerufen hat. Daher ist es zwingend notwendig, dass jeder Thread, der die lock-Methode aufruft, später auch wieder die unlock-Methode aufruft, da es sonst zu einem *Deadlock* kommt. In Java gibt es noch eine zweite Variante eines Locks, der sogenannte synchronized-Block. Die Funktionsweise ist analog zur bereits vorgestellten Variante. Das sieht dann wie folgt aus:

```java
import java.util.concurrent.locks.ReentrantLock;

public class SynchronizedLock {

    static int x = 0;
    static Object lock = new Object();

    public static void main(String[] args)
        throws Exception { // dirty, don't do that!

        [...] // same as in previous examples!
    }

    public static void runWrite() {
        /* synchronized block,
           automatically released
           if loop is not endless */
        synchronized(lock) {
            for (int i = 0; i < 10_000_000; i++) {
                x++;
            }
        }
    }
}
```

---

[5] Bitte beachten Sie, dass diese Lösung nicht sinnvoll ist! Da beide Threads die Schleife nur noch einzeln bearbeiten können, ist der gesamte Effekt des Multi-Threadings an dieser Stelle verloren gegangen. Aber das ist ja auch nur ein Beispiel ...

Um einen `synchronized`-Block zu identifizieren, muss ein beliebiges Objekt als Parameter angegeben werden. Alle Blöcke, die dasselbe Objekt verwenden, gehören zusammen und können insgesamt nur von einem Thread gleichzeitig bearbeitet werden.

Manchmal geht es bei der Synchronierung von Threads allerdings nicht darum, einzelne Code-Blöcke nur von einzelnen Threads ausführen zu lassen, sondern mehr darum, dass alle Threads an einer bestimmten Stelle mit etwas fertig sind, bevor die Threads weiterarbeiten. Dies ist etwa der Fall, wenn mehrere Threads Teilergebnisse berechnen und diese alle vorhanden sein müssen, bevor die Threads mit einer anderen Aufgabe fortfahren können. An dieser Stelle kann eine *Barriere* verwendet werden, um die Threads an einer bestimmten Stelle warten zu lassen, bevor sie mit ihrer Arbeit fortfahren.[6] Das sieht dann wie folgt aus:

```
import java.util.concurrent.CyclicBarrier;

public class Barrier {

    static int x = 0;
    static Object lock = new Object();

    /* 2 threads + 1 main thread = 3 theads */
    static CyclicBarrier cb = new CyclicBarrier(3);

    public static void main(String[] args)
        throws Exception { // dirty, don't do that!

        [...] // same as in previous examples!

        /* start the threads */
        t1.start();
        t2.start();

        /* wait for the other threads */
        cb.await();

        /* print value of x */
```

---

[6] Eine Variante davon ist die `join`-Methode, die schon in den Beispielen auftauchte, bei der auf das Ende eines Threads gewartet wird. Sollen die Threads ihre Arbeit allerdings nur unterbrechen und nicht beenden, so ist diese Variante nicht brauchbar.

```
24      System.out.println(x);
        }

26
        public static void runWrite() {
28          /* increment X */
            synchronized(lock) {
30              for (int i = 0; i < 10_000_000; i++) {
                    x++;
32              }
            }
34
            /* wait for other threads */
36          try{
                cb.await();
38          } catch (Exception e) {}

40          /* print status message */
            System.out.println("Thread "
42              + Thread.currentThread().getId()
                + " finished work!");
44      }
}
```

Der Code produziert folgende Ausgabe:

```
$ Java Barrier
20000000
Thread 13 finished work!
Thread 14 finished work!
$ Java Barrier
20000000
Thread 14 finished work!
Thread 13 finished work!
```

In diesem Fall wird nach der korrekten Ausgabe des Wertes von x noch eine Statusmeldung von jedem Thread ausgegeben. Auch hier ist wieder zu beachten: Der Wert von x stimmt zwar, die Abarbeitungsreihenfolge des Threads ist sonst aber wiederum nicht-deterministisch. Grafisch lässt sich die Funktionsweise einer Barriere wie in Abb. 7.1 dargestellt illustrieren.

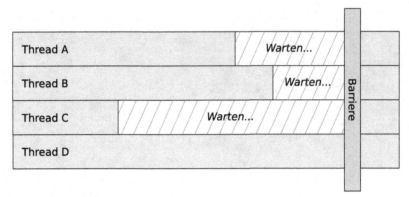

Abb. 7.1 Funktionsweise einer Barriere

Die bislang vorgestellten Konzepte sind mehr oder weniger in jeder Programmiersprache verfügbar, die Multi-Threading unterstützt. Im Folgenden sollen aber noch einige
Konstrukte vorgestellt werden, die etwas spezifischer für Java sind.

7.3   Fortgeschrittene Konzepte

Threadpools stellen eine Gruppe von Threads dar, der Aufgaben zugewiesen werden
können. Nach Beendigung ihrer Aufgabe kehren die Threads dann in den Threadpool
zurück. Sind keine Threads für eine Aufgabe verfügbar, wird die Aufgabe in eine
Warteschlange eingereiht. Sind keine Aufgaben zu erledigen, schlafen die Threads, bis
neue Aufgaben zugewiesen werden. Das bedeutet vor allem, dass das Management der
Threads, wie z. B. das Erzeugen, nicht mehr selbst erledigt werden muss, sondern vom
Threadpool übernommen wird.

```
1   import java.util.concurrent.ExecutorService;
    import java.util.concurrent.Executors;
3   import java.util.concurrent.TimeUnit;

5   public class ThreadPool {

7       static int x = 0;
        static Object lock = new Object();
9       static ExecutorService tp =
            Executors.newFixedThreadPool(2);

11
```

```
     public static void main(String[] args)
13       throws Exception {

15       /* use two threads for incrementing */
         tp.submit(ThreadPool::runWrite);
17       tp.submit(ThreadPool::runWrite);

19       /* wait for thread pool to finish */
         tp.shutdown();
21       tp.awaitTermination(Long.MAX_VALUE,
             TimeUnit.NANOSECONDS);
23
         /* print value of x */
25       System.out.println(x);
     }
27
     public static void runWrite() {
29
         synchronized(lock) {
31           for (int i = 0; i < 10_000_000; i++) {
                 x++;
33           }
         }
35   }
}
```

Der Code produziert folgende Ausgabe:

```
$ Java ThreadPool
20000000
$ Java ThreadPool
20000000
$ Java ThreadPool
20000000
```

Im Beispiel wird ein Threadpool verwendet, um die Methode runWrite zweimal auszuführen. Da hier kein Zugriff auf die einzelnen Thread-Objekte möglich ist, kann nicht die join-Methode verwendet werden, um auf das Ende der Threads zu warten. Stattdessen werden die Methoden shutdown und awaitTermination des Thread-pools verwendet. Aber was passiert denn, wenn die Methoden, die zur Ausführung an den Threadpool gegeben werden, einen Rückgabewert haben? In diesem Fall liefert

die submit-Methode ein Objekt des Typs Future zurück. Diese Objekte haben eine
get-Methode, die das berechnete Resultat zurückliefert. Sollte das Resultat noch nicht
vorliegen, blockiert die get-Methode.

```java
import java.util.concurrent.ExecutorService;
import java.util.concurrent.Executors;
import java.util.concurrent.TimeUnit;
import java.util.concurrent.Future;
import java.util.ArrayList;

public class ThreadPool2 {

    static ExecutorService tp =
        Executors.newFixedThreadPool(2);

    public static void main(String[] args)
        throws Exception {

        /* create a list for futures */
        ArrayList<Future<Boolean>> futures =
            new ArrayList<>();

        /* create an array of input values */
        int numbers[] = {2, 3, 4, 5, 6, 7, 8, 9, 10};

        /* submit values to thread pool */
        for(int k : numbers) {
            futures.add(tp.submit(() ->
                ThreadPool2.runComputePrime(k))
            );
        }

        /* wait for thread pool to finish */
        tp.shutdown();
        tp.awaitTermination(Long.MAX_VALUE,
            TimeUnit.NANOSECONDS);

        /* print value of the futures */
        for(int i = 0; i < futures.size(); i++) {
```

```
36              System.out.println("" + numbers[i]
                + " ist "
38              + (futures.get(i).get() ?
                "prim" : "nicht prim"));
40          }
        }
42
    public static boolean runComputePrime(int number) {
44          /* check for primality */
        for(int i = 2; i < number; i++) {
46              if(number % i == 0) {
                    return false;
48              }
        }
50
        /* no divisor number found */
52      return true;
        }
54  }
```

Der Code produziert folgende Ausgabe:

```
$ Java ThreadPool2
2 ist prim
3 ist prim
4 ist nicht prim
5 ist prim
6 ist nicht prim
7 ist prim
8 ist nicht prim
9 ist nicht prim
10 ist nicht prim
```

In diesem Beispiel wird zunächst eine Liste erstellt, der die erzeugten Future-Objekte hinzugefügt werden. Außerdem wird ein Array mit Eingabe-Daten erzeugt. Diese Eingabe-Daten werden dann in einer Schleife mit der auszuführenden Methode an den Threadpool übergeben. Da ein Parameter übergeben werden muss, wird dazu hier ein *Lambda*-Ausdruck verwendet:

```
(() -> (ThreadPool2.runComputePrime(k)))
```

Nachdem alle Aufgaben bearbeitet wurden, wird die Liste mit Futures durchlaufen und das berechnete Ergebnis ausgegeben. Im vorliegenden Fall wird für die übergebenen Zahlen geprüft, ob es Primzahlen sind.[7]

Hier noch ein weiteres Beispiel für Threadpools, das die *Fibonacci*-Zahlen berechnet:

```java
import java.util.concurrent.ExecutorService;
import java.util.concurrent.Executors;
import java.util.concurrent.Future;

public class Fibonacci {
    /* create thread pool */
    public static ExecutorService pool =
        Executors.newFixedThreadPool(8);

    public static int computeFibonacci(int n) {
        /* recursively compute (n-1) and (n-2) */
        Future < Integer > n1 = pool.submit(() ->
            computeFibonacci(n - 1));
        Future < Integer > n2 = pool.submit(() ->
            computeFibonacci(n - 2));

        /* wait for recursive calls */
        try {    return n1.get() + n2.get(); }
        catch (Exception ex) { return 0; }
    }

    public static void main(String args[])
        throws Exception { // dirty, don't do this!

        /* start computation */
        Future < Integer > fib = pool.submit(() ->
            computeFibonacci(42));

        /* print fibonacci number */
        System.out.println(fib.get());
    }
}
```

---

[7] Der Primzahltest ist nicht besonders gut, eher im Gegenteil. Aber er funktioniert und ist einfach zu verstehen.

Die Fibonacci-Zahlen werden anhand folgender Vorschrift erzeugt:

$$fib_n = fib_{n-1} + fib_{n-2}, fib_0 = 1, fib_1 = 1 \tag{7.1}$$

Diese Zahlen werden also rekursiv definiert. Dies findet sich auch im Algorithmus wieder, der rekursiv für den Aufruf der `computeFibonacci`-Methode dieselbe Methode selbst zweimal aufruft, um die benötigten Summanden zu berechnen. Soweit, so gut ...,
aber: Wenn dieses Programm ausgeführt wird, passiert nichts. Der Algorithmus ist korrekt, das Programm kompiliert auch, aber bei der Ausführung passiert nichts. Das liegt daran, dass ein Deadlock entsteht. Der Threadpool wird mit 8 Threads erzeugt. Sobald alle 8 Threads mit einer Aufgabe versorgt sind, ist kein Thread mehr verfügbar, der die rekursiv neu erzeugten Aufgaben abarbeiten kann. Demnach warten alle Threads darauf, dass etwas passiert und es hakt. Um dieses Problem zu lösen, gibt es in Java sogenannte *work-stealing Threadpools*. Diese Threadpools sind in der Lage, eine solche Situation zu erkennen. Das sieht dann wie folgt aus:

```java
import java.util.concurrent.ForkJoinPool;
import java.util.concurrent.ForkJoinTask;

public class Fibonacci2 {
    public static ForkJoinPool pool =
        ForkJoinPool.commonPool();

    public static int computeFibonacci(int n) {
        int result;

        if(n > 2) {
            ForkJoinTask < Integer > n1 =
                ForkJoinTask.adapt(
                        () -> computeFibonacci(n-1)
                );
            ForkJoinTask < Integer > n2 =
                ForkJoinTask.adapt(
                        () -> computeFibonacci(n-2)
                );

            pool.submit(n1);
            pool.submit(n2);
```

```
24          try {    result = n1.get() + n2.get(); }
            catch (Exception ex) { return 0; }
26      } else {
            result = 1;
28      }


30      return result;
    }
32

    public static void main(String args[])
34      throws Exception { // dirty, don't do this!
        long t = System.nanoTime();
36      ForkJoinTask < Integer > fib = pool.submit(
                () -> computeFibonacci(42)
38      );
        System.out.println(fib.get());
40      System.out.println("" +
            (System.nanoTime() - t) / 10_000_000_000.0 +
42          " Sekunden");
    }
44  }
```

Der Code produziert folgende Ausgabe:

```
$ Java Fibonacci2
267914296
12.4885114 Sekunden
```

Über 12 Sekunden?! Das ist ziemlich viel! Vor allem, wenn man es mit einer seriellen Implementierung vergleicht:

```
public class FibonacciSerial {
2
    public static int fibonacci(int n) {
4       if(n > 2) {
            return fibonacci(n-1) + fibonacci(n-2);
6       } else {
            return 1;
```

```
 8          }
         }

10
         public static void main(String[] args) {
12             long t = System.nanoTime();
             System.out.println(fibonacci(42));
14             System.out.println("" +
                 (System.nanoTime() - t) / 10_000_000_000.0 +
16                 " Sekunden");
         }
18 }
```

Der Code produziert folgende Ausgabe:

```
$ Java FibonacciSerial
267914296
0.9110091 Sekunden
```

Wie kann es nun aber sein, dass eine parallele Ausführung deutlich länger dauert als eine serielle Implementierung? Stichwort Overhead![8] Das Erzeugen der neuen `ForkJoinTasks` und das Eingeben der Tasks in den Pool kosten unglaublich viel Zeit! Außerdem werden durch das rekursive Berechnen der Fibonacci-Zahlen viele Zahlen mehrfach berechnet. Das kann wie folgt behoben werden:

```
   import java.util.concurrent.ForkJoinPool;
 2 import java.util.concurrent.ForkJoinTask;

 4 public class FibonacciOptimized {
       public static ForkJoinPool pool =
 6         ForkJoinPool.commonPool();
       public static final int threshold = 30;
 8     public static int[] cache;

10     public static int computeFibonacci(int n) {
           int result = cache[n];
12
```

---

[8] Das wurde bei Amdahl schon mal erwähnt.

```
        if(result < 0) {
14          if (n < threshold) {
                result = computeFibonacciSer(n);
16          } else if(n > 2) {
                ForkJoinTask < Integer > n1 =
18                  ForkJoinTask.adapt(
                        () -> computeFibonacci(n-1)
20                  );
                ForkJoinTask < Integer > n2 =
22                  ForkJoinTask.adapt(
                        () -> computeFibonacci(n-2)
24                  );

26              pool.submit(n1);
                pool.submit(n2);

28
                try {
30                  result = n1.get() + n2.get();
                    cache[n] = result;
32              }
                catch (Exception ex) { return 0; }
34          } else {
                result = 1;
36          }
        }

38
        return result;
40  }

42  private static int computeFibonacciSer(int n) {
        int result = cache[n];

44
        if(result < 0) {
46          if (n > 2) {
                int n1 = computeFibonacciSer(n - 1);
48              int n2 = computeFibonacciSer(n - 2);
                result =  n1 + n2;
50              cache[n] = result;
            } else {
```

```
52            result = 1;
          }
54        }

56        return result;
      }


60    public static void main(String args[])
          throws Exception { // dirty, don't do this!
62
          int num = 42;
64        cache = new int[num+1];
          for(int i = 0; i < (num+1); i++) {
66            cache[i] = -1;
          }
68
          long t = System.nanoTime();
70        ForkJoinTask < Integer > fib = pool.submit(
              () -> computeFibonacci(num)
72        );
          System.out.println(fib.get());
74        System.out.println("" +
              (System.nanoTime() - t) / 10_000_000_000.0 +
76            " Sekunden");
      }
78 }
```

Der Code produziert folgende Ausgabe:

```
$ Java FibonacciOptimized
267914296
0.5950601 Sekunden
```

Die Laufzeit liegt bei dieser Variante bei etwas über einer halben Sekunde. Das ist eine Verbesserung, sowohl im Vergleich zur seriellen Variante als auch im Vergleich mit der ersten parallelen Variante. Um das zu erreichen wurde ab der Schranke 30 (threshold, Zeile 7) von der parallelen auf die serielle Berechnung gewechselt (Zeile 14 + 15).

Nerd Alert:
Der Vollständigkeit halber sei erwähnt, dass selbst die optimierte parallelisierte Variante extrem langsam gegen eine serielle Variante mit Caching ist. Parallelisierung ist nicht die Lösung aller Probleme! Sie kann helfen, aber oft ist die Optimierung des Algorithmus schon sehr hilfreich. Die parallele Variante benötigt zur Berechnung der 92. Fibonacci-Zahl länger als 30 Minuten (dann hab ich's abgebrochen...), eine serielle Variante mit Caching hingegen weniger als eine Millisekunde:

```java
public class FibonacciSerial {

    public static long[] cache;

    public static long fibonacci(int n) {
        long result = cache[n];

        if(result < 0) {
            if (n > 2) {
                long n1 = fibonacci(n - 1);
                long n2 = fibonacci(n - 2);
                result = n1 + n2;
                cache[n] = result;
            } else {
                result = 1;
            }
        }

        return result;
    }

    public static void main(String[] args) {
        int num = 92;

        cache = new long[num+1];
        for(int i = 0; i < (num+1); i++) {
            cache[i] = -1;
        }

        long t = System.nanoTime();
        System.out.println(fibonacci(num));
        System.out.println("" +
```

```
33          (System.nanoTime() - t) / 10_000_000_000.0 +
            " Sekunden");

35      }
}
```

Der Code produziert folgende Ausgabe:

```
$ Java FibonacciSerial
7540113804746346429
6.378E-4 Sekunden
```

Aber selbst das ist noch „langsam" im Vergleich zu einer Variante mit einer for-Schleife:

```
public class FibonacciFor {

2
    public static void main(String[] args) {
4       int num = 92;

6       long[] fib = new long[num+1];
        fib[1] = 1;
8       fib[2] = 1;

10      long t = System.nanoTime();
        for(int i = 3; i < (num+1); i++) {
12          fib[i] = fib[i-1] + fib[i-2];
        }
14
        System.out.println(fib[num]);
16      System.out.println("" +
            (System.nanoTime() - t) / 10_000_000_000.0 +
18          " Sekunden");
        }
20  }
```

Der Code produziert folgende Ausgabe:

```
$ Java FibonacciFor
7540113804746346429
2.233E-4 Sekunden
```

Virtualisierung

8

Virtualisierung ist ein Thema, das in den letzten Jahren an Wichtigkeit gewonnen hat. Aber was ist Virtualisierung eigentlich? Kurz gesagt bezeichnet Virtualisierung technische Methoden, die es erlauben Ressourcen eines Computers zusammenzufassen oder aufzuteilen. Dies wird erreicht, indem real existierende Hardware unter Zuhilfenahme einer Softwareschicht zu virtueller Hardware abstrahiert wird. Das ist in Abb. 8.1 dargestellt.

Dabei können mehrere Szenarien unterschieden werden:

- Partitionierung
- Aggregation
- Emulation
- Isolation

Diese Anwendungsfälle sind in Abb. 8.2 dargestellt.

Bei der Partitionierung werden die vorhandenen Ressourcen eines physikalischen Servers auf mehrere, kleinere, virtuelle Systeme aufgeteilt. Die Aggregation ist die Umkehrung der Partitionierung, bei der mehrere physikalische Server zu einem großen virtuellen Server zusammengefasst werden. Ein weiterer Anwendungsfall ist die Emulation, bei der die virtuelle Hardware eine andere Hardware-Architektur hat als die physikalisch vorhandene Hardware. Der letzte Anwendungsfall ist die Isolation, bei der die Virtualisierung dazu genutzt wird, ein neues System zu erzeugen, das nicht mit dem Host-System interagieren kann. Dies wird beispielsweise bei Software-Tests genutzt, bei denen ein Fehler im Test nicht dazu führen soll, dass der Rest des Systems in Mitleidenschaft gezogen wird.

Die *virtuelle Maschine* entsteht dabei durch Virtualisierung einer *physikalischen Maschine*. Dazu wird ein sogenannter *Hypervisor* eingesetzt, der die Umsetzung zwischen der virtuellen Maschine und der physikalischen Hardware vornimmt. Der Hypervisor

© Springer Fachmedien Wiesbaden GmbH, ein Teil von Springer Nature 2022
B. Küppers, *Einführung in die Informatik*, Studienbücher Informatik,
https://doi.org/10.1007/978-3-658-37838-7_8

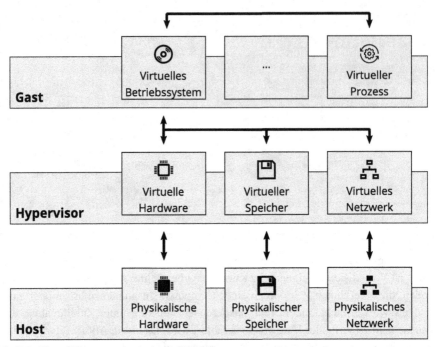

Abb. 8.1 Virtualisierung: schematische Darstellung

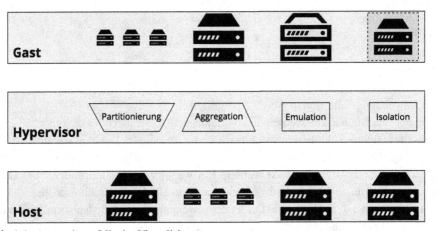

Abb. 8.2 Anwendungsfälle der Virtualisierung

bildet dabei benötigte Teile des Systems nach. Wird eine vollwertige virtuelle Maschine, sozusagen ein PC im PC, benötigt, stellt der Hypervisor eine vollständige virtuelle Maschine zur Verfügung. Wird nur ein Teil eines Rechners benötigt, beispielsweise zur Ausführung von *JAVA*-Programmen, bildet der Hypervisor auch nur diesen Teil nach. Es wird dabei zwischen *Typ-1-Hypervisor* und *Typ-2-Hypervisor* unterschieden. Ein Typ-1-

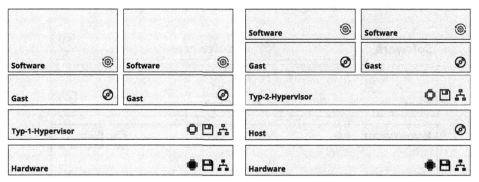

Abb. 8.3 Typ-1- und Typ-2-Hypervisor

Hypervisor läuft dabei direkt auf der physikalischen Hardware, ein Typ-2-Hypervisor läuft als Anwendung auf dem Host-Betriebssystem. Das ist in Abb. 8.3 dargestellt.

Virtualisierung wird eingesetzt, um die Ausfallsicherheit von Systemen zu erhöhen. Das wird erreicht, indem der Hypervisor eine immer gleiche, virtuelle Schnittstelle bereitstellt. Das bedeutet, dass virtuelle Maschinen sehr einfach auf unterschiedlichen physikalischen Systemen betrieben werden können, solange der Hypervisor dort auch verfügbar ist. Damit können virtuelle Maschinen deutlich schneller wieder in Betrieb genommen werden, im Gegensatz zu physikalischen Maschinen, die erst aufwendig neu aufgesetzt werden müssten. Virtuelle Maschinen können einfach auf eine andere physikalische Maschine verschoben und dort wieder gestartet werden. Die Konfiguration eines physikalischen Systems auf ein anderes physikalisches System zu übertragen, gestaltet sich oftmals nicht ganz so einfach. Natürlich müssen auch physikalische Hosts für den Betrieb virtueller Maschinen neu aufgesetzt werden. Allerdings muss nur der Hypervisor bzw. ein Betriebssystem und der Hypervisor eingerichtet werden und keine vollständige Applikations-Infrastruktur, was eine signifikante Zeitersparnis mit sich bringt. Gerade in großen Umgebungen, in denen viele physikalische Host-Systeme verfügbar sind, können virtuelle Maschinen sogar automatisch auf anderen physikalischen Hosts wieder in Betrieb genommen werden, falls ein physikalischer Host ausfällt. Die Grundidee dahinter ist in Abb. 8.4 dargestellt.

8.1 Virtualisierungskonzepte

Virtualisierung führt immer zu einem gewissen Leistungsverlust, der allerdings von der konkreten Virtualisierungsmethode abhängig ist. Grundsätzlich lassen sich vier verschiedene Virtualisierungsmethoden unterscheiden:

- Para-Virtualisierung
- hardwareunterstützte Virtualisierung

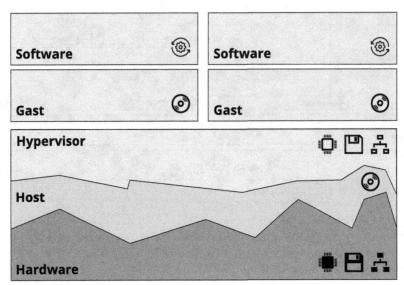

Abb. 8.4 Standardisierte virtuelle Systeme

- Hardware-Emulation
- Betriebssystem-Virtualisierung

Para-Virtualisierung

Bei der Para-Virtualisierung liegt der Fokus auf möglichst geringem Leistungsverlust durch die Virtualisierung. Dazu wird ein Typ-1-Hypervisor eingesetzt, der weniger Overhead erzeugt. Zudem wird das Gastsystem angepasst und auf den Einsatz in einer virtuellen Umgebung optimiert. Daher kann das Gastsystem direkt mit dem Hypervisor interagieren, der wiederum direkt die Hardware ansprechen kann, ohne einen Umweg über das Host-System nehmen zu müssen.

Beispiel (Para-Virtualisierung)

KVM (*Kernel-based Virtual Machine*) [1] ist eine Virtualisierungslösung unter Linux. Ursprünglich nicht als Para-Virtualisierungslösung entwickelt, unterstützt KVM mittlerweile Para-Virtualisierung. Dazu stellt KVM Module für den Linux-Kernel bereit, sodass effektiv ein Typ-1-Hypervisor verwendet wird, da der Hypervisor auf Kernel-Ebene und nicht als Anwendung ausgeführt wird. Die Kernel-Module bieten Schnittstellen für angepasste Treiber an, um den Virtualisierungs-Overhead möglichst gering zu halten. Diese Treiber sind nicht nur für Linux verfügbar, sondern auch für Windows. Der Aufbau einer KVM-Virtualisierung wird wie folgt realisiert:

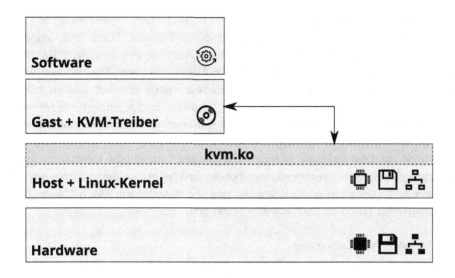

Hardwareunterstützte Virtualisierung

Hardwareunterstützte Virtualisierung nutzt moderne Prozessor-Technologien aus, die eine Virtualisierung beschleunigen. Dabei soll das Anpassen des Gastsystems, das bei der Para-Virtualisierung notwendig ist, vermieden werden. Das bedeutet, dass das Gastsystem zwar nicht direkt über eigene Treiber mit dem Hypervisor interagieren kann, jedoch kann der Hypervisor – der in der Regel ein Typ-2-Hypervisor ist – bestimmte Operationen an den Prozessor auslagern und muss sie nicht selbst durchführen bzw. umsetzen. Dieses Vorgehen ermöglicht eine deutlich unabhängigere Auswahl des Gastsystems als bei der Para-Virtualisierung, es muss nur dieselbe Hardware-Plattform unterstützt werden, die auch physikalisch vorhanden ist, beispielsweise ein x86-Prozessor. Das Vorhandensein spezieller Treiber, wie bei der Para-Virtualisierung, ist nicht notwendig; lediglich der physikalisch vorhandene Prozessor muss diese Art der Virtualisierung unterstützen. Bei Intel heißt der notwendige Chipsatz **Intel VT-x** [2], bei AMD heißt er **AMD-V** [3].

Hardware-Emulation

Sowohl bei der Para-Virtualisierung als auch bei der hardwareunterstützten Virtualisierung steht die Performance im Vordergrund, jedoch zu Lasten der Flexibilität bei der Wahl des Gastsystems. Zwar ist bei der hardwareunterstützten Virtualisierung keine Anpassung des Gastsystems mehr notwendig, allerdings ist die Wahl des Gastsystems auch dort durch die notwendige Unterstützung der physikalisch vorhandenen Hardware begrenzt. Das ist bei der Hardware-Emulation anders, da dort jede beliebige Hardware-Plattform nachgebildet werden kann, sofern sie vom Hypervisor unterstützt wird. Das bedeutet, dass das Gastsystem nur noch die *virtuelle* Hardware-Plattform unterstützen muss, was eine Entkopplung von der physikalischen Hardware bedeutet. Damit geht allerdings auch ein großer Leistungsverlust einher, da der Hypervisor eine komplette Hardware-Architektur nachbilden muss. Das bedeutet im Detail, dass alle Anweisungen an die Hardware für die physikalisch vorhandene Hardware umgeschrieben werden müssen. Dasselbe gilt für die Ergebnisse, die von der Hardware zurückgeliefert werden: Auch diese müssen vom Hypervisor an die emulierte Hardware-Architektur angepasst werden, bevor sie der virtuellen Umgebung zur Verfügung gestellt werden. Daher wird diese Technologie nur dann eingesetzt, wenn es keine andere Lösung gibt. Einsatzgebiete sind unter anderem die Softwareentwicklung, bei der beispielsweise Smartphones auf dem Computer zu Testzwecken emuliert werden, oder die Nutzung von alter Software, für es keine kompatible Hardware mehr auf dem Markt gibt.

Betriebssystem-Virtualisierung

Betriebssystem-Virtualisierung steht etwas neben den bereits diskutierten Konzepten. Seit Anfang der 2010-er-Jahre ist insbesondere *Docker* ein prominenter Vertreter dieses Konzepts. Vorher gab es zwar, beispielsweise mit *Virtuozzo* bzw. *OpenVZ*, auch schon Projekte in diesem Bereich, allerdings haben diese nie eine ähnliche Verbreitung gefunden. Das besondere am Vorgehen bei der Betriebssystem-Virtualisierung ist die Verwendung eines Kernels für alle virtuellen Maschinen. Aufgrund dessen ist es auch nur möglich, virtuelle Maschinen zu erzeugen, die dasselbe Gastsystem haben wie der Host. Die virtuellen Machinen werden auch als *Container* bezeichnet. Sie benutzen zwar alle denselben Kernel, sind jedoch voneinander getrennte Instanzen. Das bedeutet, dass eine Applikation nichts von der virtuellen Umgebung „weiß". Da der Kernel, also ein großer Teil des Host-Systems, von den Gastsystemen verwendet wird, erzeugt Betriebssystem-Virtualisierung nur wenig Overhead, daher ist es relativ problemlos möglich, eine größere Anzahl virtueller Container auf einem einzigen physikalischen Computer auszuführen.

Beispiel (Betriebssystem-Virtualisierung)

Docker ist die wohl verbreitetste Software im Bereich der Betriebssystem-Virtualisierung. Docker stellt selbst eine Bibliothek (*libcontainer*) zur Verfügung, greift seinerseits aber auch auf andere Bibliotheken zu, wie z. B. *libvirt* zur Verwaltung des Hypervisors oder *LXC* für Abwärtskompatibilität. Das sieht wie folgt aus:

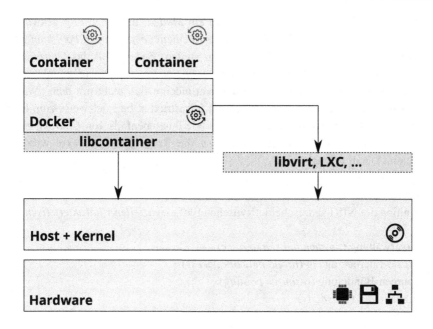

8.2 Cloud-Computing

Das Thema *Cloud-Computing* ist eng mit dem Thema Virtualisierung verwandt, da die technische Basis von Cloud-Computing oftmals virtuelle Maschinen sind. Den Begriff hat sicherlich jeder schon einmal gehört … aber was ist Cloud-Computing eigentlich? Das **NIST** (*National Institute of Standards and Technology*) sagt dazu Folgendes:

> Cloud-Computing is a model for enabling ubiquitous, convenient, on-demand network access to a shared pool of configurable computing resources (e.g., networks, servers, storage, applications, and services) that can be rapidly provisioned and released with minimal management effort or service provider interaction. This cloud model is composed of five essential characteristics, three service models, and four deployment models [4].

Grob übersetzt ist es also im Wesentlichen ein *Modell*, um einen *allgegenwärtigen,*
bequemen, bedarfsgesteuerten Netzwerkzugang zu einem *gemeinsamen Pool konfigurier-*
barer Computer-Ressourcen zur Verfügung zu stellen. Zudem soll das Ganze *schnell*
und mit minimalem Verwaltungsaufwand und Interaktion mit dem Provider funktionieren.
Kurz gesagt: Die IT soll funktionieren, und man möchte sich nicht mit dem „Warum¿'
beschäftigen. Hierbei geht es hauptsächlich um Infrastruktur, beispielsweise zum Betrieb
von Web-Anwendungen. In der Definition des NIST ist ebenfalls von *Charakteristiken,*
Service-Modellen und *Bereitstellungs-Modellen* die Rede. Diese Aspekte werden im
Folgenden im Detail beleuchtet.

Charakteristiken
Die Definition des NIST unterscheidet zwischen fünf *essenziellen Charakteristiken*:

- Selbstverwaltung (*on-demand self-service*)
- Breitband-Internetzugang (*broad network access*)
- Ressourcen-Bündelung (*resource pooling*)
- Elastizität (*rapid elasticity*)
- Leistungsmessung (*measured service*)

Diese Charakteristiken beschreiben Anforderungen an Cloud-Computing. Es soll den
Benutzern möglich sein, die Infrastruktur jederzeit selbst zu verwalten. Das bedeutet, dass
die Benutzer ohne Interaktion mit Mitarbeitern des Dienstleisters die angemietete Infrastruktur konfigurieren und verwalten können, beispielsweise über eine Web-Anwendung.
Klassischer Support, z. B. über das Telefon, soll also nur im Ausnahmefall erfolgen. Aber
nicht nur die Verwaltung der Infrastruktur soll über das Internet erfolgen, auch die Infrastruktur selbst wird über das Internet zur Verfügung gestellt. Dazu ist eine breitbandige
Anbindung des Rechenzentrums, das die Infrastruktur bereitstellt, notwendig. Ebenso
soll der Zugriff auf die Infrastruktur über standardisierte Methoden mit einer Vielzahl
von Geräten möglich sein. Da die Infrastruktur, wie bereits erwähnt, hauptsächlich auf
virtuellen Maschinen basiert, ist die effiziente Nutzung von physikalischer Hardware
ein wichtiger Punkt bei Cloud Comuting. Die physikalische Hardware soll bestmöglich
genutzt werden, was bedeutet, dass vorhandene Hardware gebündelt wird. Das bedeutet,
dass beispielsweise zwei Kunden, die jeweils eine virtuelle Maschine mit vier Kernen in
der Cloud betreiben, auf einem physikalischen Server betrieben werden, der über sechs
Prozessor-Kerne verfügt. Damit können jeder virtuellen Maschine drei Kerne garantiert
werden. Da im Regelfall aber keine der beiden virtuellen Maschinen ihre vier Kerne
dauerhaft benötigt, können beide virtuelle Maschinen auf dem eigentlich zu niedrig
dimensionierten physikalischen Server betrieben werden, selbst wenn eine der beiden
virtuellen Maschinen vorübergehend tatsächlich vier Kerne benötigt. Stellt sich heraus,

dass die Last auf den virtuellen Maschinen dauerhaft zu groß wird, müssen die virtuellen Maschinen auf andere physikalische Server umgezogen werden. Außerdem soll es möglich sein, virtuelle Maschinen elastisch zu betreiben. Das bedeutet, dass die Rechenkapazität einer virtuellen Maschine kurzfristig drastisch gesteigert werden kann, danach aber wieder reduziert wird, sofern die Leistung nicht weiter benötigt wird. Elastizität wird auch durch das Verschieben virtueller Maschinen zwischen verschiedenen physikalischen Maschinen erreicht. Dieses Vorgehen soll dabei kontinuierlich geschehen, um möglichst dynamisch – im Rahmen vertraglich vereinbarter Grenzen – auf Leistungsanforderungen reagieren zu können. Aber auch die Abrechnung soll genau erfolgen, d. h., Kunden bezahlen genau die Leistung, die sie bekommen haben, im Idealfall minutengenau.

Service-Modelle
Infrastruktur im Rahmen von Cloud-Computing kann dabei in Form dreier *Service-Modelle* angeboten werden:

* Infrastructure as a Service (**IaaS**)
* Platform as a Service (**PaaS**)
* Software as a Service (**SaaS**)

Im Rahmen von IaaS wird dabei eine vom Anbieter verwaltete Infrastruktur zur Verfügung gestellt, im Endeffekt also ein „nackter" Computer. Lediglich die Verfügbarkeit der virtuellen Hardware wird hierbei vom Cloud-Anbieter sichergestellt. Der Nutzer kann bzw. muss das verwendete Betriebssystem und die installierte Software vollständig selbst verwalten.

Bei PaaS wird bereits eine virtuelle Plattform zur Verfügung gestellt. Das kann ein Betriebssystem, z. B. Windows oder Linux, oder eine ganze Entwicklungplattform, z. B. Microsoft .NET, sein. Die Plattform kann vom Nutzer noch konfiguriert werden, alles „unterhalb" der Plattform ist aber nicht unter der Kontrolle des Nutzers.

Bei SaaS wird schließlich nur eine einzelne Anwendung zur Verfügung gestellt. Auf die Anwendung kann in der Regel über einen Web-Browser zugegriffen werden. Ähnlich wie bei PaaS ist alles „unterhalb" der Anwendung, beispielsweise das Betriebssystem, für den Nutzer nicht zugänglich, sodass nur die Anwendung selbst konfiguriert werden kann. Prominente Beispiele für SaaS sind Google Docs oder Microsoft Office 365, die jeweils eine Office Software über den Web-Browser zugreifbar machen, ohne dass diese lokal installiert ist. Diese drei Dienstmodelle können ineinander integriert werden, d. h., es ist möglich, eine Infrastruktur als IaaS anzumieten und darin selbst verschiedene Services zu betreiben, einen Teil der Infrastruktur jedoch als PaaS vom Cloud-Anbieter verwalten zu lassen. Eine genaue Unterscheidung zwischen den einzelnen Dienstmodellen, auch im Vergleich mit einem selbst betriebenen Server, ist in folgender Tabelle zu finden:

Verwaltet	Eigener Server	IaaS	PaaS	SaaS
Anwendungen	✗	✗	✗	✓
Runtimes	✗	✗	✓	✓
Datenbanken	✗	✗	(✓)	✓
Betriebssystem	✗	✗	(✓)	✓
Virtualisierung	✗	✓	✓	✓
Hardware	✗	✓	✓	✓
Speicher	✗	✓	✓	✓
Netzwerk	✗	✓	✓	✓

Bereitstellungs-Modelle

Der dritte Faktor, der von der NIST-Definition von Cloud-Computing beschrieben wird, sind die *Bereitstellungs-Modelle*. Diese beschreiben, wer die Cloud betreibt und wer Zugriff darauf hat. Damit verbunden sind auch Überlegungen hinsichtlich des Datenschutzes, denn beim Cloud-Computing werden je nach Anwendungsfall auch sensible Daten in die Hände des Cloud-Providers gegeben. Daher wird zwischen *privater Cloud*, *Community Cloud* und *öffentlicher Cloud* unterschieden. Die private Cloud wird dabei für eine ganz spezielle Nutzergruppe betrieben, beispielsweise für die Mitarbeiter einer Firma. Dabei kann die Cloud-Infrastruktur auch von der Firma selbst verwaltet werden, beispielsweise, um Datenschutz-Bedenken auszuräumen. Allerdings kann auch für diesen Fall die Infrastruktur bei einem externen Cloud-Anbieter angemietet werden. Eine Community Cloud geht einen Schritt weiter und wird für verschiedene Nutzergruppen in einem bestimmten Kontext betrieben, beispielsweise für verschiedene Forschergruppen im selben Forschungsfeld. Dabei wird die Community Cloud in der Regel von einer der teilnehmenden Gruppen oder, wie gehabt, von einem externen Dienstleister bereitgestellt. Schließlich gibt es noch die öffentliche Cloud, die für beliebige Nutzer zur Verfügung steht und von einem beliebigen Anbieter betrieben wird. Das NIST definiert weiterhin noch ein hybrides Modell, das mehrere der vorhergehenden Bereitstellungs-Modelle kombiniert. Dabei bleiben die einzelnen Teile unabhängig voneinander, werden aber durch standardisierte Schnittstellen verbunden.

Literatur

1. Kivity, A., Kamay, Y., Laor, D., Lublin, U., Liguori, A.: KVM – the Linux virtual machine monitor. In: Proceedings of the 2007 Ottawa Linux Symposium (OLS'-07), Ottawa, Kanada, S. 225–230 (2007)
2. Intel: Enabling Intel® Virtualization TechnologyFeatures and Benefits. https://www.intel. com/content/dam/www/public/us/en/documents/white-papers/virtualization-enabling-intel-virtualization-technology-features-and-benefits-paper.pdf (2010). Zugegriffen am 06.05.2022

3. Advanced Micro Devices: AMD-V™ Nested Paging. http://developer.amd.com/wordpress/media/
2012/10/NPT-WP-1%201-final-TM.pdf (2008). Zugegriffen am 06.05.2022
4. Mell, P., Grance, T.: The NIST-Definition of Cloud-Computing. https://csrc.nist.gov/publications/
detail/sp/800-145/final (2011). Zugegriffen am 06.05.2022

Datenschutz und Datensicherheit 9

Datenschutz und *Datensicherheit* hängen nicht nur begrifflich zusammen. Allerdings muss zwischen beiden Begriffen genau unterschieden werden. Der Duden definiert den Datenschutz als den *„Schutz der Bürger[innen] vor unbefugter Erhebung, Speicherung und Weitergabe von Daten (2, 3), die ihre Person betreffen"*.[1] Datensicherheit hingegen ist die *„Sicherheit von Daten (3) vor dem Zugriff Unbefugter"*.[2] Üblicherweise wird aber auch der Schutz vor Verlust von Daten zur Datensicherheit gezählt. Das bedeutet, dass es beim Datenschutz um die Erhebung oder eben Nicht-Erhebung von Daten und deren Verarbeitung geht. Bei der Datensicherheit geht es aber darum, dass – ordnungsgemäß– erhobene Daten vor dem Zugriff Unbefugter und Verlust geschützt werden.

9.1   Datenschutz

Datenschutz wird durch zunehmende Digitalisierung immer wichtiger. Daten werden heutzutage im Prinzip dauerhaft gesammelt, etwa durch Smartphone-Nutzung oder Kundenkarten im Supermarkt. Deshalb muss es klare Regeln mit dem korrekten Umgang personenbezogener Daten geben. Dabei ist die grundlegende Idee, dass jeder das Recht auf *informationelle Selbstbestimmung* hat. Das bedeutet, dass jeder selbst entscheiden darf, welche Informationen erhoben und gespeichert werden und wem diese Informationen zugänglich sind. Dieses Recht auf informationelle Selbstbestimmung wird vom **BDSG** (*Bundesdatenschutzgesetz*) [1] zugesichert. Auf europäischer Ebene ist die *DSGVO* (*Datenschutz-Grundverordnung*) [2] das geltende Regelwerk, das den Umgang mit personenbezogenen Daten regelt. Aber was sind personenbezogene Daten eigentlich?

---

[1] https://www.duden.de/rechtschreibung/Datenschutz.

[2] https://www.duden.de/rechtschreibung/Datensicherheit.

© Springer Fachmedien Wiesbaden GmbH, ein Teil von Springer Nature 2022
B. Küppers, *Einführung in die Informatik*, Studienbücher Informatik,
https://doi.org/10.1007/978-3-658-37838-7_9

Grundsätzlich fallen alle Daten bzw. Informationen in diese Kategorie, die sich klar einer Person zuordnen lassen. Das BDSG definiert sie als *„Einzelangaben über persönliche oder sachliche Verhältnisse einer bestimmten oder bestimmbaren natürlichen Person"* [1, §46]. Der gesetzliche Rahmen stellt dabei sicher, dass nur im Kontext relevante Daten erhoben werden dürfen. Das bedeutet, dass eine Versicherungsgesellschaft beispielsweise auch nur Daten erheben darf, die direkt mit der Versicherung zu tun haben. Darüberhinaus hat eine Person ein Recht auf Auskunft über die verwendeten Daten[3] sowie die Korrektur falscher Daten. Beinahe die wichtigste Reglementierung betrifft aber die Weitergabe von Daten: Grundsätzlich darf niemand erhobene Daten weitergeben, ohne dass die betroffene Person eine Weitergabe jeweils erlaubt.

Wie sonst auch immer, ist beim Datenschutz stets Vorteil gegen Nachteil abzuwägen. Viele moderne Technologien, wie z. B. digitale Assistenten, funktionieren nur gut, wenn ihnen eine geeignete Datengrundlage zur Verfügung steht, um das Verhalten des Nutzers zu lernen. Das bedeutet, dass Standortdaten, Surf-Verhalten und viele andere Daten als Grundlage für ein persönliches Profil genutzt werden. Das ist per se weder gut noch schlecht, sondern es ist im Einzelfall abzuwägen, um welche Daten es sich im Detail handelt und ob ein Nutzer bereit ist, diese Daten preiszugeben – sozusagen als Gegenleistung für das Funktionieren der Technologie.

Speziell im IT-Umfeld ist der Datenschutz ein wichtiges Thema. Viele Dienstleistungen werden heutzutage in andere Länder „outgesourct". Dort gelten aber unter Umständen andere Datenschutzgrundlagen als in Deutschland. Das gilt auch für die Nutzung von Cloud-Computing-Angeboten, bei denen teilweise nicht klar ist, wo die physikalische Hardware eigentlich steht. Das hat allerdings auch Auswirkungen auf den Datenschutz, dem die Daten unterliegen – sie unterliegen nämlich den Datenschutzregularien des Landes, in dem sie physikalisch gespeichert werden. Generell ist es wichtig, das *Bewusstsein* für Datenschutz zu stärken – sowohl bei den IT-Fachleuten als auch bei den Anwendern. Nur so kann die Umsetzung des Datenschutzes funktionieren. Auf der einen Seite müssen Applikationen so entwickelt werden, dass sie mit den geltenden Datenschutzbedingungen konform sind. Auf der anderen Seite müssen die Nutzer die Entwicklung von Applikationen, die sich nicht an den Datenschutz halten, uninteressant machen, indem sie solche Applikationen erkennen und nicht verwenden.

9.2   Datensicherheit

Im Kontext von Datensicherheit sind *Kryptografie* bzw. Verschlüsselung und *Backup* wichtige Themen. Kryptografie wird genutzt, um Informationen vor unbefugtem Zugriff zu schützen, und Backups werden angelegt, um Informationsverlust vorzubeugen.

---

[3] Bei Facebook kann man beispielsweise vollständige Auszüge anfordern, die je nach Aktivität auf Facebook, bis in den Bereich von Gigabytes groß sind.

9.2.1 Kryptografie

Kryptografie (altgriechisch *kryptos* ($\kappa\rho\upsilon\pi\tau\sigma\varsigma$): verborgen, *graphein* ($\gamma\rho\alpha\varphi\epsilon\iota\nu$): schreiben) ist die Wissenschaft der Verschlüsselung von Informationen. Sie wird genutzt, um Informationen auf eine Art und Weise zu verändern, dass ein Unbefugter die Informationen nicht mehr lesen kann. Es soll nur dem tatsächlichen Adressaten einer Nachricht möglich sein, diese auch zu lesen. Es geht also explizit nicht darum, den Diebstahl von Informationen zu verhindern,[4] sondern es geht darum, dass entwendete Informationen nicht *gelesen* werden können.

Kryptografie hat mehrere Ziele. Das erste Ziel ist die *Vertraulichkeit*, die bereits angesprochen wurde. Dabei geht es darum, dass Unbefugte den Inhalt vertraulicher Kommunikation nicht mitlesen können. Darüber hinaus sind aber auch noch *Integrität* und *Authentifizierung* Ziele der Kryptografie. Dabei geht es um die Frage, ob eine Nachricht verändert wurde und ob sie wirklich vom angegebenen Sender stammt. Gerade diese beiden Ziele lassen sich aber nicht mit allen Verschlüsselungsverfahren erreichen. Doch mehr dazu im Kontext der folgenden Abschnitte zu den jeweiligen Verfahren.

Es gibt verschiedene Arten von Verschlüsselungsverfahren bzw. *Chiffren*, die normalerweise in zwei Gruppen eingeteilt werden:

- **Klassische Verfahren** verwenden Alphabete.[5] Normalerweise wird ein „echtes" Alphabet verwendet, beispielsweise das lateinische Alphabet.
- **Moderne Verfahren** funktionieren auf der Basis von Zahlen und verwenden mathematische Funktionen zur Verschlüsselung. Daher muss jeder Buchstabe eines Alphabets vorher in eine numerische Darstellung umgewandelt werden, um verschlüsselt werden zu können.

Beide Gruppen haben jeweils weitere Untergruppe, wie in Abb. 9.1 zu sehen ist.

Trotz dieser Unterscheiden haben beide Gruppe einige Gemeinsamkeiten:

- **Klartext:** Der Klartext m ist die Information, die verschlüsselt werden soll. Er muss in einem für das eingesetzte Verschlüsselungsverfahren geeigneten Format vorliegen, d. h. tatsächlich als Text oder in einer numerischen Repräsentation.
- **Schlüssel:** Der Schlüssel k ist eine geheime Information, die zur Ver- und Entschlüsselung eingesetzt wird.
- **Geheimtext:** Der Geheimtext c entsteht, wenn der Klartext mit dem Schlüssel verschlüsselt wird.

---

[4] Dazu werden andere Technologien, wie digitale Zugangskontrollen oder Steganografie eingesetzt.

[5] Ja, genau … die Dinger von den formalen Sprachen!

Im weiteren Verlauf dieses Kapitels tauchen immer wieder Alice und Bob als Protagonis-
ten auf. Dabei will Alice eine Nachricht *m* über einen unsicheren Kanal an Bob schicken.
Dazu verschlüsselt (codiert) sie den Klartext dieser Nachricht mit dem Schlüssel *k* und
erhält den Geheimtext *c*, den sie unbesorgt übermitteln kann. Bob benötigt seinerseits
den Schlüssel *k*, um den empfangenen Geheimtext entschlüsseln (decodieren) zu können.
Ohne Kenntnis des Schlüssels ist es – praktisch – nicht möglich, eine verschlüsselte
Nachricht zu lesen. Damit ergibt sich eigentlich ein Henne-Ei-Problem, denn der Schlüssel
kann natürlich **nicht** über den unsicheren Kanal übertragen werden, dazu aber später
mehr. Dieser grundlegende Ablauf einer verschlüsselten Kommunikation ist in Abb. 9.2
dargestellt.

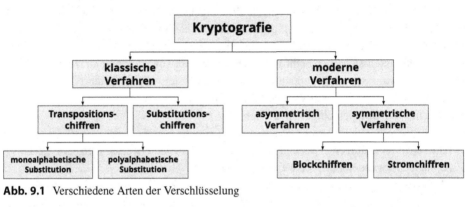

Abb. 9.1 Verschiedene Arten der Verschlüsselung

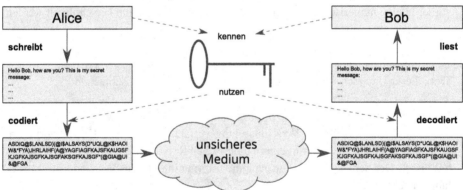

Abb. 9.2 Ablauf verschlüsselter Kommunikation

9.2.1.1 Klassische Verfahren

Klassische Verfahren eignen sich in gewissen Rahmen,[6] um *Vertraulichkeit* herzustellen. Sollen mehr als zwei Personen miteinander kommunizieren, benötigen alle denselben Schlüssel. Da klassische Verfahren denselben Schlüssel zur Ver- und zur Entschlüsselung verwenden, ist es nicht ohne Weiteres möglich *Authentifizierung* herzustellen, denn der Schlüssel ist nicht personalisiert. Gerade bei einer Kommunikation mehrerer Parteien mit demselben Schlüssel kann also nicht abgeleitet werden, wer die Nachricht verfasst hat. Aus demselben Grund lässt sich auch die Integrität einer Nachricht nicht sicherstellen, da es theoretisch möglich ist, dass einer der Kommunikationspartner die Nachricht eines anderen abfängt und modifiziert weiterreicht. Die klassischen Verfahren lassen sich ihrerseits in zwei Kategorien aufteilen:

- **Transpositions-Chiffren:** Die Verschlüsselung wird durch *Umordnung* der Zeichen im Klartext umgesetzt
- **Substitutions-Chiffren:** Die Verschlüsselung wird durch *Ersetzung* der Zeichen im Klartext realisiert

Transpositions-Chiffren

Transpositions-Chiffren ordnen die Zeichen im Klartext neu an. Das wird anhand einer Permutation π realisiert, die angibt wie genau die Umordnung aussieht. Eine Permutation sieht wie folgt aus:

$$\pi = \begin{pmatrix} 1 & 2 & \dots & n \\ \pi(1) & \pi(2) & \dots & \pi(n) \end{pmatrix} \tag{9.1}$$

Die Permutation π gibt für jede Position i eines Zeichens in m bijektiv eine neue Position $\pi(i)$ an, an die das Zeichen verschoben wird. Um diese abstrakte Repräsentation für eine Verschlüsselung nutzen zu können, muss π als Permutationsmatrix $P_\pi \in \{1, 0\}^{n \times n}$ dargestellt werden, wobei n die Länge des Klartextes m ist. Da die Permutationsmatrix angibt, wie die Umordnung der Buchstaben durchzuführen ist, entspricht sie dem Schlüssel k.

$$P_\pi = \begin{pmatrix} p_{11} & \dots & p_{1n} \\ \dots & \ddots & \dots \\ p_{n1} & \dots & p_{nn} \end{pmatrix} \tag{9.2}$$

Um die Permutationsmatrix anwenden zu können, muss der Klartext als Vektor $\vec{m} \in \mathbb{R}^n$ dargestellt werden. Dazu müssen die Zeichen des Klartextes in Zahlen umgewandelt

---

[6] Hier ist der Kontext wichtig. Die klassischen Verfahren stammen aus Zeiten, in denen es noch keine Computer gab. Heutzutage ermöglichen Computer erfolgreiche Angriffe auf diese Verfahren.

werden. Der entstandene Vektor kann dann mit der Permutationsmatrix multipliziert werden. Der Geheimtext ergibt sich also wie folgt:

$$\vec{c} = P_\pi * \vec{m} \tag{9.3}$$

Die Entschlüsselung funktioniert durch Multiplikation der inversen Permutationsmatrix:

$$\vec{m} = P_\pi^{-1} * \vec{c} \tag{9.4}$$

Beispiel (Transpositions-Chiffre)

Alice möchte einen Klartext $m =$ HALLO an Bob schicken. Um aus dem Klartext den Vektor $\vec{m}$ zu erzeugen, ersetzt sie alle Buchstaben durch ihren jeweiligen ASCII-Code, sodass sich $\vec{m} = (72, 65, 76, 76, 79)^T$ ergibt. Sie und Bob haben sich vorher auf eine Permutation π wie folgt geeinigt:

$$\pi = \begin{pmatrix} 1\ 2\ 3\ 4\ 5 \\ 5\ 4\ 3\ 2\ 1 \end{pmatrix}$$

Daraus ergibt sich P_π:

$$P_\pi = \begin{pmatrix} 0\ 0\ 0\ 0\ 1 \\ 0\ 0\ 0\ 1\ 0 \\ 0\ 0\ 1\ 0\ 0 \\ 0\ 1\ 0\ 0\ 0 \\ 1\ 0\ 0\ 0\ 0 \end{pmatrix}$$

Daraus kann Alice dann den Geheimtext $\vec{c}$ berechnen:

$$\vec{c} = P_\pi * \vec{m} = \begin{pmatrix} 0\ 0\ 0\ 0\ 1 \\ 0\ 0\ 0\ 1\ 0 \\ 0\ 0\ 1\ 0\ 0 \\ 0\ 1\ 0\ 0\ 0 \\ 1\ 0\ 0\ 0\ 0 \end{pmatrix} * \begin{pmatrix} 72 \\ 65 \\ 76 \\ 76 \\ 79 \end{pmatrix} = \begin{pmatrix} 79 \\ 76 \\ 76 \\ 65 \\ 72 \end{pmatrix}$$

Daraus ergibt sich, nachdem die Zahlen wieder in Zeichen umgewandelt wurden, der Geheimtext $c =$ OLLAH. Analog zu Alices Vorgehen kann Bob den Geheimtext entschlüsseln:

$$\vec{m} = P_\pi^{-1} * \vec{c} = \begin{pmatrix} 0\,0\,0\,0\,1 \\ 0\,0\,0\,1\,0 \\ 0\,0\,1\,0\,0 \\ 0\,1\,0\,0\,0 \\ 1\,0\,0\,0\,0 \end{pmatrix} * \begin{pmatrix} 79 \\ 76 \\ 76 \\ 65 \\ 72 \end{pmatrix} = \begin{pmatrix} 72 \\ 65 \\ 76 \\ 76 \\ 79 \end{pmatrix}$$

Da Bob weiß, dass Alice die Umwandlung von Buchstaben in Zahlen anhand des ASCII-Codes vorgenommen hat, kann er jetzt einfach den Klartext m = HALLO wiederherstellen. ◄

Die Komplexität bei diesem Vorgehen stellt allerdings ein wichtiges Problem dar: Da für jeden Buchstaben im Klartext ein Eintrag in der Permutationsmatrix notwendig ist, hat diese Matrix die Dimension $N \times N$. Das bedeutet, dass die Größe der Matrix quadratisch mit der Länge des Klartextes anwächst. Das hat zur Folge, dass die Ver- und Entschlüsselung für lange Texte sehr langsam wird. Um dieses Problem zu lösen, wird der Klartext in Abschnitte der Länge s unterteilt, die dann untereinander notiert werden. Leerzeichen werden bei der Zerlegung des Klartextes in der Regel ignoriert. Damit kann dann eine Verschlüsselung anhand einer *Spaltentransposition* durchgeführt werden.

Beispiel (Klartext bei der Spaltentransposition)

Alice möchte den Klartext m = HALLO WELT! versenden und entscheidet sich für $s = 5$. Damit ergeben sich zwei Abschnitte, nämlich HALLO und WELT!, die Alice dann wie folgt untereinander schreibt:

HALLO

WELT!   ◄

Zeichen in derselben Spalte werden dabei zusammengefasst, sodass zur Reduzierung des Rechenaufwands ganze Spalten permutiert werden, anstatt einzelner Zeichen. Damit ändert sich der Aufbau der Permutationsmatrix P_π nicht, ihre Größe reduziert sich aber von $N \times N$ auf $s \times s$.

Beispiel (Verschlüsselung mit Spaltentransposition)

Alice verwendet wieder den ASCII-Code zur Umwandlung von Zeichen in Zahlen, sodass sich folgende Darstellung des Klartextes ergibt:

$$\vec{m} = \begin{pmatrix} 72\ 65\ 76\ 76\ 79 \\ 87\ 69\ 76\ 84\ 33 \end{pmatrix}^T$$

Damit kann sie dann den Geheimtext wie folgt berechnen:

$$\vec{c} = P_\pi * \vec{m} = \begin{pmatrix} 0\,0\,0\,0\,1 \\ 0\,0\,0\,1\,0 \\ 0\,0\,1\,0\,0 \\ 0\,1\,0\,0\,0 \\ 1\,0\,0\,0\,0 \end{pmatrix} * \begin{pmatrix} 72\ 87 \\ 65\ 69 \\ 76\ 76 \\ 76\ 84 \\ 79\ 33 \end{pmatrix} = \begin{pmatrix} 79\ 33 \\ 76\ 84 \\ 76\ 76 \\ 65\ 69 \\ 72\ 87 \end{pmatrix}$$

Danach kann Alice anhand von $\vec{c}$ den tatsächlichen Geheimtext ableiten:

OLLAH

!TLEW

Das fügt Alice zu c = OLLAH!TLEW zusammen und übermittelt den so entstandenen Geheimtext an Bob. Dieser kann den erhaltenen Geheimtext dann entschlüsseln, da er π bzw. P_π kennt. Daher kennt er auch s, da P_π die Dimension $s \times s$ hat. Damit kann er den Vektor $\vec{c}$ bestimmen und daraus $\vec{m}$ anhand der Formel $\vec{m} = P_\pi^{-1} * \vec{c}$ berechnen. Daraus kann er dann schlussendlich den Klartext m ableiten. ◄

In Allgemeinen haben Transpositions-Chiffren den Nachteil, dass jedes Zeichen des Klartextes erhalten bleibt und nur deren Reihenfolge verändert wird. Das könnte einen Menschen, der den Geheimtext sieht, in die Lage versetzen, Teile des Klartextes zu raten und so die Verschlüsselung unsicher zu machen.

Nerd Alert:
Am Schluss des letzten Absatzes habe ich bewusst *einen Menschen* erwähnt, da ein Computer durch *scharfes Hinsehen* nicht ohne Weiteres Teile der Verschlüsselung erraten kann. Für den Computer sieht es nämlich gar nicht mal so gut aus, wenn er versucht, eine Transpositions-Chiffre zu knacken. Selbst wenn eine Spaltentransposition verwendet wird, wächst die Anzahl möglicher Schlüssel n anhand der Formel $n = s!$ – und die Fakultät (das ! in der Formel) wächst *sehr* schnell. Für $s = 20$ ergeben sich $2,432902 * 10^{18} = 2.432.902.000.000.000.000$ verschiedene Möglichkeiten. Für $n = 30$ sind es bereits $2,6525286 * 10^{32} = 265.252.860.000.000.000.000.000.000.000.000$ Möglichkeiten.

Substitutions-Chiffren

Eine Substitutions-Chiffre ersetzt jedes Zeichen des Klartextes durch ein anderes Zeichen um den Geheimtext zu bilden. Dabei stammen die Zeichen des Klartextes aus dem sogenannten *Klartext-Alphabet* $\mathcal{P}$ und die Zeichen des Geheimtexts aus dem *Geheimtext-*

Alphabet $\mathcal{S}$.[7] Damit ein erzeugter Geheimtext wieder eindeutig in einen Klartext umgesetzt werden kann, muss die verwendete Ersetzung *injektiv* sein, d. h., dass jedes Zeichen aus dem Geheimtext-Alphabet genau einem Zeichen aus dem Klartext-Alphabet zugeordnet ist.

Grundsätzlich lassen sich drei Arten von Substitutions-Chiffren unterscheiden:

- **Monoalphabetische Substitution:** Jedes Zeichen des Klartextes wird durch genau ein eindeutiges Zeichen aus dem Geheimtext-Alphabet ersetzt, das für einen gewählten Schlüssel immer gleich ist.
- **Homophone Substitution:** Jedes Zeichen des Klartextes wird durch genau ein anderes Zeichen aus einer eindeutigen Menge von Zeichen ersetzt, die für einen gewählten Schlüssel immer gleich ist.
- **Polyalphabetische Substitution:** Jedes Zeichen wird durch ein eindeutiges Zeichen aus einem von mehreren geheimen Alphabeten ersetzt, die für einen gewählten Schlüssel immer gleich sind. Die Alphabete werden dabei immer der Reihe nach verwendet.

Monoalphabetische Substitutions-Chiffren
Eine monoalphabetische Substitutions-Chiffre ist gegeben durch eine bijektive Abbildung $k : \mathcal{P} \to \mathcal{S}$. Dabei ist die Abbildung gleichzeitig auch der Schlüssel k.

Beispiel (Cäsar-Chiffre)

Im einfachsten Fall beinhalten $\mathcal{P}$ und $\mathcal{S}$ dieselben Zeichen, wobei das zweite Alphabet mit dem k-ten Zeichen beginnt. Diese Variante einer monoalphabetischen Substitutions-Chiffre wird *Cäsar-Chiffre* genannt.

Alice wählt für die Verschlüsselung $k = 10$ und erhält damit die folgenden Alphabete:

```
P: A B C D E F G H I J K L M N O P Q R S T U V W X Y Z
S: J K L M N O P Q R S T U V W X Y Z A B C D E F G H I
```

Da Alice $k = 10$ gewählt hat, beginnt das Geheimtext-Alphabet mit J, dem zehnten Buchstaben des Alphabets. Die Verschlüsselung führt Alice durch, indem sie jeden Buchstaben ihres Klartextes durch den entsprechenden Buchstaben aus dem Geheimtext-Alphabet ersetzt. Werden die beiden Alphabete wie weiter oben aufgeschrieben, ist das einfach der Buchstabe im Geheimtext-Alphabet der direkt unter dem Buchstaben im Klartext-Alphabet steht. Damit ergibt sich für die Nachricht HALLO der Geheimtext QJUUX. Bob kann den Geheimtext dann entschlüsseln, indem er wiederum beide Alphabete untereinander schreibt und jedem Buchstaben aus dem Geheimtext den

---

[7] Klartext-Alphabet und Geheimtext-Alphabet können gleich sein.

zugehörigen Buchstaben aus dem Klartext-Alphabet zuordnet, der dann genau darüber steht. ◄

Die Cäsar-Chiffre kann mathematisch wie folgt ausgedrückt werden:

$$i_c = f_k(p) = i_p + k \; mod \; 26 \qquad (9.5)$$

Dabei sind $p \in \mathcal{P}, c \in \mathcal{C}$ die Zeichen aus Klartext- bzw. Geheimtext-Alphabet und i_p, i_c die Indizes von p und s in $\mathcal{P}$ bzw. $\mathcal{S}$.

Eine *Schiebe-Chiffre* hat im Allgemeinen folgende mathematische Form:

$$c = f_k(p) = (p + k) \; mod \; n \qquad (9.6)$$

Dabei ist n die Länge des Alphabets. Die Formulierung erfordert eine Abbildung zwischen den Zeichen der Alphabete und den entsprechenden Indizes, sodass p und c auf Zahlen abgebildet werden können.

Homophone Substitutions-Chiffren

Eine homophone Substitutions-Chiffre ist gegeben durch eine Abbildung $k : \mathcal{P} \to 2^{\mathcal{S}}$. Dabei ist k wieder der Schlüssel für die Chiffre. $2^{\mathcal{S}}$ bezeichnet die Potenzmenge von $\mathcal{S}$. Für jedes $p \in \mathcal{P}$ wird eine eindeutige Teilmenge c_p von $2^{\mathcal{S}}$ ausgewählt. Das heißt im Besonderen, dass für $p_1, p_2 \in \mathcal{P}$ gelten muss, dass $k(p_1) \neq \emptyset$ und $k(p_1) \cap k(p_2) = \emptyset$. Für die Verschlüsselung wird ein zufälliges Element aus c_p ausgewählt und als Ersetzung für p verwendet.

Beispiel (Homophone Chiffre)

Alice wählt für die Verschlüsselung eine geeignete Abbildung k wie folgt:

p	c_p
A	7
L	1 5
O	0
H	8

Möchte Alice nun die Nachricht M = HALLO verschlüsseln, ergeben sich vier mögliche Geheimtexte:

$$C_1 = 8 \; 7 \; 1 \; 1 \; 0$$
$$C_2 = 8 \; 7 \; 1 \; 5 \; 0$$
$$C_3 = 8 \; 7 \; 5 \; 1 \; 0$$
$$C_4 = 8 \; 7 \; 5 \; 5 \; 0$$

Dass sich vier mögliche Geheimtexte ergeben, liegt daran, dass für den Buchstaben L zwei verschiedene Zeichen zur Ersetzung durch die Abbildung definiert sind. ◄

Polyalphabetische Substitutions-Chiffren
Eine polyalphabetische Substitutions-Chiffre funktionert prinzipiell nach demselben Prinzip wie eine monoalphabetische Substitutions-Chiffre. Allerdings gibt es mehr als ein Geheimtext-Alphabet, nämlich d Stück. Diese werden nacheinander verwendet, um den Geheimtext zu erzeugen. Das heißt, dass das erste Zeichen mit dem ersten Geheimtext-Alphabet verschlüsselt wird, das zweite Zeichen mit dem zweiten Geheimtext-Alphabet usw. Wieviele Geheimtext-Alphabete es gibt und wie diese aufgebaut sind hängt vom Schlüssel k ab. Mathematisch kann eine polyalphabetische Substitution durch eine bijektive Abbildung beschrieben werden:

$$f_i : A \rightarrow C_i, 1 \leq i \leq d \qquad (9.7)$$

Ein Klartext $M = m_1 m_2 \ldots m_d m_{d+1} \ldots m_{2d} m_{2d+1} \ldots$ wird dann zum Geheimtext $C = f_1(m_1) f_2(m_2) \ldots f_d(m_d) f_1(m_{d+1}) \ldots f_d(m_{2d}) f_1(m_{2d+1}) \ldots$ verschlüsselt. Das bedeutet, dass jedes Zeichen wie folgt verschlüsselt wird:

$$c_i = f_j(m_i), \; j = ((i - 1) \mod d) + 1 \qquad (9.8)$$

Die Abbildung eines Zeichens des Klartextes auf ein Zeichen des Geheimtext-Alphabets funktioniert analog zum Verfahren bei monoalphabetischen Substitutions-Chiffren. Genau genommen ist die monoalphabetische Substitutions-Chiffre ein Sonderfall der polyalphabetischen Substitutions-Chiffre für $d = 1$.

Beispiel (Vigenère-Chiffre)

Eine bekannte polyalphabetische Substitutions-Chiffre ist die Vigenère-Chiffre. Sie funktioniert im Prinzip wie die Cäsar-Chiffre, verwendet also verschobene lateinische Alphabete zur Verschlüsselung. Wie viele Alphabete und wie jedes von ihnen verschoben, wird durch den Schlüssel k bestimmt, der in diesem Fall ein Wort ist. Es gibt also soviele geheime Alphabete, wie es Zeichen in k gibt und jedes dieser Alphabete ist verschoben, sodass das i-te Alphabet mit dem i-ten Zeichen von k beginnt.

Alice wählt das Schlüsselwort k = EDV. Damit ergeben sich Klartext- und Geheimalphabete wie folgt:

$\mathcal{P}$: A B C D E F G H I J K L M N O P Q R S T U V W X Y Z
$\mathcal{S}_1$: E F G H I J K L M N O P Q R S T U V W X Y Z A B C D
$\mathcal{S}_2$: D E F G H I J K L M N O P Q R S T U V W X Y Z A B C
$\mathcal{S}_3$: V W X Y Z A B C D E F G H I J K L M N O P Q R S T U

Damit kann Alice den Klartext M = HALLOHALLO verschlüsseln, indem Sie die Buchstaben des Klartextes wie bei der Cäsar-Chiffre zuordnet und dabei die drei Geheimtext-Alphabete reihum verwendet. Da der Klartext mehr Zeichen enthält, als es Geheimtext-Alphabete gibt, fängt sie nach jeweils drei Zeichen wieder beim ersten Geheimtext-Alphabet an. Somit ergibt sich der Geheimtext C = LDGPRCEOGS. ◄

9.2.1.2 Moderne Verfahren

Moderne Verschlüsselungsverfahren werden, im Gegensatz zu klassischen Verfahren, nicht mehr auf Zeichen einer natürlichen Sprache angewandt. Stattdessen werden Zahlen bzw. Bits als Grundlage der Operationen verwendet. Damit können beliebige Daten verschlüsselt werden, nicht mehr nur Text. Damit sind moderne Verschlüsselungsverfahren den Anforderungen der heutigen digitalen Gesellschaft gewachsen. Moderne Verfahren lassen sich in zwei grundsätzliche Klassen einteilen: *Symmetrische Verfahren* und *Asymmetrische Verfahren*. Beide werden in den folgenden Abschnitten beschrieben.

Symmetrische Verfahren

Ähnlich wie die klassischen Verfahren verwenden symmetrische Verfahren denselben Schlüssel zur Ver- und Entschlüsselung. Daraus ergibt sich das Problem des *Schlüsselaustausches*.[8] Daraus folgt, dass sich auch die symmetrischen Verfahren, wie die klassischen Verfahren, zwar zur Herstellung von *Vertraulichkeit*, aber nicht zur Sicherstellung von *Authentifizierung* und *Integrität* eignen. Auch die symmetrischen Verfahren lassen sich in zwei grundsätzliche Typen einteilen: *Block-Chiffren* und *Strom-Chiffren*.

Block-Chiffren

Bei Block-Chiffren werden die zu verschlüsselnden Daten m in Blöcke derselben Größe aufgeteilt. Sollte der letzte Block kleiner werden als die restlichen Blöcke, wird er mit Nullen aufgefüllt, bis er die korrekte Größe hat. Im einfachsten Fall wird wieder jeder der zuvor erzeugten Blöcke m_i mit dem Schlüssel k in einen verschlüsselten Block c_i derselben Größe überführt. Wie die Verschlüsselung im Detail durchgeführt wird, hängt von konkreten Verfahren ab, im einfachsten Fall handelt es sich um eine simple XOR-Verknüpfung, es können aber auch Substitutionen oder Transpositionen zum Einsatz kommen. Damit ergibt sich für die Verschlüsselung für eine beliebige Operation $\odot$ die folgende mathematische Vorschrift für die Verschlüsselung:

$$c_i = m_i \odot k \tag{9.9}$$

Analog wird die Entschlüsselung mit der zu $\odot$ inversen Operationen durchgeführt:

$$m_i = c_i \odot^{-1} k \tag{9.10}$$

---

[8] Dasselbe Problem existiert prinzipiell auch für die klassischen Verfahren, verschärft sich aber in einer digitalen Welt ohne berittene Boten etwas … Aber dazu später mehr.

Beispiel (Block-Chiffre mit XOR-Operation (ECB))

Alice möchte den Klartext $M =$ HALLO versenden. Um diesen Klartext verschlüsseln zu können, muss Alice diesen zunächst in eine Zahldarstellung umwandeln. Dies kann sie anhand der ASCII-Tabelle machen und erhält so $m = 72, 65, 76, 76, 79$. Sie wählt eine Blocklänge von 2 Byte für die Verschlüsselung. Wird ein Buchstabe mit einem Byte codiert, muss am Ende der Nachricht noch ein Null-Byte angehängt werden, um gleichgroße Blöcke zu erhalten. Sie erhält also $m = 72, 65, 76, 76, 79, 00$, was sie wie folgt in Blöcke in Binärdarstellung umwandelt:

$$m_1 = bin(72)bin(65) = 0100100001000001$$
$$m_2 = bin(76)bin(76) = 0100110001001100$$
$$m_3 = bin(79)bin(00) = 0100111100000000$$

Anschließend wählt sie einen Schlüssel passender Länge mit $k = 0100010001000110$. Anhand einer XOR-Operationen (mit $\oplus$ dargestellt), ergibt sich die Verschlüsselung der Blöcke wie folgt:

$$c_1 = 0100100001000001 \oplus 0100010001000110 = 0000110000000111$$
$$c_2 = 0100110001001100 \oplus 0100010001000110 = 0000100000001010$$
$$c_3 = 0100111100000000 \oplus 0100010001000110 = 0000101101000110$$

Da die XOR-Operation selbstinvers ist, kann Bob die Entschlüsselung anhand genau derselben Rechnung durchführen. Er führt also eine XOR-Operation mit den verschlüsselten Blöcken und dem Schlüssel aus und erhält m_1, m_2 und m_3 zurück. ◄

Das im Beispiel gezeigte, einfachste Vorgehen bei einer Block-Chiffre nennt sich *electronic codebook mode* (ECB). ECB bringt das Problem mit sich, dass identische Datenblöcke m_i, m_j auf denselben Code-Block $c_{i,j}$ abgebildet werden. Damit bleibt ein Teil der Struktur der verschlüsselten Daten für einen Angreifer sichtbar. Für dieses Problem gibt es mehrere Lösungsansätze. Einer davon ist *cipher block chaining* (CBC). Dabei wird jeder Datenblock m_i nicht nur mit dem Schlüssel k, sondern auch mit dem Datenblock m_{i-1} verknüpft. Für den ersten Datenblock m_0 wird statt des vorhergehenden Datenblocks ein „zufällig"[9] generierter Block r verwendet. Damit ergibt sich die Verschlüsselung für CBC wie folgt:

$$c_i = (m_i \oplus c_{i-1}) \odot k, c_0 = r \qquad (9.11)$$

Die Entschlüsselung funktioniert in umgekehrter Reihenfolge:

$$m_i = (c_i \odot^{-1} k) \oplus c_{i-1}, c_0 = r, i > 1 \qquad (9.12)$$

---

[9] PRNGs ... Sie erinnern sich?

Beispiel (Block-Chiffre mit XOR-Operation (CBC))

Alice möchte die Nachricht M =HALLO versenden. Daraus ergeben sich für sie dieselben Datenblöcke m_1, m_2 und m_3 wie im vorherigen Beispiel. Zur Verschlüsselung bestimmt Alice den zufälligen Block $r = 0100011000001111$. Sie verwendet wieder die XOR-Operation für die Verschlüsselung und in diesem Fall auch für die Verknüpfung der einzelnen Datenblöcke, sodass sich die folgenden verschlüsselten Blöcke ergeben:

$$c_1 = (m_1 \oplus r) \oplus k = 0100101000001000$$
$$c_2 = (m_2 \oplus c_1) \oplus k = 0100001000000110$$
$$c_3 = (m_3 \oplus c_2) \oplus k = 0100100101000000$$

Bob führt die Entschlüsselung durch, indem er zunächst jeden Block mit dem Schlüssel mit einer XOR-Operation verknüpft. Anschließend muss er jeden Block noch mit dem vorhergehenden Block verknüpfen.

$$m_1 = (c_1 \oplus k) \oplus r$$
$$m_2 = (c_2 \oplus k) \oplus c_1$$
$$m_3 = (c_3 \oplus k) \oplus c_2 \qquad \blacktriangleleft$$

Es gibt noch weitere Vorgehensweisen für Block-Chiffren, deren Diskussion an dieser Stelle aber zu weit führen würde. Eine detaillierte Diskussion wird in [3] gegeben.

Nerd Alert:
Bislang waren die Beispiele alle ziemlich einfach und aus der Sicht von Security-Profis nicht als sicher einzustufen. Heutzutage verwendete Verschlüsselungsalgorithmen sind weitaus komplexer als es hier den Anschein haben mag. Deswegen soll hier ein noch halbwegs gut verständlicher und bekannter Algorithmus diskutiert werden: der *Data Encryption Standard* (DES). Ein Wort zur Warnung: DES ist heute aufgrund seiner kurzen Schlüssellänge nicht mehr als sicher eingestuft! Allerdings werden Varianten des Algorithmus heutzutage noch eingesetzt, sodass er weiterhin als Praxisbeispiel geeignet ist.

Der Algorithmus wurde 1977 bei IBM entwickelt und war der erste standardisierte kryptografische Algorithmus. DES hat eine Schlüssellänge von 56 Bits und verwendet eine Kombination von Substitution und Transposition.

Die Daten M werden in Blöcke der Größe 64 Bits aufgeteilt. Jeder dieser Blöcke wird dann wie in folgender Grafik dargestellt weiterverarbeitet.

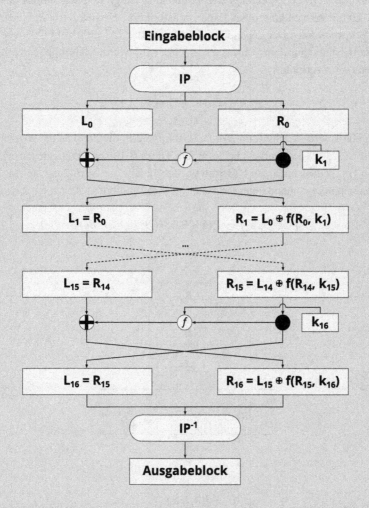

Jeder Eingabe-Block T_0 wird zunächst einer initialen Permutation (IP) unterzogen. Anschließend wird der so entstandene Block in zwei gleichgroße Teile L_0 und R_0 zerlegt. Dabei gilt, dass $T_0 = L_0 R_0$. Anschließend wird in 16 Iterationen eine Funktion f auf T_0 angewendet. Dabei wird jedes Zwischenergebnis T_i für jeden Schritt wiederum in zwei Teile L_i und R_i zerlegt. $T_i = L_i R_i$ ist also das Ergebnis der i-ten Iteration. Im Allgemeinen gilt die folgende Gleichung:

$$L_i = R_{i-1}, \ R_i = L_{i-1} \oplus f(R_{i-1}, k_i) \tag{9.13}$$

Die Funktion $f(R_{i-1}, k_i)$ erzeugt wieder einen 32 Bit großen Datenblock aus R_{i-1} und k_i. Unter Verwendung einer Expansionsfunktion E wird dazu R_{i-1} zunächst auf 48 Bit *expandiert*. Der expandierte Block und der Teilschlüssel k_i, der ebenfalls 48 Bit lang ist und aus dem Schlüssel k erzeugt wird, werden anschließend mit einer XOR-Funktion verknüpft:

$$E(R_{i-1}) \oplus k_i = B_1 B_2 \ldots B_8 \tag{9.14}$$

Das Ergebnis wird in acht Teile $B_1, \ldots, B_8$ aufgeteilt, die dann an die sogenannten *S-Boxen* $S_1, \ldots, S_8$ weitergegeben werden. Diese S-Boxen erzeugen jeweils wiederum 4 Bit, sodass nach den S-Boxen wieder 32 Bits zur Verfügung stehen. Diese werden dann noch anhand einer Permutation P permutiert:

$$f(R_{i-1}, k_i) = P(S_1(B_1) S_2(B_2) \ldots S_8(B_8)) \tag{9.15}$$

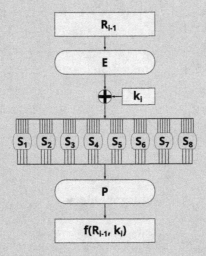

Grundsätzlich funktioniert DES mit einem Schlüssel k der Länge 56 Bit, aber jede der Iterationen funktioniert mit Teilschlüsseln k_i der Länge 48 Bit. Diese Teilschlüssel werden pro Runde generiert, indem zunächst die Permutation PC_1 auf k angewendet wird. Anschließend wird das Ergebnis in zwei Hälften C_0 und D_0 mit jeweils 28 Bits Länge aufgeteilt. Es gilt also $PC_1(k) = C_0 D_0$. Für jeden neuen Rundenschlüssel werden zirkuläre Linksverschiebungen (LS_i) auf C_i und D_i angewendet.

$$C_i = LS_i(C_{i-1}), \quad D_i = LS_i(Di - 1) \tag{9.16}$$

Für einen Teilschlüssel müssen aus den 56 Bits der Rundenschlüssel noch 48 Bit selektiert werden, was anhand der Permutation PC_2 erfolgt.

$$k_i = PC_2(C_i, D_i) \tag{9.17}$$

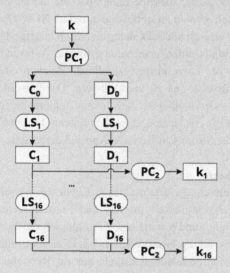

Das Hauptproblem des DES-Algorithmus ist der kurze Schlüssel von nur 56 Bits! Mit der steigenden Rechenleistung der letzten Jahre ist es möglich geworden alle möglichen Schlüssel innerhalb weniger Tage durchzuprobieren. Gezieltere Angriffe sind sogar in noch kürzerer Zeit möglich [4]. Daher wurde eine erweiterte Version von DES entworfen, die eine Schlüssellänge von 168 Bits hat: *Triple DES* (3DES). Dabei wird unter Verwendung dreier verschiedener DES-Schlüssel zunächst mit dem ersten Schlüssel k_1 verschlüsselt, dann mit dem zweiten Schlüssel k_2 entschlüsselt und anschließend mit dem dritten Schlüssel k_3 wieder verschlüsselt. Die Entschlüsselung funktioniert in umgekehrter Reihenfolge. Für weitere Informationen zu DES siehe auch Anhang A.3.

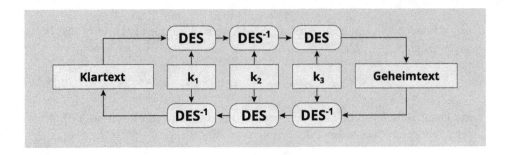

Strom-Chiffren

Strom-Chiffren verwenden statt Datenblöcke fester Länge einen Generator, um einen Schlüsselstrom zu erzeugen, der dieselbe Länge hat wie die zu verschlüsselnden Daten. Schlüsselstrom und Daten werden anschließend mit einer XOR-Operation verknüpft. Der Schlüsselstrom wird aus dem Schlüssel k deterministisch erzeugt. Dies kann beispielsweise anhand geeigneter Zufallszahlengeneratoren erfolgen. Aufgrund ihrer Funktionsweise sind Strom-Chiffren in der Lage, einzeln anfallende Zeichen einer Nachricht dennoch anhand desselben Schlüsselstroms zu verschlüsseln. Daher werden Strom-Chiffren oft im Bereich Mobilfunk oder ähnlichen Anwendungsfeldern eingesetzt, da dort die zu verschlüsselnden Daten oft erst nach und nach anfallen. Der prinzipielle Ablauf bei der Verschlüsselung mit einer Strom-Chiffre ist in Abb. 9.3 dargestellt.

Asymmetrische Verfahren

Asymmetrische Verschlüsselungsverfahren, auch *Public-key*-Verfahren genannt, verwenden zwei unterschiedliche Schlüssel zur Ver- und Entschlüsselung. Diese werden als *public key* (Verschlüsselung) und *private key* (Entschlüsselung) bezeichnet und bilden ein *Schlüsselpaar*. Die Verwendung eines *Schlüsselpaars* erlaubt unterschiedliche Funktionen; asymmetrische Verfahren lassen sich nicht nur zur Herstellung von *Vertraulichkeit* einsetzen, sondern auch zur Sicherstellung von *Authentifizierung* und *Integrität*. Der Grund ist, dass jeder Kommunikationsteilnehmer ein eigenes Schlüsselpaar braucht. Da asymmetrische Verfahren nicht nur zur Verschlüsselung, sondern auch zur *digitalen Signatur* eingesetzt werden können, kann ebenfalls die *Authentifizierung* des Senders und die *Integrität* der Nachricht gewährleistet werden. Die Verschlüsselung bei asymmetrischen Verfahren läuft anders ab als bei symmetrischen Verfahren, wie in Abb. 9.4

Abb. 9.3 Ablauf einer
Strom-Chiffre

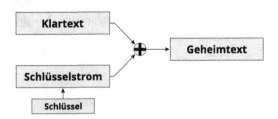

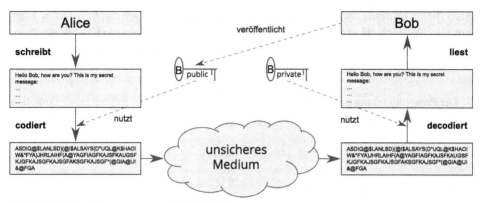

Abb. 9.4 Ablauf eines asymmetrischen Verfahrens

dargestellt. Durch die Verwendung eines Schlüsselpaars umgehen asymmetrische Verschlüsselungsverfahren auch das Problem des Schlüsselaustausches, da der *private key* beim Eigentümer verbleibt und der *public key* bedenkenlos veröffentlicht werden kann.

Verschlüsselung

Da asymmetrische Verschlüsselungsverfahren einen anderen Ansatz verfolgen als die symmetrischen Verfahren, ist die interne Funktionsweise auch deutlich anders. Die meisten asymmetrischen Verfahren basieren auf mathematischen Problemen, die nicht effizient zu lösen sind.[10] Das bekannteste Verfahren ist wohl das **RSA**-Verfahren, das im Folgenden kurz beschrieben wird.

RSA wurden 1987 von Ron **R**ivest, Adi **S**hamir und Leonard **A**dleman am MIT erfunden. RSA basiert auf der Faktorisierung natürlicher Zahlen, für die es keinen bekannten effizienten Algorithmus gibt. Dabei geht es darum, eine Zahl in ihre Primfaktoren zu zerlegen. Achtung, für das Verständnis der folgenden Erklärungen ist etwas Zahlentheorie nötig.[11]

Da beide Schlüssel des Schlüsselpaars zusammen funktionieren sollen, müssen sie nach einer festen Vorschrift erzeugt werden:

1. wähle zwei Primzahlen p und q mit $p \neq q$
2. berechne $N = p * q$
3. berechne $\varphi(N) = (p - 1) * (q - 1)$
4. wähle ein e, das teilerfremd zu $\varphi(N)$ ist und für das gilt $1 < e < \varphi(N)$
5. berechne d, sodass $e * d \equiv 1 \bmod \varphi(N)$

---

[10] Zumindest, soweit man weiß ($P \neq NP$).

[11] Eine kurze Einführung kann im Anhang A.2 gefunden werden.

Nach dieser Prozedur ist (e, N) der *public key* und (d, N) der *private Key*. Damit kann nun jede Nachricht $M \in \mathbb{N}$, $1 < M < N$ anhand folgender Formel verschlüsselt werden:

$$C = M^e \bmod N \tag{9.18}$$

Die Entschlüsselung der verschlüsselten Nachricht C kann dann anhand einer ähnlichen Formel durchgeführt werden:

$$M = C^d \bmod N \tag{9.19}$$

Beispiel (RSA-Verschlüsselung)

Damit Alice Bob eine Nachricht schreiben kann, muss Bob zunächst seinen *public key* zur Verfügung stellen.

Zur Erzeugung seines Schlüsselpaars wählt Bob die Primzahlen $p = 13$ und $q = 17$. Damit ergibt sich $N = 221$ und $\varphi(N) = 192$. Anschließend wählt Bob $e = 5$ und berechnet damit $d = 77$. Damit kann Bob $(5, 221)$ als seinen *public key* an Alice geben; $(77, 221)$ behält er als *private key* für sich.

Alice hat nun Bobs *public key* und möchte damit die Nachricht $M = 42$ verschlüsseln. Dazu berechnet sie $C = 42^5 \bmod 221 = 9$ und schickt die verschlüsselte Nachricht anschließend an Bob.

Bob kann nun mit seinem *privte key* die erhaltene Nachricht entschlüsseln und erhält $M = 9^{77} \bmod 221 = 42$. ◄

Digitale Signatur

Im vorherigen Abschnitt wurde die Verschlüsselung anhand von RSA thematisiert, allerdings kann dadurch nur *Vertraulichkeit* gewährleistet werden. Um auch *Authentifizierung* und *Integrität* herstellen zu können, muss eine *digitale Signatur* verwendet werden. Dazu braucht man zunächst eine *Hash-Funktion*, die eine Art Fingerabdruck der Nachricht erzeugt.

Exkurs: Hash-Funktionen

Hash-Funktionen bilden beliebige aber wohldefinierte Eingaben auf einen Wert fester Länge ab, der *Hash-Wert* genannt wird. Es wäre wünschenswert, dass eine Hash-Funktion *injektiv* ist, d. h. jeder Eingabe einen einzigartigen Hash-Wert zuordnet. Das funktioniert im Allgemeinen aber leider nicht, da als Eingabe beliebige – also auch beliebig große – Daten möglich sind, der Hash-Wert aber nur eine feste Länge hat. Um im Kontext einer digitalen Signatur wie gewünscht zu funktionieren, ist es daher von großer Bedeutung, eine Hash-Funktion zu verwenden, die eine geeignete Länge für einen Hash-Wert verwendet. Auf diese Art und Weise kann die

Wahrscheinlichkeit einer sogenannten *hash collision*, d. h. zwei konkreten Eingaben, die auf denselben Hash-Wert abgebildet werden, gering gehalten werden. Außerdem ist es absolut notwendig, dass der erzeugte Hash-Wert nicht der zugehörigen Eingabe zugeordnet werden kann. Es soll also nicht möglich sein, die Eingabe anhand des Hash-Wertes zu rekonstruieren.

Nachdem mit der Hash-Funktion der Hash-Wert der Nachricht berechnet wurde, wird dieser mit dem *private key* des Senders verschlüsselt. Dadurch wird keine Information über den privaten Schlüssel preisgegeben; aber da die Schlüssel weiterhin als Paar funktionieren, kann der Empfänger der digitalen Signatur den verschlüsselten Hash-Wert mit dem *public key* des Senders entschlüsseln. Danach berechnet der Empfänger selbst den Hash-Wert der empfangen Nachricht. Stimmen der selbst berechnete Hash-Wert und der entschlüsselte Hash-Wert überein, ist die *Integrität* der Nachricht sichergestellt. Da zudem das Entschlüsseln des Hash-Wertes mit dem öffentlichen Schlüssel des Senders funktioniert hat, ist der Sender *authentifiziert*, da dessen privater Schlüssel zur Erstellung der digitalen Signatur verwendet wurde. Es ist also notwendig, dass sich Sender und Empfänger vorab auf eine Hash-Funktion einigen. Zusätzlich ist wichtig zu beachten, dass eine *digitale Signatur* keine Vertraulichkeit herstellt; dazu müsste die Nachricht zusätzlich verschlüsselt werden. Der Ablauf der Erstellung einer digitalen Signatur ist in Abb. 9.5 dargestellt.

Beispiel (Digitale Signatur)

Der Einfachheit halber soll in diesem Beispiel Bob eine signierte Nachricht verschicken, da er so sein Schlüsselpaar aus dem letzten Beispiel verwenden kann. Dazu wird hier

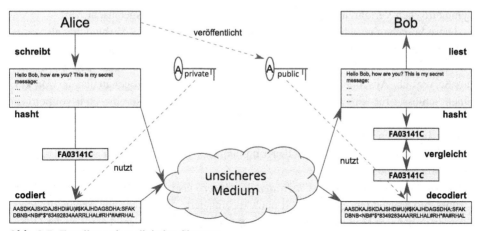

Abb. 9.5 Erstellung einer digitalen Signatur

eine sehr einfache Hash-Funktion verwendet, die eine Zahl als Eingabe auf sich selbst „plus eins" abbildet. Damit kann die Hash-Funktion tatsächlich keine *hash collisions* erzeugen. Die Hash-Funktion hat die Vorschrift:

$$f(x) = x + 1 \tag{9.20}$$

WICHTIG: In der Theorie funktioniert diese einfache Hash-Funktion zwar, aber sie ist natürlich keineswegs sicher, da von der Ausgabe direkt auf die Eingabe geschlossen werden kann. Diese einfach Hash-Funktion dient an dieser Stelle einzig der Veranschaulichung des Beispiels!

Bob möchte Alice nun die Nachricht $M = 23$ schicken und die Nachricht digital signieren. Er berechnet zunächst den Hash-Wert der Nachricht: $h = f(M) = 24$. Den Hash-Wert verschlüsselt Bob anschließend mit seinem *private key*: $H = 24^{77} \bmod 221 = 176$. Zuletzt schickt er die Nachricht M sowie den verschlüsselten Hash-Wert H an Alice.

Alice erhält M und H. Da sie weiß, welche Hash-Funktion Bob verwendet hat, kann sie ihren eigenen Hash-Wert von M berechnen: $h' = f(M) = 24$. Dann entschlüsselt sie den Hash-Wert H und erhält $h = 176^5 \bmod 221 = 24$. Da $h = h'$, weiß Alice nun, dass die Nachricht tatsächlich von Bob stammt und nicht verändert worden ist. ◀

9.2.1.3 Hybride Verfahren und Schlüsselaustausch

Spätestens hier stellt sich die Frage, warum symmetrische Verfahren überhaupt noch eingesetzt werden, wenn asymmetrische Verfahren diverse Probleme lösen und zusätzlich noch für digitale Signaturen genutzt werden können. Die Antwort ist aber tatsächlich relativ simpel: Geschwindigkeit! Aufgrund der andersartigen Struktur sind asymmetrische Verfahren dramatisch langsamer als symmetrische Verfahren. Das fällt speziell bei großen Datenmengen, die verschlüsselt werden sollen, ins Gewicht. Daher werden in realen Szenarien oft *hybride Verfahren* eingesetzt. Das bedeutet, dass der Schlüssel zu einem symmetrischen Verfahren über ein asymmetrisches Verfahren ausgetauscht wird.

Diese Vorgehen wird beispielsweise beim Aufbau einer HTTPS-Verbindung, also einer sicheren Verbindung zwischen Web-Browser und Web-Server, eingesetzt. Der generelle Ablauf ist in Abb. 9.6 dargestellt. Der Web-Browser fragt zunächst den *public key* des Servers ab. Anschließend generiert der Web-Browser den sogenannten *session key*, einen Schlüssel für ein symmetrisches Verfahren, und verschlüsselt diesen asymmetrisch mit dem *public key* des Servers. Danach sendet der Web-Browser den verschlüsselten *session key* an den Server und wechselt auf eine symmetrisch verschlüsselte Verbindung. Abschließend quittiert der Server den Empfang des *session keys* und wechselt auf die gesicherte Verbindung.

Neben der Verwendung von *hybriden Verfahren*, also der Kombination zweier Verschlüsselungsverfahren, gibt es auch noch spezialisierte Verfahren, wie Schlüssel sicher über ein unsicheres Medium ausgetauscht werden können. Ein Beispiel dafür ist der *Diffie-Hellman-Schlüsselaustausch* [5].

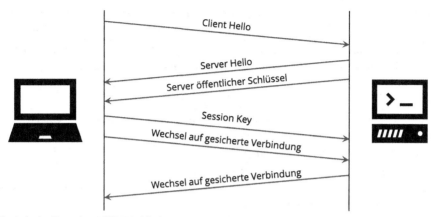

Abb. 9.6 Aufbau einer SSL-Verbindung

Der Diffie-Hellman-Schlüsselaustausch verfolgt von der Struktur her einen ähnlichen Ansatz wie asymmetrische Verschlüsselungsverfahren und setzt auf eine Mischung aus öffentlichen und privaten Informationen. Dabei kommen zahlentheoretische Werkzeuge zum Einsatz. Die Grundidee ist dabei, dass Alice und Bob sich auf eine öffentliche Information einigen und diese dann mit einer privaten Information verknüpfen, sodass aus der öffentlichen Information die geheimen Informationen von Alice und Bob nicht rekonstruiert werden können. Anschließend tauschen beide jeweils ihre neu verknüpften Informationen aus und verknüpfen diese jeweils wieder mit ihrer privaten Information. Daraus ergibt sich für beide dasselbe Geheimnis, das sie dann nutzen können, um daraus denselben geheimen Schlüssel zu generieren. Das Vorgehen kann beispielsweise mit dem Mischen von Farben veranschaulicht werden. Dabei würden Alice und Bob sich auf eine gemeinsame Farbe einigen, beispielsweise Blau. Dazu benötigt dann jeder noch eine geheime Farbe, z. B. r Rot für Alice und Gelb für Bob. Nach dem Vermischen des „öffentlichen" Blaus mit Alices geheimem Rot erhält sie Lila, während Bob Grün erhält. Diese neuen Farben tauschen Alice und Bob wiederum aus und mischen erneut ihre geheimen Farben hinzu, sodass beide schlussendlich eine Mischung aus Blau, Rot und Gelb erhalten,[12] ohne dabei ihre geheimen Farben ausgetauscht zu haben. Natürlich kann ein Angreifer bei dieser Analogie zumindest Anhaltspunkte darüber erhalten, welche Farbe beispielsweise Bob hinzugemischt hat – es ist ja mehr oder weniger bekannt, dass Blau und Gelb Grün ergeben. Allerdings wird es dem Angreifer schwer fallen das *exakte* Gelb von Bob herauszufinden. Überträgt man dieses Prinzip auf mathematische Vorschriften, erhält man eben genau den Diffie-Hellman-Schlüsselaustausch, der Alice und Bob in die

---

[12] Was vermutlich ein ziemliche solides Braun ergibt … das sagt jedenfalls der Wasserfarbkasten!

Lage versetzt ein gemeinsames Geheimnis zu generieren, ohne dass ein Angreifer aus den übertragenen Informationen *effizient*[13] die Geheimnisse von Alice und Bob ableiten kann.

Der Diffie-Hellman-Schlüsselaustausch basiert auf dem Prinzip des diskreten Logarithmus. Dazu könnte man jetzt einen ganzen Haufen Zahlentheorie ausbreiten (siehe auch in Anhang A.2), aber im Grundsatz reicht es zu verstehen, dass um die Umkehrung des Ausdrucks $b^x \bmod p$ geht, d. h. um die Frage: *Welchen Wert hatte x?* Das ist eine Frage, für die kein effizienter Algorithmus bekannt ist, sodass sie sich gut eignet, um ein sicherheitskritisches Verfahren darauf aufzusetzen. Andererseits gibt es sehr wohl einen effizienten Weg den Wert von $b^x \bmod p$ zu berechnen – noch besser!

Und wie funktioniert das jetzt? Zunächst müssen Alice und Bob sich auf eine große Primzahl p einigen, die öffentlich bekannt sein darf. Außerdem benötigen sie noch eine natürliche Zahl g, die kleiner als p sein muss. Anschließend bestimmen Alice und Bob jeweils geheime Zahlen a und b aus der Menge $\{1, \ldots, p-1\}$. Für a und b ist es absolut wichtig, dass niemand außer Alice und Bob auch nur eine der beiden Zahlen kennt. Selbst Alice darf b und Bob umgekehrt a nicht kennen. Analog zum RSA-Verfahren sind a und b sozusagen die *private keys* von Alice bzw. Bob.

Alice berechnet dann $A = g^a \bmod p$ und Bob berechnet $B = g^b \bmod p$. A und B können Alice und Bob dann austauschen, da daraus weder a noch b abgeleitet werden können. Abschließend berechnet Alice $K_1 = B^a \bmod p$ und Bob berechnet $K_2 = A^b \bmod p$. Hierbei ist es wichtig herauszustellen, dass $K_1 = K_2$. Damit ist das Ziel erreicht: Alice und Bob haben ein gemeinsames Geheimnis erzeugt, das kein Außenstehender aus den übertragenen Informationen ableiten kann.

Aber warum ist $K_1 = K_2$? Das ergibt sich unmittelbar aus folgenden Gleichungen:

$$K_1 = B^a \bmod p = (g^b \bmod p)^a \bmod p = (g^b)^a \bmod p = g^{b*a} \bmod p \qquad (9.21)$$

$$K_2 = A^b \bmod p = (g^a \bmod p)^b \bmod p = (g^a)^b \bmod p = g^{a*b} \bmod p \qquad (9.22)$$

Da die Multiplikation kommutativ ist, gilt $g^{a*b} \bmod p = g^{b*a} \bmod p$ und somit $K_1 = K_2$. Für mehr Hintergrundinfos sei noch einmal auf Anhang A.2 verwiesen.

Beispiel ((Diffie-Hellman-Schlüsselaustausch)

Alice und Bob einigen sich zunächst auf die öffentlichen Informationen $p = 17$ und $g = 2$. Außerdem wählt Alice $a = 3$ und Bob $b = 5$. Damit ergeben sich für Alice bzw. Bob $A = 2^3 \bmod 17 = 8$ und $B = 2^5 \bmod 17 = 15$. Nachdem Alice und Bob A und B ausgetauscht haben, berechnen Sie anschließend $K_1 = 15^3 \bmod 17 = 9$ und $K_2 = 8^5 \bmod 17 = 9$. Es ist also tatsächlich $K_1 = K_2$ und Alice und Bob haben ihr gemeinsames Geheimnis gefunden. ◄

---

[13] Bei Sicherheit geht es im Prinzip fast immer um Effizienz. Sobald man nur genügend Zeit hat, alle möglichen Varianten durchzuprobieren, ist jede Chiffre knackbar!

9.2.2 Backups

Wie bereits in Kap. 3 erwähnt, ist ein RAID-System kein Ersatz für ein Backup. Aber was ist ein Backup eigentlich genau? Dem Wortlaut nach eine *Sicherungskopie*.[14] Aber was sollte eigentlich gesichert werden? Und was nicht? Und wie kann dabei sinnvoll vorgegangen werden? Fragen über Fragen . . .

Grundsätzlich ist zu sagen, dass prinzipiell nur *Daten* in ein Backup gehören. Programme oder Dateien des Betriebssystems sollten sich[15] auch ohne Backup problemlos wiederherstellen lassen. Die *Konfiguration* eines Programms oder Betriebssystems kann aber wohl zu den Daten gehören, die in ein Backup einfließen sollten.

Aber wie funktionert ein Backup eigentlich konkret? Im einfachsten Fall werden einfach alle relevanten Daten von einem Speichermedium auf ein anderes Speichermedium kopiert. Das ist in Abb. 9.7 dargestellt, wo zu den Zeitpunkten 1, 2 und 3 jeweils der gesamte Datensatz kopiert wird. Damit das wirklich etwas bringt, sollte das Backup auf einem geeigneten Datenträger vorgenommen werden und dieser dann am allerbesten noch woanders aufbewahrt werden als die Originaldaten. Andernfalls sind die kopierten Daten im schlimmsten Fall auch verbrannt oder gestohlen.[16]

Leider ist das Kopieren von Daten auf geeignete Datenträger relativ zeitaufwendig. Das hat auch Kostengründe, denn schnelle Datenträger sind teurer als langsame Datenträger. Da Daten auf dem Backup-Datenträger in aller Regel nicht dauernd benötigt werden, ist es durchaus sinnvoll, einen günstigen, langsamen Datenträger zu verwenden – zumindest aus ökonomischer Sicht. Daher gibt es Varianten eines Backups, die nicht jedesmal[17] den gesamten Datensatz kopieren. Diese werden in den nächsten Abschnitten besprochen.

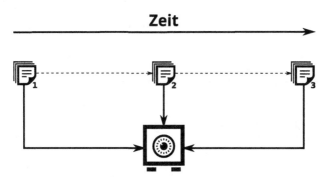

Abb. 9.7 Vollständiges Backup

---

[14] Sagt jedenfalls der Duden.

[15] Zumindest bei legalem Erwerb!

[16] Ja, genau. Hier geht's um den schlimmen Kram, nicht nur um kaputte Festplatten!

[17] Also am besten täglich!

9.2.2.1 Differenzielles Backup

Am Anfang eines *differenziellen Backups* steht eine vollständige Sicherung der Daten. Jedes weitere Backup umfasst dann allerdings nur noch die Daten, die sich seit dem letzten vollständigen Backup verändert haben. Das führt potenziell dazu, dass mit der Zeit für jedes differenzielle Backup doch wieder relativ viele der Dateien gesichert werden müssen. Daher ist es ratsam, in festgelegten Intervallen vollständige Backups durchzuführen, damit darauf folgende differenzielle Backups wieder auf einem neuen Stand aufsetzen können und somit weniger Dateien gesichert werden müssen. Da sich jedes differenzielle Backup nur um einen Schritt von einem vollständigen Backup unterscheidet, lassen sich die erzeugten Backups mit wenig Aufwand wiederherstellen. Da bei einem differenziellen Backup Dateien vollständig gesichert werden, kann die Performance jedoch deutlich nachlassen, wenn sich große Dateien oft ändern, da diese dann vollständig in das differenzielle Backup eingeschlossen werden. Das differenzielle Backup ist in Abb. 9.8 dargestellt, wo die Backups zu den Zeitpunkten 2 und 3 jeweils auf das vorherige Backup zurückgeführt werden.

9.2.2.2 Inkrementelles Backup

Ein *inkrementellen Backup* startet ebenfalls mit einem vollständigen Backup. Allerdings werden anschließend immer nur die Dateien oder sogar nur die Teile der Dateien gesichert, die sich seit dem letzten inkrementellen Backup geändert haben. Das bedeutet, dass die Basis für ein inkrementelles Backup immer ein Grundzustand ist, der sich aus einer Kette von inkrementellen Backups und dem zu Beginn durchgeführten vollständigen Backup ergibt. Das ermöglicht, für jedes inkrementelle Backup den Aufwand gering zu halten. Allerdings wirkt sich das auch auf den Aufwand des Wiederherstellens aus. Dieser steigt deutlich an, da die gesamte Kette von inkrementellen Backups rückwärts aufgelöst werden muss. Das inkrementelle Backup ist in Abb. 9.9 dargestellt.

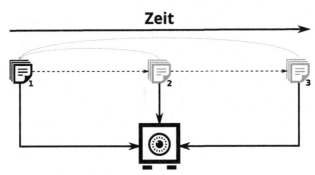

Abb. 9.8 Differenzielles Backup

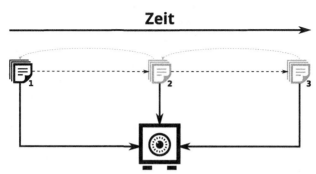

Abb. 9.9 Inkrementelles Backup

Übungsaufgaben

9.1 Cäsar-Chiffre Verschlüsseln Sie das Wort STAUBSAUGER mit der Cäsar-Chiffre bei einer Verschiebung von *vier* Buchstaben.

9.2 Vigenère-Chiffre Verschlüsseln Sie das Wort GUMMISTIEFEL mit der Vigenère-Chiffre unter Verwendung des Schlüsselwortes YOGA.

9.3 RSA Berechnen Sie ein Schlüsselpaar unter Verwendung der Primzahlen $p = 17$ und $q = 19$. Verschlüsseln Sie anschließend die Zahl 42 mit diesem Schlüsselpaar.

Literatur

1. Bundesamt für Justiz: Bundesdatenschutzgesetz (BDSG). https://www.gesetze-im-internet.de/bdsg_2018/index.html#BJNR209710017BJNE001900000 (2017). Zugegriffen am 06.05.2022
2. Europäische Union: Verordnung (EU) 2016/679 des Europäischen Parlaments und des Rates vom 27. April 2016 zum Schutz natürlicher Personen bei der Verarbeitung personenbezogener Daten, zum freien Datenverkehr und zur Aufhebung der Richtlinie 95/46/EG (Datenschutz-Grundverordnung). https://eur-lex.europa.eu/legal-content/de/TXT/?uri=CELEX%3A32016R0679 (2016). Zugegriffen am 06.05.2022
3. Buchmann, J.: Einführung in die Kryptografie, 6. Aufl. Springer Spektrum, Berlin/Heidelberg (2016)
4. Kumar, S., Paar, C., Pelzl, J., Pfeiffer, G., Schimmler, M.: Breaking ciphers with COPACOBANA – a cost-optimized parallel code breaker. In: Goubin, L., Matsui, M. (Hrsg) Cryptographic Hardware and Embedded Systems – CHES 2006. CHES 2006. Lecture Notes in Computer Science, Bd. 4249. Springer, Berlin/Heidelberg (2006)
5. Diffie, W., Hellman, M.E.: New directions in cryptography. IEEE Trans. Inf. Theory **22**(6), 644–654 (1976)

Lösungen

Übungsaufgaben zu Kap. 1

1.1 Stellenwertsysteme

Binär	Dezimal	Hexadezimal
101011	43	2B
101110	46	2E
11011100	220	DC

$101011_2 \rightarrow$ Dezimal:

$1 * 2^0 + 1 * 2^1 + 1 * 2^3 + 1 * 2^5 = 43$

$101011_2 \rightarrow$ Hexadezimal:

$(00)10_2 = 2_{16}, 1011_2 = 11_{10} = B_{16}$

$46_{10} \rightarrow$ Binär:

$$46 : 2 = 23 \qquad Rest\ 0$$

$$23 : 2 = 11 \qquad Rest\ 1$$

$$11 : 2 = 5 \qquad Rest\ 1$$

$$5 : 2 = 2 \qquad Rest\ 1$$

$$2 : 2 = 1 \qquad Rest\ 0$$

$$1 : 2 = 0 \qquad Rest\ 1$$

$46_{10} \rightarrow$ Hexadezimal:

$$46 : 16 = 2 \qquad Rest\ 14 = E_{16}$$

$$2 : 16 = 0 \qquad Rest\ 2$$

© Springer Fachmedien Wiesbaden GmbH, ein Teil von Springer Nature 2022
B. Küppers, *Einführung in die Informatik*, Studienbücher Informatik,
https://doi.org/10.1007/978-3-658-37838-7

$DC_{16} \rightarrow$ Binär:

$D_16 = 1101_2, C_16 = 1100_2$

$DC_{16} \rightarrow$ Dezimal:

$D_{16} = 13_{10}, C_{16} = 12_{10}, 13 * 16^1 + 12 = 220$

1.2 Negative Zahlen

Dezimal	Ergebnis im 2er-Komplement
6-5	0001
5-6	1111
17-9	001000

$6 - 5$:

Es werden vier Bits benötigt, um den Wertebereich von -7 bis 8 darstellen zu können. Damit ergeben sich folgende Darstellungen im 2er-Komplement:

$$6_{10} = 0110_2, -5_{10} = 1011_2$$

Umwandlung der -5:

$5_{10} = 0101_2 \overset{Inv.}{\Longrightarrow} 1010_2 \overset{+1}{\Longrightarrow} 1011_2$

Addition beider Zahlen:

$$0110_2$$
$$+ \quad 1011_2$$
$$= 1\ 0001_2$$

Der Überlauf wird ignoriert, sodass sich $0001_2 = 1_{10}$ ergibt.

$5 - 6$:

Erneut werden vier Bits benötigt, die Darstellung im 2er-Komplement ist dann wie folgt:

$$5_{10} = 0101_2, -6_{10} = 1010_2$$

Umwandlung der -6:

$6_{10} = 0110_2 \overset{Inv.}{\Longrightarrow} 1001_2 \overset{+1}{\Longrightarrow} 1010_2$

$$0101_2$$
$$+ \quad 1010_2$$
$$= 1111_2$$

Es ergibt sich $1111_2 = -1_{10}$.

17 − 9:

Damit die 17 korrekt dargestellt werden kann, werden für diese Aufgabe sechs Bits benötigt. Damit ergibt sich die Darstellung wie folgt:

$$17_{10} = 010001_2, \quad -9_{10} = 110111_2$$

Umwandlung der −9:

$$9_{10} = 001001_2 \overset{Inv.}{\Longrightarrow} 110110_2 \overset{+1}{\Longrightarrow} 110111_2$$

Addition beider Zahlen:

$$\begin{array}{r} 010001_2 \\ + \quad 110111_2 \\ \hline = 1\,001000_2 \end{array}$$

Der Überlauf wird ignoriert, sodass sich $001000_2 = 8_{10}$ ergibt.

1.3 Gleitkommazahlen

Dezimalzahl	Ergebnis im Binärsystem
42,5	0 10000100 01010100000000000000000
72,125	0 10000101 00100000100000000000000
−127,8125	1 10000101 11111111010000000000000

42,5:

1. Umwandeln der Dezimalzahl in eine Festkommazahl Vorkommateil:

$$\begin{array}{lll} 42 : 2 = 21 & \quad Rest\,0 \\ 21 : 2 = 10 & \quad Rest\,1 \\ 10 : 2 = 5 & \quad Rest\,0 \\ 5 : 2 = 2 & \quad Rest\,1 \\ 2 : 2 = 1 & \quad Rest\,0 \\ 1 : 2 = 0 & \quad Rest\,1 \end{array}$$

Nachkommateil:

$$\begin{array}{lll} 0,5 * 2 = 1 & \quad Bit\,1 \\ 1 - 1 = 0 \end{array}$$

2. Normalisieren der Mantisse und Bestimmen des Exponenten:

$$101010.1_2 = 101010.1_2 * 2^0 = 1.010101_2 * 2^5$$

$$\Rightarrow M = 01010100000000000000000$$

$$\Rightarrow E = 5_{10} + 127_{10} = 101_2 + 1111111_2 = 10000100_2$$

3. Bestimmen des Vorzeichen-Bits aus $s = +1$:

$$s' = \frac{ln(s)}{ln(-1)} = 0$$

72,125:

1. Umwandeln der Dezimalzahl in eine Festkommazahl Vorkommateil:

$$72 : 2 = 36 \qquad \textit{Rest } 0$$

$$36 : 2 = 18 \qquad \textit{Rest } 0$$

$$18 : 2 = 9 \qquad \textit{Rest } 0$$

$$9 : 2 = 4 \qquad \textit{Rest } 1$$

$$4 : 2 = 2 \qquad \textit{Rest } 0$$

$$2 : 2 = 1 \qquad \textit{Rest } 0$$

$$1 : 2 = 0 \qquad \textit{Rest } 1$$

Nachkommateil:

$$0,125 * 2 = 0,25 \qquad \textit{Bit } 0$$

$$0,25 * 2 = 0,5 \qquad \textit{Bit } 0$$

$$0,5 * 2 = 1 \qquad \textit{Bit } 1$$

$$1 - 1 = 0$$

0 10000101 00100000100000000000000

2. Normalisieren der Mantisse und Bestimmen des Exponenten:

$$1001000.001_2 = 1001000.001_2 * 2^0 = 1.001000001_2 * 2^6$$

$$\Rightarrow M = 00100000100000000000000$$

$$\Rightarrow E = 6_{10} + 127_{10} = 110_2 + 1111111_2 = 10000101_2$$

3. Bestimmen des Vorzeichen-Bits aus $s = +1$:

$$s' = \frac{ln(s)}{ln(-1)} = 0$$

$-127,8125$:

1. Umwandeln der Dezimalzahl in eine Festkommazahl Vorkommateil:

$$127 : 2 = 36 \qquad \textit{Rest } 1$$
$$63 : 2 = 18 \qquad \textit{Rest } 1$$
$$31 : 2 = 9 \qquad \textit{Rest } 1$$
$$15 : 2 = 4 \qquad \textit{Rest } 1$$
$$7 : 2 = 2 \qquad \textit{Rest } 1$$
$$3 : 2 = 1 \qquad \textit{Rest } 1$$
$$1 : 2 = 0 \qquad \textit{Rest } 1$$

Nachkommateil:

$$0,8125 * 2 = 1,625 \qquad \textit{Bit } 1$$
$$1,625 - 1 = 0,625$$
$$0,625 * 2 = 1,25 \qquad \textit{Bit } 1$$
$$1,5 - 1 = 0,25$$
$$0,25 * 2 = 0,5 \qquad \textit{Bit } 0$$
$$0,5 * 2 = 1 \qquad \textit{Bit } 1$$
$$1 - 1 = 0$$

2. Normalisieren der Mantisse und Bestimmen des Exponenten:

$$1111111.1101_2 = 1111111.1101_2 * 2^0 = 1.1111111101_2 * 2^6$$
$$\Rightarrow M = 11111111010000000000000$$
$$\Rightarrow E = 6_{10} + 127_{10} = 110_2 + 1111111_2 = 10000101_2$$

3. Bestimmen des Vorzeichen-Bits aus $s = -1$:

$$s' = \frac{ln(s)}{ln(-1)} = 1$$

1.4 Zeichen-Kodierung

Zeichen/Dezimalwert	Unicode	UTF-8
A/65	U+0041	0x41
ä/228	U+00E4	0xC3A4
ў/1038	U+040E	0xD08E

1.5 Präfix-Freiheit

Der Code ist nicht präfixfrei, da die Codierung von E der Beginn der Codierung von C und A ist, sowie die Codierung von C wiederum der Beginn der Codierung von A ist.

1.6 Huffman-Codierung

Für das Wort KOKOSNUSSBONBONS ergeben sich die Zeichenhäufigkeiten wie folgt:

- **O**: 4
- **S**: 4
- **N**: 3
- **K**: 2
- **B**: 2
- **U**: 1

Daraus ergibt sich beispielsweise[1] der Binär-Baum in Abb. 9.10 und die Codetabelle wie in Tab. 9.1 dargestellt.

Damit ergibt sich schließlich das codierte Wort:
111 10 111 10 01 110 001 01 01 000 10 110 000 10 110 01.

Abb. 9.10 Binär-Baum zu
KOKOSNUSSBONBONS

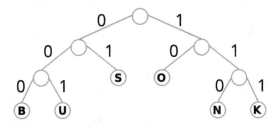

---

[1] Erinnerung: Der Huffman-Code zu einem gegebenen Text ist nicht eindeutig!

Tab. 9.1 Codetabelle zu
KOKOSNUSSBONBONS

O	S	N	K	U	B
10	01	110	111	001	000

Übungsaufgaben zu Kap. 2

2.1 Formale Sprachen
$$L = \{ a^n b^n \mid n \in \mathbb{N}\}$$

2.1 Code-Optimierung

Unter einfacher Optimierung würde der Compiler das Programm vermutlich ähnlich zu folgendem Listing optimieren:

```java
class Optimization {

    public static void main(String[] args) {
        double s = 122.625; // constant folding

        if(s < 0) {
            s = -s; // integrate function call
        }

        System.out.println("The result is 122.625" + s);
    }
}
```

Wenn der Compiler extrem optimiert, kann er das Programm im Prinzip sogar auf folgenden Code reduzieren:

```java
class Optimization {

    public static void main(String[] args) {
        System.out.println("The result is 122.625");
    }
}
```

Übungsaufgaben zu Kap. 3

3.1 Speed-Up und Effizienz
$$S(4) = \frac{10}{3} = 3,\overline{3}$$
$$E(4) = \frac{3,\overline{3}}{4} = 0,8\overline{3}$$

3.1 Amdahl's Law

Das Programm kann einen Speed-Up von 10 nicht überschreiten.

Übungsaufgaben zu Kap. 4

4.1 Turing-Maschinen I

Die Turing-Maschine durchläuft die Eingabe von rechts nach links und multipliziert sie dabei mit zwei. Dazu werden Zwischenzustände verwendet, um das im vorherigen Schritt gelesene Bit abzubilden. Die Eingabe muss eine binär-codierte Zahl sein. Vor der Eingabe befindliche „B" werden übersprungen, sowie das erste Zeichen nach dem ersten „B" nach der Eingabe.

4.2 Turing-Maschinen II

Die Turing-Maschine durchläuft die Eingabe von links nach rechts und wandelt alle „0" in „1" um und umgekehrt. Sobald das erste „B" erreicht wird, stoppt die Turing-Maschine. Die Eingabe muss aus einer beliebigen Folge von „0" und „1" bestehen. Besteht die Eingabe nur aus „B" stoppt die Turing-Maschine sofort.

Übungsaufgaben zu Kap. 5

5.1 Quanten-Bits

Der Zustand $|1\rangle$ wird wahrscheinlicher gemessen

$$H_n = \frac{1}{\sqrt{2}} \begin{pmatrix} H_{n-1} & H_{n-1} \\ H_{n-1} & -H_{n-1} \end{pmatrix}, H_0 = 1$$

5.2 Quanten-Operationen

$$R_0 = |000\rangle \rightarrow \vec{r}_0 = \begin{pmatrix} 1, 0, 0, 0, 0, 0, 0, 0 \end{pmatrix}^T$$

$$H_3 = \frac{1}{2^{\frac{3}{2}}} \begin{pmatrix} 1 & 1 & 1 & 1 & 1 & 1 & 1 & 1 \\ 1 & -1 & 1 & -1 & 1 & -1 & 1 & -1 \\ 1 & 1 & -1 & -1 & 1 & 1 & -1 & -1 \\ 1 & -1 & -1 & 1 & 1 & -1 & -1 & 1 \\ 1 & 1 & 1 & 1 & -1 & -1 & -1 & -1 \\ 1 & -1 & 1 & -1 & -1 & 1 & -1 & 1 \\ 1 & 1 & -1 & -1 & -1 & -1 & 1 & 1 \\ 1 & -1 & -1 & 1 & -1 & 1 & 1 & -1 \end{pmatrix}$$

$$H_3 * \vec{r}_0 = \frac{1}{2^{\frac{3}{2}}} \begin{pmatrix} 1, 1, 1, 1, 1, 1, 1, 1 \end{pmatrix}^T$$

Übungsaufgaben zu Kap. 6

6.1

- FIFO $\quad \frac{15+18+44+46+55}{5} = 35,6\,\text{min}$
- SJF $\quad \frac{2+5+14+29+55}{5} = 21\,\text{min}$

6.2 LRU (Abb. 9.11):

Referenzfolge		1	2	3	4	1	5	1	2	3	4	1	2
Arbeitsspeicher	Page 1	*1*	1	1	*4*	4	4	4	*2*	2	2	*1*	1
	Page 2		*2*	2	2	*1*	1	1	1	1	*4*	4	4
	Page 3			*3*	3	3	*5*	5	5	*3*	3	3	*2*
Kontrollzustand	Page 1	1	2	3	1	2	3	4	1	2	3	1	2
	Page 2	-	1	2	3	1	2	1	2	3	1	2	3
	Page 3	-	-	1	2	3	1	2	3	1	2	3	1

Abb. 9.11 LRU

FIFO (Abb. 9.12):

Referenzfolge		1	2	3	4	1	5	1	2	3	4	1	2
Arbeitsspeicher	Page 1	*1*	1	1	*4*	4	4	4	*2*	2	2	*1*	1
	Page 2		*2*	2	2	*1*	1	1	1	*3*	3	3	*2*
	Page 3			*3*	3	3	*5*	5	5	5	*4*	4	4
Kontrollzustand	Page 1	1	2	3	1	2	3	4	1	2	3	1	2
	Page 2	-	1	2	3	1	2	3	4	1	2	3	1
	Page 3	-	-	1	2	3	1	2	3	4	1	2	3

Abb. 9.12 FIFO

Übungsaufgaben zu Kap. 9

9.1 Cäsar-Chiffre
Klartext-Alphabet:
`ABCDEFGHIJKLMNOPQRSTUVWXYZ`
Geheimtext-Alphabet:
`EFGHIJKLMNOPQRSTUVWXYZABCD`
Geheimtext: `WXEYFWEYKIV`

9.2 Vigenère-Chiffre
Klartext-Alphabet:
`ABCDEFGHIJKLMNOPQRSTUVWXYZ`
Geheimtext-Alphabete:
`YZABCDEFGHIJKLMNOPQRSTUVWX`
`OPQRSTUVWXYZABCDEFGHIJKLMN`
`GHIJKLMNOPQRSTUVWXYZABCDEF`
`ABCDEFGHIJKLMNOPQRSTUVWXYZ`
Geheimtext: `EISMGGZICTKL`

9.3 RSA
Aus $p = 17$ und $q = 19$ ergibt sich $N = p * q = 323$ und $\varphi(N) = (p - 1) * (q - 1) = 288$. Wählt man dann beispielsweise[2] $e = 23$, ergibt sich daraus $d = 263$, da $23 * 263 \equiv 1 \mod \varphi(N)$. Somit ergibt sich für den Klartext $m = 42$ der Geheimtext $c = 42^{23} \mod 323 = 321$.

---

[2] Es gibt nicht *den* RSA-Schlüssel zu p und q.

Anhang A

A.1 Binär-Logik

Die Binär-Logik erzeugt aus Eingabe-Bits eine Ausgabe. Dabei wird entweder ein Bit transformiert, oder es werden zwei Bits miteinander verknüpft. Dabei gibt es die folgenden Operatoren, die jeweils unterschiedliche Ergebnisse liefern.

Logisches Nicht ($\neg$)

$$
\begin{array}{c|cc}
\neg & 0 & 1 \\
\hline
 & 1 & 0
\end{array}
$$

Logisches Und ($\wedge$)

$$
\begin{array}{c|cc}
\wedge & 0 & 1 \\
\hline
0 & 0 & 0 \\
1 & 0 & 1
\end{array}
$$

Logisches Oder ($\vee$)

$$
\begin{array}{c|cc}
\vee & 0 & 1 \\
\hline
0 & 0 & 1 \\
1 & 1 & 1
\end{array}
$$

Exklusives Oder ($\oplus$)

$$
\begin{array}{c|cc}
\oplus & 0 & 1 \\
\hline
0 & 0 & 1 \\
1 & 1 & 0
\end{array}
$$

© Springer Fachmedien Wiesbaden GmbH, ein Teil von Springer Nature 2022
B. Küppers, *Einführung in die Informatik*, Studienbücher Informatik,
https://doi.org/10.1007/978-3-658-37838-7

A.2 Zahlentheorie

A.2.1 Eulersche φ-Funktion

Die Eulersche φ-Funktion ordnet jeder natürlichen Zahl $n \in \mathbb{N} \backslash \{1\}$ die Anzahl $a \le n$ der zu n teilerfremden Zahlen zu.

Für Primzahlen p gilt dabei $\varphi(p) = (p - 1)$. Grundsätzlich gilt:

$$\varphi(n) := \left| \{a \in \mathbb{N} \mid 1 \le a < n \wedge ggT(a, n) = 1\} \right|$$

Beispiele

- $\varphi(6) = 2$
- $\varphi(13) = 12$

A.2.2 Beweis des RSA-Algorithmus

Da $C = M^e \mod N$ und $M = C^d \mod N$ gilt, können beide Gleichungen ineinander eingesetzt werden. Das führt zu folgendem Ergebnis:

$$M \mod N = (M^e \mod N)^d \mod N$$

$$= (M^e)^d \mod N$$

$$= M^{e*d} \mod N \tag{A.1}$$

Das bedeutet, wenn $M \mod n = M^{e*d} \mod n$ gilt, dann funktioniert der RSA-Algorithmus. Um diesen Zusammenhang nachzuweisen, braucht man aber noch einiges Rüstzeug in Form gewisser *Lemmata*.

Lemma $((x + y) \mod N = ((x \mod N) + (y \mod N)) \mod N)$
Es seien r_1 und r_2 die Reste von $x \mod N$ und $y \mod N$, dann ergibt sich:

$$r_1 = x \mod N \rightarrow x = k_1 * N + r_1$$

$$r_2 = y \mod N \rightarrow y = k_2 * N + r_2$$

Daraus ergeben sich die folgenden Gleichungen, die den Zusammenhang beweisen:

$$(x + y) \mod N = (k_1 * N + r_1 + k_2 * N + r_2)$$

$$= ((k_1 + k_2) * N + (r_1 + r_2)) \mod N$$

$$= (r_1 + r_2) \mod N$$

$$= ((x \mod N) + (y \mod N)) \mod N$$

$\square$

Lemma $((x * y) \mod N = ((x \mod N) * (y \mod N)) \mod N)$
Es seien r_1 und r_2 erneut die Reste von $x \mod N$ und $y \mod N$.
Daraus ergeben sich die folgenden Gleichungen, die den Zusammenhang beweisen:

$$(x * y) \mod N = ((k_1 * N + r_1) * (k_2 * N + r_2))$$

$$= (k_1 * N * k_2 * N + r_1 * k_2 * N + r_2 * k_1 * N + r_1 * r_2) \mod N$$

$$= ((k_1 * k_2 * N + r_1 * k_2 + r_2 * k_1) * N + r_1 * r_2) \mod N$$

$$= (r_1 * r_2) \mod N$$

$$= ((x \mod N) * (y \mod N)) \mod N$$

$\square$

Lemma $(x^k \mod N = (x \mod N)^k \mod N)$
Behauptung: $x^k \mod N = (x \mod N)^k \mod N, \forall k \geq 2$
Beweis durch Induktion:
Induktions-Anfang: $k = 2$

$$x^2 \mod N = (x * x) \mod N$$

$$= ((x \mod N) * (x \mod N)) \mod N$$

$$= (x \mod N)^2 \mod N$$

Induktions-Annahme: Für $k \in \mathbb{N}$ gelte: $x^k \mod N = (x \mod N)^k \mod N$
Induktions-Behauptung: Dann gilt für $k+1$: $x^{k+1} \mod N = (x \mod N)^{k+1} \mod N$
Induktions-Beweis:

$$x^{k+1} \mod N = ((x^k \mod N) * (x \mod N)) \mod N$$

$$\stackrel{I.A.}{=} ((x \mod N)^k * (x \mod N)) \mod N$$

$$= (x \mod N)^{k+1} \mod N$$

$\square$

Mit diesen Lemmata bezüglich der Modulo-Operation ist der erste Schritt in Gl. A.1 ((M^e mod $N)^d$ mod N) = $(M^e)^d$ mod N) gültig. Der zweite Schritt (M mod $N = M^{e*d}$ mod N) wird im Folgenden mit dem Euler-Theorem bewiesen.

Euler-Theorem

Das Euler-Theorem stellt folgenden Bezug zwischen zwei teilerfremden Zahlen a und N her:

$$a^{\varphi(N)} \equiv 1 \ (mod \ N) \tag{A.2}$$

A.2.2.1 Euler-Theorem

Die Beweis-Idee sowie das benötigte Lemma sind [1] entnommen.

Lemma ($a * c \equiv b * c \ (mod \ N) \leftrightarrow a \equiv b \ (mod \ N)$)
Es seien $a, b, c \in \mathbb{Z}$ und $N \in \mathbb{N}$. Wenn der größte gemeinsame Teiler von c und N 1 ist und außerdem $a * c \equiv b * c$ (mod N) gilt, dann gilt auch $a \equiv b$ (mod N).

Da $a * c \equiv b * c$ (mod N) gilt, folgt aus der Definition der Modulo-Operation, dass N ein Teiler von $a * c - b * c = (a - b) * c$ ist. Da nach Voraussetzung der größte gemeinsame Teiler von c und N 1 ist, muss N ein Teiler von $(a - b)$ sein. □

Da $\varphi(N)$ die Zahl der zu N teilerfremden Zahlen ist, die kleiner als N sind, muss es auch $\varphi(N)$ Reste einer Division $r_1, r_2, \ldots, r_{\varphi(N)}, 1 \le r_i \le N$ geben, die teilerfremd zu N sind. Da der größte gemeinsame Teiler von a und N 1 ist, müssen auch $a * r_1, a * r_2, \ldots, a * r_{\varphi(N)}$ teilerfremd zu N sein.

Alle diese Reste sind unterschiedlich modulo N. Wäre $a * r_i \equiv a * r_j$ (mod N), dann wäre auch $a(r_i - r_j) \equiv 0$ (mod N). Da a und N teilerfremd sind, würde daraus folgen, dass $r_i - r_j \equiv 0$ (mod N) (siehe Lemma). Das bedeutet aber, dass $r_i \equiv r_j$ (mod N), was nach Voraussetzung nicht gilt.

Da es nur $\varphi(N)$ Ganzzahlen gibt, die teilerfremd zu N sind, müssen $r_1, r_2, \ldots, r_{\varphi(N)}$ und $a * r_1, a * r_2, \ldots, a * r_{\varphi(N)}$ dieselbe Zahlenmenge modulo N darstellen.

Daraus kann folgender Ausdruck abgeleitet werden:

$$a * r_1 * a * r_2 * \ldots * a * r_{\varphi(N)} \equiv r_1 * r_2 * \ldots * r_{\varphi(N)} \ (\text{mod} \ N)$$

Durch Umordnung der Faktoren ergibt sich:

$$a^{\varphi(N)} * r_1 * r_2 * \ldots * r_{\varphi(N)} \equiv r_1 * r_2 * \ldots * r_{\varphi(N)} \ (\text{mod} \ N)$$

Die Anwendung des Lemmas führt dann schließlich zu folgendem Ausdruck:

$$a^{\varphi(N)} \equiv 1 \ (\text{mod} \ N)$$

□

Mit dem Euler-Theorem lässt sich die Korrektheit des RSA-Algorithmus schlussendlich beweisen. Die Idee des Beweises ist aus [2] entnommen.

Zur Erinnerung: Der RSA-Algorithmus funktioniert korrekt, sofern folgender Ausdruck
gilt:

$$M \mod N = M^{e*d} \mod N$$

Um die Korrektheit nachzuweisen, ist folgender Zusammenhang zwischen d und e
wichtig:

$$e * d \equiv 1 \ (mod \ \varphi(N))$$

Daraus folgt, dass es ein k gibt, sodass $k * \varphi(N) + 1 = e * d$. Damit ergibt sich:

$$M^{e*d} \ (\mod \ N) = M^{k*\varphi(N)+1} \ (\mod \ N)$$
$$= M * M^{k*\varphi(N)} \ (\mod \ N)$$
$$= M * (M^{\varphi(N)})^k \ (\mod \ N)$$

Für den Fall, dass M und N teilerfremd sind, lässt sich das Euler-Theorem wie folgt
anwenden:

$$M * (M^{\varphi(N)})^k \ (\mod \ N) = M * (M^{\varphi(N)} \ \mod \ N)^k \ (\mod \ N)$$
$$= M * 1^k \ (\mod \ N)$$
$$= M \ (\mod \ N)$$

Falls M und N nicht teilerfremd sind, gibt es zwei mögliche Szenarien:

N **ist ein Teiler von** M.   Das bedeutet, dass $M = N * a$, $a \in \mathbb{N}_0$. Das würde bedeuten,
dass $M = 0$ oder $M \geq N$. Diese Fälle können jedoch vernachlässigt werden, da für
$a = 0$ offensichtlich gilt, dass $0 \equiv 0^{e*d} \ (\mod \ N)$. Andererseits widerspricht $a \geq 1$ der
Annahme, dass $M < N$.

Entweder p **oder** q **ist ein Teiler von** M Sei o.B.d.A. $p \mid M$ und $q \nmid M$. Daraus folgt
nach dem Euler-Theorem:

$$M * (M^{(q-1)})^{k*(p-1)} \equiv M \ (\mod \ q)$$

Für eine Modulo-Operation mit $a, b, k \in \mathbb{N}$ gilt, dass wenn $a \equiv b \ (\mod \ k)$, dann
$k \mid (a - b)$. Das bedeutet, dass auch Folgendes gilt:

$$q \mid (M * (M^{(q-1)})^{k*(p-1)} - M) \Leftrightarrow p * q \mid (M * (M^{(q-1)})^{k*(p-1)} - M)$$

Der zweite Teil der Gleichung gilt, da $p \mid M$. Das führt zu folgendem Zusammenhang:

$$M * (M^{(q-1)})^{k*(p-1)} \equiv M \pmod{p * q}$$

$$\Leftrightarrow M * (M^{(q-1)})^{k*(p-1)} \equiv M \pmod{N}$$

A.3   Data Encryption Standard

Der grundsätzliche Ablauf des DES-Algorithmus wurde bereits in Kap. 9 beschrieben. Hier soll ein tieferer Einblick in die Funktionsweise des Algorithmus gegeben werden, speziell in Hinblick auf die Permutationen, S-Boxen und Bit-Shifts, die von DES verwendet werden. Die folgende Beschreibung basiert auf [3].

A.3.1   Die initiale Permutation

Die initiale Permutation ist eine einfache Permutation, die auf jeden Block von 64 Bits angewendet wird, der mit DES verschlüsselt werden soll. Die Permutation sieht wie folgt aus:

$$IP = \begin{pmatrix} 58 & 50 & 42 & 34 & 26 & 18 & 10 & 02 \\ 60 & 52 & 44 & 36 & 28 & 20 & 12 & 04 \\ 62 & 54 & 46 & 38 & 30 & 22 & 14 & 06 \\ 64 & 56 & 48 & 40 & 32 & 24 & 16 & 08 \\ 57 & 49 & 41 & 33 & 25 & 17 & 09 & 01 \\ 59 & 51 & 43 & 35 & 27 & 19 & 11 & 03 \\ 61 & 53 & 45 & 37 & 29 & 21 & 13 & 05 \\ 63 & 55 & 47 & 39 & 31 & 23 & 15 & 07 \end{pmatrix}$$

Aus Gründen der Lesbarkeit wird die Permutation hier als 8×8-Matrix dargestellt, auch wenn sie eigentlich eine 1×64-Matrix wäre. Nachdem die Permutation auf einen Eingabe-Block angewandt wurde, enthält der permutierte Block als erstes Bit das 58. Bit des Original-Blocks, anschließend das 50. Bit des Original-Blocks usw.

Die initiale Permutation wird am Schluss der Verschlüsselung rückgängig gemacht, indem die inverse Permutation IP^{-1} angewendet wird.

$$IP^{-1} = \begin{pmatrix} 40\ 08\ 48\ 16\ 56\ 24\ 64\ 32 \\ 39\ 07\ 47\ 15\ 55\ 23\ 63\ 31 \\ 38\ 06\ 46\ 14\ 54\ 22\ 62\ 30 \\ 37\ 05\ 45\ 13\ 53\ 21\ 61\ 29 \\ 36\ 04\ 44\ 12\ 52\ 20\ 60\ 28 \\ 35\ 03\ 43\ 11\ 51\ 19\ 59\ 27 \\ 34\ 02\ 42\ 10\ 50\ 18\ 58\ 26 \\ 33\ 01\ 41\ 09\ 49\ 17\ 57\ 25 \end{pmatrix}$$

Die initiale Permutation und deren Invertierung haben keinen kryptologischen Hintergrund, sondern wurden in den Algorithmus eingebaut, um den Algorithmus auf der 1977 verfügbaren Hardware effizient umsetzen zu können.

A.3.2   Berechnung von $f(R_{i-1}, k_i)$

Die Berechnung der Funktion $f(R_{i-1}, k_i)$ besteht aus zwei Operationen E und P und der Anwendung der S-Boxen. E expandiert R_{i-1} auf 48 Bits, indem einige Bits dupliziert werden.

$$E = \begin{pmatrix} 32\ 01\ 02\ 03\ 04\ 05 \\ 04\ 05\ 06\ 07\ 08\ 09 \\ 08\ 09\ 10\ 11\ 12\ 13 \\ 12\ 13\ 14\ 15\ 16\ 17 \\ 16\ 17\ 18\ 19\ 20\ 21 \\ 20\ 21\ 22\ 23\ 24\ 25 \\ 24\ 25\ 26\ 27\ 28\ 29 \\ 28\ 29\ 30\ 31\ 32\ 01 \end{pmatrix}$$

Die Bits 01 und 32 werden dupliziert und an Anfang und Ende des expandierten Blocks angefügt, sodass dieser mit 32 01 startet und endet. Unter der Annahme, dass alle Einträge von E einen Index i von 1 bis 32 haben, wird jede Folge von zwei Bits $b_j b_k$ dupliziert, für deren Indizes gilt $k = j + 1$ und $(j - 2) \mod 4 = 2$. Das wird bei Index 02 begonnen. Beispielsweise werden die Bits an den Positionen 08 und 09 dupliziert, da $(8 - 2) \mod 4 = 2$ und $9 = 8 + 1$. Das bedeutet, dass im expandierten Block das Bit-Muster 08 09 08 09 enthalten ist. Das Bit an Position 32 wird allerdings nicht mehr dupliziert, da es das letzte Bit im Original-Block ist.

P ist eine weitere Permutation, die auf die 32 Bits angewendet wird, die von den S-Boxen erzeugt werden. P sieht wie folgt aus:

Tab. A.1 Tabelle für S_1

	0	1	2	3	4	5	6	7	8	9	10	11	12	13	14	15
0	14	04	13	01	02	15	11	08	03	10	06	12	05	09	00	07
1	00	15	07	04	14	02	13	01	10	06	12	11	09	05	03	08
2	04	01	14	08	13	06	02	11	15	12	09	07	03	10	05	00
3	15	12	08	02	04	09	01	07	05	11	03	14	10	00	06	13

$$P = \begin{pmatrix} 16\ 07\ 20\ 21 \\ 29\ 12\ 28\ 17 \\ 01\ 15\ 23\ 26 \\ 05\ 18\ 31\ 10 \\ 02\ 08\ 24\ 14 \\ 32\ 27\ 03\ 09 \\ 19\ 13\ 30\ 06 \\ 22\ 11\ 04\ 25 \end{pmatrix}$$

P wird verwendet, um sicherzustellen, dass die S-Boxen über die 16 Runden des Algorithmus hinweg nicht immer dieselben Bits von R_{i-1} modifizieren.

E und P werden im Algorithmus verwendet, um *Diffusion* sicherzustellen. Das bedeutet, dass Information aus dem Klartext über den gesamten Geheimtext verstreut wird.

A.3.2.1 Die S-Boxen

Eine S-Box S_j, $s \in \{1, 2, 3, 4, 5, 6, 7, 8\}$ ersetzt einen Block aus sechs Bits durch einen Block aus vier Bits.[1] Dazu wird eine Tabelle verwendet, die für S_1 exemplarisch in Tab. A.1 dargestellt ist.

Der Block $B_j = b_1 b_2 b_3 b_4 b_5 b_6$ wird dabei an eine S-Box gegeben. Dann wird $b_1 b_6$ verwendet, um eine Zeile der S-Box zu selektieren und $b_2 b_3 b_4 b_5$, um eine Spalte auszuwählen. Der dort angegebene Wert ist dann der Ersatz für die eingegebenen Bits. Die Werte sind hier aus Gründen der Lesbarkeit im Dezimalsystem angegeben, in der S-Box selbst sind sie in Binärdarstellung vorhanden. Die Tabellen für die S-Boxen S_2 bis S_8 sind in Tab. A.2 dargestellt.

Soll der Block $B_1 = 10001$ durch die S-Box S_1 substituiert werden, dann ergeben sich $b_1 b_6 = 11_2 = 3_{10}$ und $b_2 b_3 b_4 b_5 = 0000_2 = 0_{10}$ für Zeile und Spalte. Es wird also Zeile 3 und Spalte 0 ausgewählt. Das ergibt $15_{10} = 1111_2$ als Ausgabe von S_1 für die Eingabe B_1.

---

[1] Deswegen S-Box... sie s̲ubstituiert Bits!

Tab. A.2 Tabellen für S_2 bis S_8

	0	1	2	3	4	5	6	7	8	9	10	11	12	13	14	15	
0	15	01	08	14	06	11	03	04	09	07	02	13	12	00	05	10	S_2
1	03	13	04	07	15	02	08	14	12	00	01	10	06	09	11	05	
2	00	14	07	11	10	04	13	01	05	08	12	06	09	03	02	15	
3	13	08	10	01	03	15	04	02	11	06	07	12	00	05	14	09	

	0	1	2	3	4	5	6	7	8	9	10	11	12	13	14	15	
0	10	00	09	14	06	03	15	05	01	13	12	07	11	04	02	08	S_3
1	13	07	00	09	03	04	06	10	02	08	05	14	12	11	15	01	
2	13	06	04	09	08	15	03	00	11	01	02	12	05	10	14	07	
3	01	10	13	00	06	09	08	07	04	15	14	03	11	05	02	12	

	0	1	2	3	4	5	6	7	8	9	10	11	12	13	14	15	
0	07	13	14	03	00	06	09	10	01	02	08	05	11	12	04	15	S_4
1	13	08	11	05	06	15	00	03	04	07	02	12	01	10	14	09	
2	10	06	09	00	12	11	07	13	15	01	03	14	05	02	08	04	
3	03	15	00	06	10	01	13	08	09	04	05	11	12	07	02	14	

	0	1	2	3	4	5	6	7	8	9	10	11	12	13	14	15	
0	02	12	04	01	07	10	11	06	08	05	03	15	13	00	14	09	S_5
1	14	11	02	12	04	07	13	01	05	00	15	10	03	09	08	06	
2	04	02	01	11	10	13	07	08	15	09	12	05	06	03	00	14	
3	11	08	12	07	01	14	02	13	06	15	00	09	10	04	05	03	

	0	1	2	3	4	5	6	7	8	9	10	11	12	13	14	15	
0	12	01	10	15	09	02	06	08	00	13	03	04	14	07	05	11	S_6
1	10	15	04	02	07	12	09	05	06	01	13	14	00	11	03	08	
2	09	14	15	05	02	08	12	03	07	00	04	10	01	13	11	06	
3	04	03	02	12	09	05	15	10	11	14	01	07	06	00	08	13	

	0	1	2	3	4	5	6	7	8	9	10	11	12	13	14	15	
0	04	11	02	14	15	00	08	13	03	12	09	07	05	10	06	01	S_7
1	13	00	11	07	04	09	01	10	14	03	05	12	02	15	08	06	
2	01	04	11	13	12	03	07	14	10	15	06	08	00	05	09	02	
3	06	11	13	08	01	04	10	07	09	05	00	15	14	02	03	12	

	0	1	2	3	4	5	6	7	8	9	10	11	12	13	14	15	
0	13	02	08	04	06	15	11	01	10	09	03	14	05	00	12	07	S_8
1	01	15	13	08	10	03	07	04	12	05	06	11	00	14	09	02	
2	07	11	04	01	09	12	14	02	00	06	10	13	15	03	05	08	
3	02	01	14	07	04	10	08	13	15	12	09	00	03	05	06	11	

A.3.3 Berechnung der Rundenschlüssel

Zunächst wird k mit acht Paritäts-Bits erweitert, die an den Indizes 8, 16, ..., 64 eingefügt werden, sodass k auf 64 Bits erweitert wird. Dies sorgt dafür, dass Fehler in einem Schlüssel erkannt und bis zu einem gewissen Grade korrigiert werden können. Die Permutation PC_1 entfernt die Paritäts-Bits wieder, da sie für die Berechnung der Rundenschlüssel nicht benötigt werden. Außerdem werden die 56 Bits des Schlüssels umgeordnet, wie folgt dargestellt:

$$
PC_1 = \begin{pmatrix}
57 & 49 & 41 & 33 & 25 & 17 & 09 \\
01 & 58 & 50 & 42 & 34 & 26 & 18 \\
10 & 02 & 59 & 51 & 43 & 35 & 27 \\
19 & 11 & 03 & 60 & 52 & 44 & 36 \\
& & & & & & \\
63 & 55 & 47 & 39 & 31 & 23 & 15 \\
07 & 62 & 54 & 46 & 38 & 30 & 22 \\
14 & 06 & 61 & 53 & 45 & 37 & 29 \\
21 & 13 & 05 & 28 & 20 & 12 & 04
\end{pmatrix}
$$

Das Ergebnis von PC_1 wird in zwei Teile C_0 und D_0 aufgeteilt, wobei C_0 die höherwertigen Bits beinhaltet und D_0 die niedrigwertigen Bits. Für jeden Rundenschlüssel k_i wird eine festgelegte Anzahl von zirkulären Linksverschiebungen LS_i durchgeführt. Die Anzahl der Linksverschiebungen ist in Tab. A.3 dargestellt.

Um tatsächlich den Rundenschlüssel k_i zu erzeugen, werden C_i und D_i aneinandergehängt und durch die Permutation PC_2 umgeordnet. Durch die Permutation wird sichergestellt, dass andere Schlüssel des Bits pro Runde andere Teile des Klartextes beeinflussen. Außerdem selektiert PC_2 48 Bits der Eingabe, die den Rundenschlüssel k_i darstellen. PC_2 ist im Folgenden dargestellt:

Tab. A.3 Anzahl der Linksverschiebungen pro Rundenschlüssel k_i

i	1	2	3	4	5	6	7	8	9	10	11	12	13	14	15	16
# shifts	1	1	2	2	2	2	2	2	1	2	2	2	2	2	2	1

$$PC_2 = \begin{pmatrix} 14 & 17 & 11 & 24 & 01 & 05 \\ 03 & 28 & 15 & 06 & 21 & 10 \\ 23 & 19 & 12 & 04 & 26 & 08 \\ 16 & 07 & 27 & 20 & 13 & 02 \\ 41 & 52 & 31 & 37 & 47 & 55 \\ 30 & 40 & 51 & 45 & 33 & 48 \\ 44 & 49 & 39 & 56 & 34 & 53 \\ 46 & 42 & 50 & 36 & 29 & 32 \end{pmatrix}$$

Literatur

1. Reiss, K., Schmieder, G.: Basiswissen Zahlentheorie: Eine Einführung in Zahlen und Zahlbereiche. Mathematik für das Lehramt. Springer Spektrum, Berlin/Heidelberg (2014)
2. Beutelspacher, A.: Kryptologie: eine Einführung in die Wissenschaft vom Verschlüsseln, Verbergen und Verheimlichen; ohne alle Geheimniskrämerei, aber nicht ohne hinterlistigen Schalk, dargestellt zum Nutzen und Ergötzen des allgemeinen Publikums. Springer Spektrum, Wiesbaden (2009)
3. Wätjen, D.: Kryptographie: Grundlagen, Algorithmen, Protokolle, 3. Aufl. Springer Vieweg, Wiesbaden (2018)

Stichwortverzeichnis

© Springer Fachmedien Wiesbaden GmbH, ein Teil von Springer Nature 2022
B. Küppers, *Einführung in die Informatik*, Studienbücher Informatik,
https://doi.org/10.1007/978-3-658-37838-7

Printed in the United States
by Baker & Taylor Publisher Services